Wolfgang Zdral

Der finanzierte Aufstieg des Adolf H.

UEBERREUTER

Die Deutsche Bibliothek – CIP-Einheitsaufnahme

Zdral, Wolfgang:
Der finanzierte Aufstieg des Adolf H. / Wolfgang Zdral. - Wien :
Ueberreuter, 2002
ISBN 3-8000-3890-0

Umschlaggestaltung von Zembsch' Werkstatt, München, unter Verwendung von Bildern
von John Heartfield, AKG Berlin, Ullstein Bildarchiv Berlin
Copyright © 2002 by Verlag Carl Ueberreuter, Wien
Druck: Ueberreuter Print
1 3 5 7 6 4 2

Ueberreuter im Internet: www.ueberreuter.at

Inhalt

Vorwort

In der Frühzeit, als die NSDAP nur eine Splitterpartei unter vielen war, hätte der spätere Diktator Adolf Hitler leicht noch scheitern können. Denn damals wie heute gilt: ohne Geld keine erfolgreiche politische Arbeit. Der NSDAP-Chef hätte zwar auch ohne Finanzmittel seine Ziele verfolgt. Aber es wäre ihm nie gelungen, in so kurzer Zeit aus seiner jungen Partei eine Massenbewegung zu formen. Einflussreiche Hintermänner retteten Hitler mehr als einmal vor der Pleite und förderten den Aufstieg bis zur Machtübernahme 1933: Sie finanzierten Waffen, Zeitungen, Propaganda und das Luxusleben der Funktionäre, sie öffneten die Türen zu den Salons der Reichen und Mächtigen.

Wer waren diese Personen? Was brachte sie dazu, ihre Ideale zu verraten, sich mit dem damals noch unbedeutenden Nazi-Führer zu verbünden? Wie gelang es ihnen, Geldquellen anzuzapfen? Die historische Forschung hat in den vergangenen Jahren viele Mosaiksteine zusammengetragen, die hier erstmals zu einem Gesamtbild zusammengesetzt werden. Unveröffentlichte Dokumente, der Zugang zu den Firmenarchiven und bekannt gewordene Protokolle von Zeitzeugen ergänzen die Porträts. Die Lebensläufe der sechs wichtigsten Helfer konnten kaum unterschiedlicher sein. Sie stammen aus allen Schichten der Gesellschaft: ein Abenteurer und Verschwörer, ein drogensüchtiger Poet, ein Playboy, ein Konzernerbe, eine Manager-Ikone und ein linksliberaler Bankier. So groß ihr Einfluss auf den NS-Führer auch war – am Ende mussten alle für ihre Nähe zu Hitler teuer bezahlen.

Die Finanzierung des NS-Systems

Als Adolf Hitler im September 1919 zur Deutschen Arbeiterpartei stößt, befinden sich in der Parteikasse gerade mal 7 Mark und 50 Pfennig. »Das war ja eine Vereinsmeierei allerärgster Art und Weise. In diesen Klub also sollte ich eintreten?«, erinnert sich Hitler an seinen politischen Start, »außer einigen Leitsätzen war nichts vorhanden, kein Programm, kein Flugblatt, überhaupt nichts Gedrucktes, keine Mitgliedskarten, ja nicht einmal ein armseliger Stempel.«[1] Um den Aufbau der Partei voranzutreiben, versucht das neue Parteimitglied, alle zwei Wochen Versammlungen einzuberufen: »Die Einladungen hierzu wurden auf einer Schreibmaschine oder zum Teil auch mit der Hand auf Zettel geschrieben und die ersten Male von uns selber verteilt«, so Hitler, »der Erfolg war ein jämmerlicher.«[2] Hitler bemüht sich um zusätzliche Gelder. Doch es erfordert frustrierende Arbeit, »um bei ununterbrochenem

Sammeln im engsten Kreis und in zahlreichen Zusammenkünften bei größter Sparsamkeit einen Fonds von 700 RM zu erübrigen. Einen lächerlichen Betrag, der doch blutig-sauer erkämpft werden musste.«[3]

Die Geldprobleme bleiben der Grundtenor der Partei bis zur Machtübernahme im Jahr 1933. Der Propagandaleiter und spätere NSDAP-Chef Hitler erkennt schnell: Ohne massive finanzielle Unterstützung von außen bleibt die junge Bewegung in der Bedeutungslosigkeit stecken – so wie die unzähligen rechtsradikalen Organisationen, die nach dem Ersten Weltkrieg vergeblich um öffentliche Aufmerksamkeit buhlen und irgendwann eingehen wie eine Pflanze ohne Wasser. Der aufstrebende NS-Diktator jedoch arbeitet schon früh an seiner Vision, die manche Wegbegleiter eher für Größenwahnsinn halten: Die Nationalsozialisten sollen zu einer Massenbewegung aufsteigen und die Macht in Deutschland übernehmen. 1933 ist es so weit. Eine Reihe von Faktoren spielen dafür eine Rolle: Die alten Eliten lehnen die Weimarer Republik ab oder stehen der Demokratie zumindest skeptisch gegenüber; Parteien und Regierungen verkennen die potenzielle Gefahr der Nazi-Bewegung; Wirtschaftskrise, Inflation und Arbeitslosigkeit stecken den Rahmen ab für das Gedeihen der Rechtsradikalen. Und: Einflussreiche Geldgeber ermöglichen es Hitler, seine hochtrabenden Pläne Wirklichkeit werden zu lassen. Die Finanziers retten die Partei vor der Pleite und stellen ihr Überleben sicher. Zu Recht kommentiert das Ministerium des Äußeren schon im Jahr 1923 über die Nazis: »Wie zum Krieg, so gehört zur Revolution 1. Geld, 2. Geld, 3. Geld. Ohne Geld keine Revolution.«[4]

Die politische Existenz der NSDAP steht mehr als einmal in Frage: Nach dem missglückten Hitler-Putsch im Herbst 1923 wandert der NS-Chef ins Gefängnis, die Partei wird bis 1925 verboten, die Regierung beschlagnahmt das Vermögen. Bis zu den ersten Reichstagswahlen mit NSDAP-Beteiligung bleibt die Basis wackelig. Im Januar 1928 berichtet die Münchner Polizei: »Die von Hitler immer wieder behaupteten Fortschritte der nationalsozialistischen Bewegung treffen besonders für Bayern nicht zu. In Wirklichkeit ist das Interesse an der Bewegung sowohl auf dem Lande als auch in München im Abflauen begriffen. Sektionsversammlungen, an denen im Jahre 1926 3000–4000 Personen teilnahmen, sind nur mehr von höchstens 60–80 Mitgliedern besucht.«[5] Auch das Votum der deutschen Wähler am 20. Mai 1928 fällt für die Nationalsozialisten enttäuschend aus: Nur zwölf Abgeordnete dürfen in den Reichstag einziehen – von Erfolg keine Rede. Ins Scheinwerferlicht gerät die NSDAP erst mit der Wahl am 14. September 1930, bei der sie 107 Mandate erzielt. Eine absolute Mehrheit schafft Hitler bis zu seiner Machtübernahme nie; 37 Prozent der Stimmen bleiben sein bestes Ergebnis.

Woher stammen die Gelder, die den Aufstieg des Adolf Hitler ermöglichten? Von den Parteigenossen – und von kleinen oder großen Spendern. Eine nicht bestätigte These lautet, dass fast ausschließlich die Opferbereitschaft der Mitglieder und deren Mitgliedsbeiträge Hitler getragen habe. Vertreter dieser Annahme stützen sich dabei vor allem auf die Aussagen von NS-Funktionären wie dem Parteigeschäftsführer Max Amann oder dem Schatzmeister Franz Xaver Schwarz. Doch ist die Glaubwürdigkeit dieser beiden Herren nicht sehr groß. Als eingefleischte Nazis haben sie auch nach dem Zusammenbruch des Dritten Reichs immer zu ihrem Führer Adolf Hitler gehalten und keinerlei kritische Aussagen zu den damaligen Verhältnissen gemacht. Ansonsten sind die Quellen dürftig – die Partei-Unterlagen über die Finanzen sind gegen Ende des Kriegs vernichtet worden, »sodass keinerlei Hinweise auf die Größe oder die Quellen des Einkommens der Reichsleitung zu Beginn der dreißiger Jahre existieren. Mit einer Ausnahme sind die Finanzunterlagen der Gauleitungen offenbar ebenfalls vernichtet«, so der Historiker Henry Turner.

Auch Hilfsberechnungen anhand der Mitgliederzahlen und der Beiträge nutzen wenig: Wirklich bedeutende Personenstärke erreicht die NSDAP – nach offiziellen Angaben – erst im April 1932, als die Mitgliederzahl eine Million übersteigt, wobei allerdings die wieder ausgetretenen Parteigenossen in dieser Zahl ebenfalls enthalten sind. Zu diesem Zeitpunkt bringt dies durch Beiträge auch stattliche Einnahmen. Jedoch wird die Schwelle von 100 000 Mitgliedern erst Ende 1928 übersprungen.

Auf der anderen Seite ist wegen der fehlenden Dokumente eine präzise Gesamtübersicht der Spenden und ihr Anteil am Finanzvolumen nicht mehr möglich. Die Quellenlage und die neueren Resultate der historischen Forschung erlauben es zumindest, eine Reihe der großen Geldgeber zu identifizieren. Letztlich ist die Diskussion um das Verhältnis von Mitgliedsbeiträgen zu Spenden auch müßig. Tatsache bleibt, dass das Geld der Mitglieder allein für die teuren Projekte Hitlers bis zur Machtübernahme nie reichte: für seine Armee an SA-Schlägern und hauptamtlichen Funktionären, für seine Wahlkampf- und Propagandaschlachten. Eine Hand voll einflussreicher Förderer hat nachweislich bedeutende Summen für Hitler organisiert – Geld, das anderen jungen Parteien nicht zur Verfügung stand und das maßgeblich die Verbreitung der NSDAP unterstützte. Die Wissenschaft hat bislang nach den Geldquellen bei Mitgliedern und der Großindustrie geforscht; Fragezeichen bleiben nach wie vor beim Umfang der Unterstützung durch kleine oder mittlere Firmen. Denn auch mittelständische Unternehmen gaben gern größere Beträge: Beispielsweise weist das Kassenbuch der Partei am 20. Dezember 1920 eine Spende über 10 000 Mark von der Firma Gebrüder Klinge, Dresden-Löbau, Oststraße 2–6 aus.[6]

Die chronische Geldnot der Partei hat erst nach 1933 ein Ende: Im Dritten Reich zahlen die Unternehmen die so genannte Adolf-Hitler-Spende, an der sich alle Branchen der deutschen Wirtschaft beteiligen. Die Höhe der Abgaben richtet sich nach den Gehaltszahlungen jeder Firma – davon sind 0,5 Prozent zu überweisen. Krupp von Bohlen und Halbach übernimmt den Vorsitz des Verwaltungsrats für die Gelder. Jährlich kommen rund 30 Millionen Mark für die Nazi-Kasse zusammen – die zusätzlichen Einnahmen durch den ungenierten Griff in den Staatssäckel und durch Beschlagnahme enteigneten Vermögens nicht eingerechnet.

Bis dahin begleiten die NSDAP ständige Geldsorgen und Schulden – unabhängig von ihrer Mitgliederzahl. Hitler erzählt seinem Parteifreund Gregor Strasser von seinen Mühen: »Was glauben Sie, was für ein Problem es einmal für mich war, die Fahrkarte zu kaufen, wenn ich in Nürnberg eine Rede halten wollte.«[7] Im August 1921 teilt der »Völkische Beobachter« mit: »Die außerordentlich schlechte Finanzlage unserer Partei, das Fehlen jeglicher Mittel für die dringendsten Bedürfnisse der Propaganda und dergleichen zwingen uns, auf die Abhaltung der Versammlung im Zirkus Krone zu verzichten.«[8] Ernst Hanfstaengl, Intimus Hitlers aus der Frühzeit und nach der Machtübernahme 1933 Auslandspressechef, erinnert sich: »Finanzielle Nöte waren, zumal im Inflationsjahr 1923, das ständige Gespenst im Rücken der Partei. Immer wieder reiste Hitler zu echten und vermuteten Gesinnungsfreunden, um neue Mittel für die ewig leere Parteikasse aufzutreiben.«[9] Seine Quintessenz: »Es war alles von der Hand in den Mund, und immer gab es Schulden, die bezahlt werden mussten, ohne dass Mittel dafür da gewesen wären.«[10]

Gerade die Parteitage, wie im Juli 1926 in Weimar oder im August 1927 in Nürnberg, gehen ins Geld. Zehntausende Anhänger reisen in Bussen oder Sonderzügen an, sie brauchen Unterkunft und Essen. Der oberste Zeremonienmeister Hitler liebt den Pomp dieser Treffen mit Musik, Fahnen und seinen vorbeimarschierenden braunen Garden. Nach der Nürnberger Veranstaltung drückt eine zusätzliche Schuldenlast von 20 000 Mark, sodass die NSDAP im Jahr darauf auf die Propagandaschau verzichten und sich stattdessen mit einer »Führertagung« begnügen muss, zu der aus Kostengründen nur die wichtigsten Leute eingeladen werden.

Selbst die engsten Getreuen Hitlers leiden unter den maßlosen Ansprüchen des Chefs, die notorische Ebbe in der Kasse erzeugen. Joseph Goebbels nach der Eröffnung der Berliner NS-Dependance: »Die Finanzlage war katastrophal. Der Gau Berlin besaß damals nichts als Schulden.«[11] Am 5. Januar 1932 schreibt der Propagandachef in sein Tagebuch: »Es fehlte überall an Geld. Es ist schwer, welches aufzutreiben, keiner will uns Kredit geben. Wenn man die Macht hat, kann man Geld genug bekommen, aber dann braucht man es nicht mehr. Hat man die Macht nicht, dann bedarf man des Geldes, aber dann bekommt man es nicht.«[12] Am 11. November 1932 notiert er: »Ich entnehme einen Bericht über die Kassenlage der Berliner Organisation. Dieser ist ganz trostlos. Nur Ebbe, Schulden und Verpflichtungen, dazu die vollkommene Unmöglichkeit, nach dieser Niederlage irgendwo Geld in größerem Umfange aufzutreiben.« Sein Eintrag vom 10. Dezember lautet: »Die Finanzlage des Gaues Berlin ist trostlos. Wir müssen ganz rigorose Sparmaßnahmen durchführen und den Gau unter eine selbst gewählte Zwangsverwaltung stellen.« 22. Dezember: »Wir müssen die Gehälter im Gau abbauen, da wir sonst finanziell nicht durchkommen.«[13]

Die Finanzsorgen haben Konsequenzen für den einzelnen Parteigenossen: »Es war die Zeit, in der die SA-Leute auf die Straße geschickt wurden, um Geld zusammenzubetteln. Sie klapperten mit ihren Büchsen und baten die Vorübergehenden etwas ›für die bösen Nazis‹ zu spenden. Der Historiker Konrad Heiden spricht von Schulden in Höhe von zwölf Millionen, andere von 20 Millionen Mark.«[14] Das Minus bestätigt auch der ehemalige Reichskanzler Heinrich Brüning in seiner Zeugenaussage vom Jahr 1948: Die NSDAP hatte Anfang 1933 »mehrere Millionen Reichsmark Schulden«[15]. Zu jener Zeit kumuliert die Krise der Nazi-Partei: Am 2. Januar 1933 gibt ein Steuerberater der NSDAP beim Berliner Finanzamt zu Protokoll, dass die Partei nur unter Aufgabe ihrer Unabhängigkeit zur Zahlung ihrer Steuern in der Lage ist.[16] Das zeigt, dass selbst die Beiträge von über einer Million Mitgliedern nicht für die Bedürfnisse Hitlers reichen und nur zusätzliche Spenden aus der Wirtschaft die Finanznot zumindest lindern können.

Besonders in den ersten Jahren der NSDAP garantieren nur die besonderen Finanziers das Wachstum der Partei. Denn geradezu grotesk ist die Lücke zwischen Mitgliedsbeiträgen und Ausgaben.

Im Januar 1921 erhöht die Partei den Beitrag von 0,50 Mark auf eine Mark, die Hälfte davon ist die so genannte Pressesteuer. Diese Steuer plus 20 Prozent der Mitgliedsbeiträge plus 50 Prozent der Werbebeiträge haben die Ortsgruppen an die Zentrale abzuliefern. Die Einnahmen verteilten sich im Sommer 1930 folgendermaßen: Zentrale 40 Prozent, Gauleitung 35 Prozent, Ortsgruppen 25 Prozent.[17]

Eine simple Rechnung zeigt das Missverhältnis bei den Finanzen in der Anfangszeit. So beträgt die Mitgliederzahl im Januar 1922 rund 6000 Personen. Bei einem Beitrag von einer Mark macht das 6000 Mark Bruttoeinnahmen im Monat. Davon gehen 3000 Mark sofort für den defizitären »Völkischen Beobachter« weg. Von den restlichen 3000 behalten das Gros die lokalen NSDAP-Gruppen. Der Zentrale bleiben nach der Aufteilungsquote 600 Mark. Die sonstigen Einnahmen des Hauptquartiers schwanken, ein kalkulatorischer Betrag von 800 Mark ist wohl großzügig gerechnet. Das ergibt unterm Strich einen Betrag von 1400 Mark in die Zentralkasse Hitlers. Von diesen 1400 Mark sind zu zahlen:

1. Miete für die Geschäftsstelle,
2. Gehälter für zehn hauptamtliche Kräfte,
3. Saalmiete für die zahlreichen Versammlungen und die monatlichen »Sprechabende« (die Eintrittsgelder bringen nur einen Teil der Kosten ein),
4. Honorare für die Parteiredner,
5. Kosten für die verschwenderisch betriebene Propaganda mit Flugblättern, Plakaten, Klebezetteln,
6. Besoldung der SA-Führer,
7. Kauf von Ausrüstung, Kleidung und Waffen für die SA,
8. Handgeld für die Rollkommandos (im Juli 1921 zahlt Hitler an seine Schlägergarde zwischen 15 und 50 Mark Tagegelder),
9. Transportkosten (Sonderzüge) für die Aufmärsche, »Deutsche Tage«,
10. Kosten für die im Februar 1922 von Rudolf Heß errichtete »Nachrichtenabteilung« der Partei,
11. Kosten für kulturelle Veranstaltungen wie Konzerte, Weihnachtsfeiern u. a.,
12. Kosten für die regelmäßig erscheinenden »Mitteilungsblätter« und die Rundschreiben der NSDAP.[18]

Die Aufstellung macht klar, dass von Selbstfinanzierung der NSDAP keine Rede sein kann. Die Kostenblöcke nehmen erhebliche Dimensionen an und steigern sich unter Hitlers rastloser Propagandaschlacht von Jahr zu Jahr. Ein Beispiel für Ausgaben im Jahr 1920: 450 Mark für 5000 Programme, 1040,50 Mark für Prozesskosten, 695 Mark Honorar für einen Vortrag von Helmuth von Mücke. Wobei die Partei im Mai 1920 nur 675 Mitglieder zählt – das sind weniger als 340 Mark Monatseinnahmen aus den Beiträgen.

Wie schnell die Kosten explodieren, zeigt das Jahr 1923. Der bereits umfangreiche Stab an fest angestellten Mitarbeitern hat sich weiter erhöht: 20 Personen weist die Lohnliste bereits aus; die Angestellten machen Gehaltsforderungen von über 3000 Mark geltend. Mit dem Aufstieg der NSDAP leben immer mehr Menschen von der Partei, die als hauptamtliche Funktionäre hoffen, später ein Stück vom großen Kuchen zu erhalten, wenn die Nationalsozialisten an der Macht sind. Das führt zu einer Aufblähung der Angestelltenzahl – mit entsprechendem Kostendruck auf die Kasse. Denn die Nazi-Mitarbeiter arbeiten bei aller Opferbereitschaft und trotz Fanatismus nicht für Gotteslohn, sondern verlangen üppige Gehälter, wie das Beispiel des Gaus Köln-Aachen, Stand 1. Dezember 1931, zeigt: Der Gauleiter bekommt ein Grundgehalt von 650 Mark, sonstige Einnahmen, etwa durch Vorträge, gehen extra. Für den Organisationsleiter II gibt es 1000 Mark im Monat, der Gaupressewart erhält 700 Mark. Insgesamt zählt der Gau 20 besoldete Funktionäre – die parteieigene Druckerei noch gar nicht mitgerechnet.[19]

Solche steigenden Fixkosten belasten die NSDAP besonders in den dreißiger

Jahren: »Die Parteiorganisation – nach Hitler ein Embryostaat im Leib des alten Staates – kostete sehr viel Geld. Tausende von Angestellten bezogen Gehälter von der Partei, ohne bestimmte Funktionen auszuüben, oder sie hatten Ämter inne, die an sich überflüssig waren oder bereits von anderen verwaltet wurden. Die SA, die im Kern aus Arbeitslosen bestand und in Unterkünften hauste, muss Unsummen verschlungen haben, mochte der Betrag für den Einzelnen auch noch so gering sein. Nimmt man nur einen Sold von 1 Mark pro Tag an, was wahrscheinlich zu niedrig geschätzt ist, so ergibt sich eine Belastung von wöchentlich 2 800 000 Mark.«[20]

In solchen Ausgaben sind die speziellen Bedürfnisse der Parteibonzen noch gar nicht eingerechnet. Hitler unterhält einen persönlichen Stab von Mitarbeitern einschließlich Haushälterin, fährt mehrere Luxusautos der Marke Mercedes. Hermann Göring ist geradezu berüchtigt für seinen verschwenderischen privaten Lebensstil, den er sich von der Industrie bezahlen lässt. Und Hitlers Vertrauter Rudolf Heß kauft im Mai 1931 zwei Flugzeuge vom Typ BFW-M 23, die er auf sich eintragen lässt.

Hitler merkt früh, dass die Beiträge der Mitglieder allein für seine ehrgeizigen Pläne nicht reichen, sondern dass er nach vermögenden Sympathisanten Ausschau halten muss. Wie systematisch der NSDAP-Chef beim Beschaffen externer Gelder vorgeht, zeigt seine Denkschrift[21] vom Oktober 1922, in der er seinen künftigen Finanzbedarf auf die Mark genau vorrechnet. Das Dokument ist für begüterte potenzielle Geldgeber bestimmt, die damit von der Notwendigkeit einer Spende überzeugt werden sollen. Der NS-Führer fordert, kurz gesagt, die Fremdfinanzierung seiner Partei als einer Art Versicherung gegen den aufkommenden Bolschewismus. Den könne nur die NSDAP bekämpfen, dafür brauche sie dringend Geld, ebenso wie für verstärkte Propaganda und die Expansion über die bayerischen Grenzen hinaus. Fast seherisch erklärt Hitler, der Aufbau seiner Bewegung zu einem Machtfaktor im Kampf gegen den Marxismus brauche »30 oder 40« Jahre, »da jedoch diese Zeit der Lösung dieser Frage nicht zur Verfügung steht, muss durch Einsatz größter Mittel die notwendige Zeit der Entwicklung auf das Äußerste verkürzt werden«. Die dafür benötigten Gelder hat der NS-Diktator bereits großzügig verplant, etwa durch »Ausbau der Geschäftsstelle evtl. durch Ankauf eines eigenen Hauses – voraussichtlich benötigte Summe 5–6 Millionen Mark« oder durch »sofortige Anschaffung von Lastkraftwagen zur Ermöglichung von Mannschaftstransporten an irgendwie bedrohte Stellen«. Wie ein penibler Buchhalter listet Hitler seine überbordenden Wünsche für seine möglichen Gönner auf:

»Gesamt-Kostenvoranschlag:

A.

1. Geschäftsstelleneinrichtungen	4 000 000 M
2. Gehaltsdepot der Geschäftsführer	3 000 000 M
3. Rotations-, Setzmaschine	3 000 000 M
4. Papiereinkauf	5 500 000 M
5. Betriebsumstellung	600 000 M
6. Wanderredner	2 000 000 M
7. Propagandamaterial	8 000 000 M
Summe	26 100 000 M

Davon könnte der unter Ziff. 2 und 6 bezeichnete Betrag in Raten einbezahlt bzw. garantiert werden, der unter Ziff. 3 eingesetzte Betrag durch Verpfändung sichergestellt werden.

B.

1. Neue Geschäftsstelle	6 000 000 M
2. Lastkraftwagen	8 000 000 M
3. Betriebsstoff (Tetralit)	1 940 000 M
-"- (Benzin)	600 000 M
4. Ausrüstung der Sturmabteilungen	8 000 000 M
5. Nachrichtendienst	600 000 M
6. Kampfschatz	2 000 000 M
Summe	27 140 000 M

Davon können durch Pfand sichergestellt werden die unter Ziffer 1 und 2 eingesetzten Beträge.

Es besteht somit das Gesamterfordernis zu einem augenblicklich durchzuführenden großzügigen Ausbau der Bewegung:

53 240 000 Mark,

das sind in Friedenswährung rund 95 000 Mark.«[22]

Die Aufstellung zeigt deutlich, dass Hitler seinen Geldbedarf für den Aufbau der NSDAP sehr klug und bedacht kalkuliert, auch wenn die Forderungen zu jener Zeit vermessen klingen – schließlich gelingt es ihm später durch die Mithilfe der Finanziers, die gesamte Liste abzuarbeiten. Das stellt sich bereits ein Jahr später heraus, als die bayerische Regierung die Aktiva der NSDAP, derer sie habhaft werden kann, beschlagnahmt. Allein die Gegenstände in den Parteilokalen in der Münchner Corneliusstraße und der Schellingstraße repräsentieren einen erheblichen Wert: Die mit beamtenhafter Genauigkeit erstellten Inventarlisten geben einen Hinweis auf das Parteivermögen. Selbst Kleinigkeiten wie »2 Ordnungsglocken«, »1 Büste aus Gips (Bismarck)« oder »1 kleines Paket Plakatstreifen: ›Alle Versammlungen finden heute bestimmt statt‹« sind darin enthalten. Der Liquidator schreibt über den Bürobesitz der Partei: »Bei den Ölgemälden fehlt der Wert, der sich immerhin auf einige tausend Mark bei der Qualität der Bilder berechnen dürfte. Die 6 eisernen Geldschränke scheinen mir mit 5000 Mark niedrig geschätzt zu sein; wie überhaupt die Schätzung gewiss nicht zu hoch ist.« Weiter heißt es: »Die Kraftwagen dürften einen Wert von etwa 15 000 Mark repräsentieren. Rechnet man noch das in den Räumen des ›Völkischen Beobachters‹ Schellingstr. 80/I beschlagnahmte Inventar dazu, so ergibt sich alles in allem nach meiner unmaßgeblichen Schätzung ein Aktivvermögen von über 20 000 Mark.«[23] Das sind natürlich nur die Wertgegenstände in den Büros, die die Nationalsozialisten nicht rechtzeitig beiseite schaffen. Vermögen im Besitz einzelner Personen oder das Geld auf fremden Bankkonten ist deswegen nicht aufgeführt. Das Gesamtresultat bleibt verblüffend: Insgesamt registrieren die Behörden ein Vermögen von 170 000 Goldmark[24] – bei einer unbedeutenden Splitterpartei. Das zeigt, dass hier nur reiche Geldgeber im Hintergrund den eigentlichen finanziellen Grundstock für die NSDAP gelegt haben können – trotz des unermüdlichen Einsatzes der Mitglieder.

Denn die schuften oft umsonst, kleben Plakate, helfen beim Aufbau von Tribünen, legen Geld hin für Parteidevotionalien wie Wimpel, Uniformen, Broschüren, Bücher, Rangabzeichen, sie bestreiten Eintrittsgelder und ihren Monatsobolus. Das Problem der NSDAP während ihres Bestehens bleibt die mangelnde Zahlungsmoral der Mitglieder. Das macht die ganze schöne Rechnung auf dem Papier über kalkulatorische Einnahmen zunichte. Die Erklärung ist einfach: Viele Anhänger stammen aus kleinen Verhältnissen oder sind arbeitslos, da tut jede Mark weh, die man abgeben muss. Auf der anderen Seite fehlt der NSDAP in den Anfangsjahren eine funktionierende Buchhaltung, die ausstehende Summen anmahnen und eintreiben könnte. So heißt es im Juni 1921 in einem Aufruf der Parteileitung: »Unsere Mittel erlauben es uns nicht, eigene Kassierer zum Einziehen der Mitgliedsbeiträge anzustellen. Wir bitten deshalb unsere Mitglieder, ihre Beiträge bei Versammlungen und Diskussionsabenden und wenn dies nicht möglich auf unser Postscheckkonto pünktlich einzahlen zu wollen.«[25] Wie das in der Praxis funktioniert, zeigt sich beispielsweise bei der Ortsgruppe im bayerischen Kraiburg am Inn. Die meisten der 50 Mitglieder können oder wollen ihre Beiträge nicht zahlen. Der Ortsgruppenleiter, von Beruf Zahnarzt, begleicht deshalb einen Teil der ausstehenden Summe aus der eigenen Kasse. Ein anderer Fall: Anfang 1926 schuldet der Gau Hannover der Zentrale in München 54 790 Mark an Mitgliedsbeiträgen.[26] Im Jahr 1927 hätte das zentrale Parteischatzamt von den deutschen Ortsgruppen insgesamt mindestens 210 000 Mark einnehmen müssen. Tatsächlich fließen nur 84 000 Mark in die Kasse.[27]
Wie abenteuerlich das Finanzgebaren ist, zeigt der Fall Wilhelm Hillebrand.

Der Funktionär, im Sommer 1927 zum Reichsmusikleiter der NSDAP berufen, erhellt an seinem Beispiel die Not und die Tricks der Partei. Der SA-Führer Walter Stennes wendet sich an Hillebrand, um »3500 Mark von der Partei zu fordern für Porti, Büromiete, Reisen usw. Dieser Betrag ist in der Zeit von etwa vier Monaten verbraucht worden«.[28] Dazu addieren sich 250 Mark »Dienstaufwandsentschädigung«. Der Reichsmusikleiter schreibt an die Zentrale – ohne Ergebnis: »Nichts als Versprechungen wurden gemacht, aber Geld ist keins gekommen.« Als 1928 die Miete für eine NS-Veranstaltung im Berliner Sportpalast in Höhe von 3500 Mark fällig wird, streckt Hillebrand die Summe teilweise selbst vor – danach streitet er sich mit der Partei in München um das Geld. Er schickt am 4. Oktober 1928 folgendes Telegramm nach München:

»1. Das Geld vom Jahr habe ich bis jetzt immer noch nicht erhalten. Wollen Sie hier nicht eingreifen!?

2. Damit Sie sich ein kleines Bild von meinen Ausgaben und meiner Tätigkeit machen können, füge ich einen Auszug bei, über die von mir aus eigener Tasche verauslagten Gelder wie folgt:

Reisen für Besichtigungen, Dienstfahrten	
vom 4. 10. 27 bis 12. 9. 28	1370 M
Portokasse vom 4. 10. 27 bis 12. 9. 28	376 M
Telefon, Bücher und Geschäftsunkosten	
vom 4. 10. 27 bis 12. 9. 28	460 M
Für Plattenaufnahmen	280 M
Für Neuaufnahmen von Platten	1460 M

3. Wann soll ich diese Gelder einmal wiederbekommen, oder denken Sie sich, dass ich solche Ausgaben noch weiter machen kann? Ich bin am Ende und bin durch die Partei wirtschaftlich ruiniert!«[29]

Das Schreiben entlarvt die Kleinkrämerei der Genossen bei Geldfragen und zeigt, dass die Mitglieder ihre Forderungen an die eigene Partei massiv durchsetzen – allem Idealismus für Hitler zum Trotz. Im Fall Hillebrand geht es bis vor die Gerichte, am Ende tritt er wütend aus der Partei aus.

Wegen der ständigen Finanzsorgen sind Hitler reiche Spender hochwillkommen. Diese Geldquellen hält der NS-Führer sorgsam vor der Öffentlichkeit und seinen Genossen verborgen. Wenn er selbst Spenden annimmt, verweigert er Quittungen, drückt den Gebern allenfalls ein Parteiprogramm in die Hand. Das macht selbst die Nazi-Funktionäre im nächsten Umfeld des Parteiführers misstrauisch. Otto Wagener etwa, der von Herbst 1929 bis Frühsommer 1933 zu Hitlers engsten Vertrauten gehört, versucht aus Neugier die Geldquellen Hitlers zu recherchieren. Wagener – er arbeitet als Stabschef der SA und als Leiter der wirtschaftspolitischen Abteilung der NSDAP – fragt Reichsschatzmeister Franz Xaver Schwarz, wie Hitler finanziert werde.

Der antwortet ausweichend. »Aber das kann doch nicht ausreichen, um Wohnung, Leben, Kraftwagen, Fahrer, Begleiter und dann den dauernden Hotelaufenthalt zu decken«, sagt Wagener, »irgendwo muss er die Mittel ja doch herhaben, die er benötigt. Da ist es doch besser, Sie als Reichsschatzmeister organisieren das, als dass sich Hitler von irgendwelchen Finanzleuten Geld geben lässt, von denen er mit der Zeit abhängig wird.«[30] Schwarz gibt eine vage Antwort: »Das Finanzamt ist sehr hinter unseren Büchern her. Zu gern würden sie uns einmal etwas am Zeug flicken. Aber sie werden keinen Anlass dafür finden. Deshalb will auch der Chef nie in den Büchern stehen.«[31]

So einfach machen es ihm aber die korrekten Finanzbehörden nicht. Die führen einen jahrelangen Kleinkrieg gegen den Steuerzahler Hitler. Die Akten des Münchner Finanzamts sind erhalten geblieben, sie geben Aufschluss über das »offizielle« Einkommen Hitlers von 1925 bis 1935: »Seine Steuerunterlagen lassen auch viele wichtige Fragen unbeantwortet – die Quellen und die Höhe seiner Einnahmen jenseits seiner schriftstellerischen Tätigkeit, seine finanziellen Beziehungen zur NSDAP und die Anzahl sowie Höhe privater Spenden, die er erhalten hat.«[32] Denn Hitlers lächerlich gering angegebenes Einkommen beweist: Der NS-Chef nimmt es mit seinen staatsbürgerlichen Pflichten nicht so genau – er ist ein ganz gewöhnlicher Steuerhinterzieher. Das Finanzamt erkennt Hitlers Betriebsausgaben über die Jahre nur zur Hälfte an. 1935 verlangt es 405 494 Mark an Nachzahlungen, will einen Mahnbescheid schicken, droht Strafen an. Doch da beschließt die Behörde auf politischen Druck, am 12. März 1935 die Steuerakte Hitler für immer zu schließen. Dennoch geben die Dokumente spannende Einblicke in das Finanzgebaren des NSDAP-Chefs. Am 1. Mai 1925 beispielsweise schreibt das Münchner Finanzamt Hitler an und fordert ihn auf, eine Steuererklärung für 1924 und das erste Quartal 1925 abzugeben. Hitler schreibt zurück: »Ich hatte 1924 und im 1. Quartal 1925 kein Einkommen. Ich deckte meinen Lebensunterhalt durch einen Bankkredit.«[33] Nachdem der Nazi-Führer die Aufforderungen des Amtes missachtet, erhält er eine Strafverfügung über 10 Mark, wahlweise ein Tag Gefängnis. Die Beamten wollen wissen, woher Hitler die 20 000 Mark hat, mit denen er im Februar 1925 sein Auto bezahlte. Erst für das dritte Quartal meldet der Parteichef ein Einkommen von 11 231 Mark, abzüglich beruflich absetzbare Ausgaben von 6540 Mark und Schuldzinsen von 2245 Mark. Was einen Nettobetrag von 2446 Mark ergäbe. Ergänzend schreibt Hitler: »Ich besitze weder Eigentum noch Kapital. Ich beschränke meine persönlichen Bedürfnisse, indem ich auf Alkohol und Tabak verzichte, meine Mahlzeiten in den allerbescheidensten Restaurants einnehme und abgesehen von meiner niedrigen Wohnungsmiete, mache ich keine Ausgaben, die nicht zu den absetzbaren beruflichen Ausgaben eines politischen Schriftstellers gehören.«[34] Wobei es zu den Legenden gehört, dass Hitler von den Tantiemen aus »Mein

Kampf« leben konnte. Die Steuerakten belegen eindeutig: Die Einnahmen aus dem – für die Finanzbehörden leicht nachprüfbaren – Buchverkauf flossen über Jahre schleppend. 1928 setzte Hitler beispielsweise 3015 Exemplare ab, im Jahr darauf 7664. Der Durchbruch kam erst 1933, als »Mein Kampf« 854 127-mal über die Ladentische ging und dem Autor das erste Mal üppige Einnahmen bescherte.

Insgesamt meldet Hitler für sich folgendes Bruttoeinkommen[35] in Mark:

1925	19 843
1926	15 903
1927	11 494
1928	11 818
1929	15 448
1930	48 472
1931	55 132
1932	64 639
1933	1 232 335

Hitler versteht es, mächtige Persönlichkeiten für sich einzunehmen – wenn auch bis 1933 nur einen vergleichsweise kleinen Personenkreis. Die Großindustrie und die Grundbesitzer halten sich vor der Machtübernahme bei der Finanzierung der NSDAP zurück, das radikale Parteiprogramm, das eine teilweise Enteignung und die »Brechung der Zinsknechtschaft« fordert, schreckt viele Unternehmer ab. Es wäre deshalb unrichtig, von einer massiven Allianz der Großunternehmer pro Hitler vor 1933 zu sprechen. Andererseits wäre es ebenso falsch, anzunehmen, die deutsche Wirtschaftselite sei völlig abseits gestanden. In den ersten Jahren sind es mehr prägende Einzelpersönlichkeiten, die dem NS-Führer durch ihre Kontakte Türen und Kassen öffnen. In den letzten Jahren vor der Machtübernahme aber ragen einige wenige prominente Wirtschaftsführer heraus, die Hitler unter die Arme greifen und durch ihr Beispiel andere zum Mitmachen bewegen. Doch das reicht: Am Ende beschert das der Nation den Diktator Hitler.

DIETRICH ECKART

Der Poet

Ein offenes Sportflugzeug hebt am 16. März 1920 von Augsburg zu einer Geheimmission ab. Als Passagiere: der Dichter Dietrich Eckart und sein Begleiter, »der damals noch gänzlich unbekannte Hitler«.[1] Beide wollen in Berlin den Putschisten Wolfgang Kapp unterstützen, der soeben mit Hilfe bewaffneter Truppen die Regierung vertrieben hat und selbst eine Rechtsdiktatur anstrebt. Hitler, als Verbindungsmann im Sold der Armee und Propagandaleiter der neu gegründeten Nationalsozialistischen Deutschen Arbeiterpartei (NSDAP), sitzt das erste Mal in einem Flugzeug. Ein Sturm schüttelt die Maschine, mehrmals muss sich Hitler auf der Reise übergeben. Benzinmangel zwingt die Maschine zum Notlanden in Jüterbog bei Berlin. Streikende Arbeiter halten sie auf, drohen beide zu verhaften. Eckart, mit kahlem Schädel, Bassstimme und von massiger Gestalt, gibt sich als Papierhändler aus, Hitler, mit angeklebtem Spitzbart, stellt sich als sein Buchhalter vor. Die beiden dürfen weiterfliegen. Doch sie kommen zu spät: In der Reichshauptstadt ist der Putsch bereits zusammengebrochen, Kapp auf der Flucht. Eckart meint frustriert zu seinem Partner: »Komm, Adolf, hier haben wir nichts mehr zu suchen.«[2]

Ganz umsonst ist die Reise der beiden verhinderten Putsch-Sympathisanten dennoch nicht. Eckart, zur der Zeit 51 Jahre alt, nimmt seinen jungen Freund mit zu den Bechsteins, die ein imposantes Haus in der Stadtmitte bewohnen, dessen Einrichtung den luxuriösen Stil des Großbürgertums ausstrahlt. Eckart kennt Edwin und Helene Bechstein, Miteigentümer der berühmten

Pianofortefabrik C. Bechstein, aus seinen Zeiten als Theaterdramaturg in Berlin. Er stellt den Parteifunktionär aus München seinen Bekannten vor – ein Kontakt, der sich in der Folge für Hitler und die NSDAP als sehr profitabel erweist. Frau Bechstein, mit kirschgroßen Diamanten um Hals und Handgelenk, begrüßt Hitler liebenswürdig, ist von dessen anfänglicher Schüchternheit angetan. Künftig wird der Parteichef seine Gönnerin regelmäßig in Berlin besuchen. Oder er wird von den Bechsteins in ihre Hotelsuite im »Bayerischen Hof« zum Essen eingeladen, wenn sie in München zu Besuch weilen. Der junge NS-Führer, sonst nur seine grobschlächtigen Parteigesellen gewohnt, zeigt sich hingerissen von dem vornehmen Auftreten seiner Gastgeber – und zugleich verlegen. Hitler berichtet der Frau seines Freundes Ernst Hanfstaengl: »Frau Bechstein in großer Abendtoilette, Herr Bechstein in Smoking und die Bedienung in Livree – Sie können sich denken, wie schrecklich deplatziert ich mir in meinem blauen Anzug vorkam. Und getrunken wurde während des ganzen Abends nur Champagner. Und erst das Badezimmer – Herrgott, diese Pracht! Sogar die Wassertemperatur konnte man regulieren!«[3] Frau Bechstein, »die mit mütterlichen Wohlwollen Hitler zugetan war«, berät Hitler in Kleidungsfragen und bringt ihn dazu, sich feine Garderobe anzuschaffen. Er kauft sich einen Smoking, gestärkte Hemden und Lackstiefel und lernt durch seine prominente Lehrerin, sich in gehobenen Kreisen stilgerecht zu präsentieren.

Wichtiger als solche Kurse in richtigem Auftreten ist für den Vorsitzenden der NSDAP und seinen Freund Eckart aber die Tatsache, dass die Unternehmersgattin nicht nur ihr Herz öffnet, sondern regelmäßig auch ihre Geldbörse. Die Bechsteins bürgen für ein Bankdarlehen über 45 000 Mark für Hitler, von Rückzahlung ist jedoch keine Rede, den größten Teil der Summe müssen sie übernehmen.[4] Helene Bechstein sagt später aus, die Familie hat Hitler »wiederholt, das heißt zwei- oder dreimal, finanziell« unterstützt, auch sie persönlich fördert den NS-Führer zusätzlich, »aber nicht mit Geld. Ich habe ihm vielmehr einige Kunstgegenstände zur Verwertung gegeben, mit der Bemerkung, dass er damit machen könne, was er wolle. Es handelt sich bei diesen Kunstgegenständen um solche von höherem Wert.«[5]

Hitler kann solche Naturalien aus Eckarts Freundeskreis gut gebrauchen, er setzt sie als Sicherheit ein, um sich Kredite zu besorgen und damit den Aufbau der finanziell ausgedörrten Partei voranzutreiben. Das zeigt der Darlehensvertrag mit dem Nazi-Sympathisanten und Kaffeefabrikanten Richard Frank (»Korn-Frank«) in Berlin, einem Bekannten Eckarts. Das Dokument lautet folgendermaßen:

»1) Herr Adolf Hitler bekennt, von Richard Frank am 20. August 1923 den Betrag von 60 000 Schw. Franken, mit Worten – sechzigtausend Schweizer Franken – als Darlehen empfangen zu haben.

Dieses Darlehen ist innerhalb drei Jahren, also spätestens am 20. August 1926, zurückzubezahlen.

2) Als Sicherheit für das Darlehen überträgt Herr Adolf Hitler an Herrn Richard Frank das Eigentum an den bei dem Bankhaus Heinrich Eckert in München auf den Namen des Herrn Max Amann hinterlegten, nachbezeichneten Wertgegenständen:

Nr. 1 Einen Smaragdanhänger mit Platin und Brillanten mit Platinkettchen

Nr. 2 Einen Rubinring in Platin mit Brillanten

Nr. 3 Einen Saphirring in Platin mit Brillanten

Nr. 4 Einen Brillantring (Solitaire), Brillanten in Silber gefasst, Ring 14 Kar. Gold

Nr. 5 Eine venetianer Relief-Spitze, handgenäht, 6 $^1/_2$ mtr. lang, 11 $^1/_2$ cm breit (17. Jahrhundert)

Nr. 6 Eine rotseidene spanische Flügeldecke mit Goldstickerei (Größe 4 mal 4 mtr.).

3) Hinterlegungsschein des Bankhauses Heinrich Eckert in München wird an Herrn Richard Frank hierdurch ausgehändigt.

Es wird ausdrücklich festgestellt, dass der Hinterleger Max Amann bei der Hinterlegung als Geschäftsführer des Herrn Hitler in dessen Auftrag und Vollmacht gehandelt hat.

4) Vertragsvereinbarung ist auch, dass über die hinterlegten Wertgegenstände vor dem Termin der Darlehensrückzahlung, d. i. 20. August 1926, sowohl durch den Darlehensgeber als auch durch den Darlehensnehmer nicht verfügt wird.«[6]

Wieder einmal haben sich Dietrich Eckarts Verbindungen als sehr einträglich für Hitler erwiesen – wie oft in der Anfangszeit der Nazi-Bewegung. Dieser Förderer sorgt dafür, dass die NSDAP nicht schon in ihrer Startphase stecken bleibt: Eckart organisiert den finanziellen Dünger, mit dem sich die Partei rasch zum Unkraut entwickelt. Zugleich ist das »Prachtexemplar eines Altbayern mit dem Aussehen eines alten Walrosses«[7] eine der schillerndsten Figuren der nationalsozialistischen Geschichte. Obwohl Eckart nicht gerade ein Vorbild für die Jugend abgibt: ein Drogenabhängiger, ein Poet und Journalist, ein Rassist der übelsten Sorte, ein Frauenverächter, der ständig zwischen Pleite und Wohlstand schwankt, den Freunde übereinstimmend als grantig und besserwisserisch, aber auch als gutmütig und spendabel charakterisieren – und in finanziellen Dingen ein Chaot. Otto Dietrich, späterer Reichspressechef der NSDAP, Staatssekretär im Propagandaministerium und einer der Günstlinge Hitlers, bekräftigt die herausragende Bedeutung des Dichters: »Eckart war der Mann, der nach Hitlers eigenen wiederholten Äußerungen die größte Bedeutung für seinen Lebensweg gehabt hat. Er war Hitlers bester Freund und man kann ihn als seinen geistigen Vater bezeichnen ... Aus den

Erträgnissen und Tantiemen, mit denen er seinem Freunde Hitler unter die Arme griff, hat er ihm den Parteiaufbau in seinen ersten Anfängen überhaupt erst ermöglicht. Eckart kannte einen Kreis begüterter Bürger, die er zwecks Unterstützung seiner Zeitschrift aufsuchte. Er führte auch Hitler bei ihnen ein. Sie waren die ersten Förderer oder, wenn man will, Geldgeber Hitlers.«[8] Wie sehr der Parteidiktator seinen Protegé schätzt, zeigt er in seinem Buch »Mein Kampf«, das er seinem Freund zueignet, »der als der Besten einer sein Leben dem Erwachen seines, unseres Volkes gewidmet hat im Dichten und im Denken und am Ende in der Tat: Dietrich Eckart«[9], so der Schluss des Werks. Solche Ehrerbietigkeit bewahrt sich der NS-Führer sein Leben lang. So erklärt er seiner Sekretärin während des Dritten Reiches Christa Schröder, die Freundschaft zu Eckart »gehörte zu dem Schönsten, was ihm in den zwanziger Jahren zuteil geworden war«.[10] Hitler schwärmt über den »wundervollen Schädel dieses besten Deutschen« und über die »mächtige Stirn, blaue Augen, das ganze Haupt wie der Kopf eines Bullen. Und noch dazu eine Stimme von wundervoll biederem Klange«.[11]

Wie kommt es zu dieser seltsamen Liaison zwischen Eckart und Hitler? Was treibt den Älteren, die rechtsradikale Gruppe und ihren fanatischen Anführer aktiv zu unterstützen? Mit welchen Finanztransaktionen verschafft sich Eckart seinen Ruf als »Vater der Hitlerbewegung«, als »Gründer Hitlers« und dessen »Geburtshelfer«?[12] In Eckarts ersten 50 Lebensjahren deutet nichts auf die ungewöhnliche Karriere als einer der Säulenheiligen des Nationalsozialismus hin. Er wird am 23. März 1868 in der Stadt Neumarkt in der Oberpfalz als Sohn des Notars und Justizrats Christian Eckart geboren. Seine Mutter, Anna Bösner, stammt aus einer Försterfamilie vom oberpfälzischen Ort Pressath. Sie, die zweite Frau des 22 Jahre älteren Witwers Christian Eckart, erzieht ihre vier Kinder im katholischen Glauben, obwohl der Vater der evangelischen Gemeinde angehört. Nur der Schutz der Mutter bewahren Dietrich und seine Geschwister vor den Launen und plötzlichen Wutausbrüchen des dominanten Vaters. Auf Anna Eckart liegt die Arbeitslast mit Haushalt und den Kindern allein, ihr Mann lebt ganz für seinen Beruf, findet kaum Zeit für seine Jüngsten. Im Mai 1878, Dietrich ist gerade zehn Jahre alt, stirbt die Mutter, kaum 36-jährig. Das trifft den Jungen hart: Die mütterliche Geborgenheit weicht der ständigen Konfrontation mit dem Vater. Dietrich entwickelt ein rebellisches Wesen, immer bereit zum Streit – ein Charakterzug, der ihn fortan ebenso begleitet wie sein Drang, sich abzusondern, nach innen zu flüchten. Der Ärger in der Familie scheint unaufhaltsam – die Auseinandersetzungen mit dem Vater nehmen von Tag zu Tag zu. Auch im Unterricht eckt der aufsässige Junge häufig an. Das führt dazu, dass Dietrich ständig die Schulen wechseln muss – er prahlt als Erwachsener damit, insgesamt sieben verschiedene Gymnasien besucht zu haben. Das Abitur schafft er mit Mühe, der Vater macht sich um seinen Sprössling Sorgen: Was nun? Welcher Beruf für den renitenten Jungen?

Christian Eckart beschließt, sein Sohn soll Mediziner werden, eine anständige, eine bürgerliche Arbeit mit gesichertem Einkommen. Widerstrebend beginnt Dietrich das Studium an der Universität Erlangen. Er schließt sich der schlagenden Burschenschaft Onoldia an, der schon sein Vater angehört hat. Es kommt, wie es kommen muss: Dietrich Eckart verkracht sich mit den anderen Burschenschaftlern, er wirft das Studium hin – und sollte niemals mehr an die Universität zurückkehren.

In der Zeit seines Erlangener Universitätsbesuchs gesellen sich neue Schattenbegleiter zu ihm: Drogen. Der Auslöser dafür bleibt unklar: Waren es Depressionen, Liebeskummer, die Lust am Rausch oder einfach nur der Reiz, Verbotenes zu tun? Jedenfalls besorgt sich der Studiosus Morphium, was dem Medizinstudenten nicht schwer fällt. Der Stoff verschafft Dietrich Eckart den Eingang zu einer inneren, metaphysischen Welt und entrückt ihn für kurze Zeit von der materialistischen Wirklichkeit – ein Motiv, das er später in seinen Dramen mehrmals verwendet. Alfred Rosenberg, Eckarts Freund und Mitarbeiter beim »Völkischen Beobachter«, schildert den Zustand: »Ohne das süße Gift konnte er nicht leben und setzte die ganze Schlauheit eines von dieser Leidenschaft Besessenen daran, sich immer neue Dosen zu beschaffen. Er nahm schließlich täglich Portionen zu sich, an denen ein gewöhnlicher, nicht so bärenstark veranlagter Mensch gestorben wäre.«[13] Von nun an bleibt das Morphium sein ständiger Begleiter und wird Teil der Persönlichkeit Dietrichs, auch als er für die NSDAP und Hitler arbeitet – Dietrich Eckart, der erste Nazi-Junkie. Die Droge führt zu seinem Studienabbruch, der junge Mann ist dem Stoff so verfallen, dass er in eine Irrenanstalt zum Entzug eingeliefert wird. Das ist der erste Tiefpunkt im Leben Dietrich Eckarts: Er, der sich zu Größerem berufen fühlt, inmitten all der Geisteskranken, des Bodensatzes der Gesellschaft. Zu der paradoxen Umgebung passt, dass Eckart hier das erste Mal seinen Drang zum Theaterdramatiker auslebt – er führt mit den Anstaltsinsassen das Stück »Der Wildschütz« auf, so wie vor ihm einst das berühmte Vorbild Marquis de Sade.

Das Opiumderivat allein genügt ihm nicht, zu kurz sind die Trancezustände und zu umständlich das Beschaffen des Suchtmittels. Früh greift Dietrich Eckart deshalb zu einer weiteren Droge – dem Alkohol. Wein und Bier konsumiert er bis zu seinem Tode in großen Mengen. Seine Sucht mag auch der Grund sein, weshalb er zu Beginn des Ersten Weltkriegs nicht zum Militär einberufen wird. Aber er meldet sich als Freiwilliger.

Als er nach seinem ersten Entzug zurück in die Heimatstadt Neumarkt kommt, landet er schnell als Stammgast in den Kneipen des Ortes: in der Weinstube seines Freundes Steinbach, im »Goldenen Stern«, in der »Gans«

oder in der Lamms-Brauerei. Als der Vater den jungen Dietrich einmal im Winter an einem der häufigen Wirtshausbesuche hindern will, versteckt er die Kleider seines Sohnes. Was tut der Junior? Er marschiert in Unterhosen zu seinen Zechkumpanen und seinem geliebten Glas Wein.

Später, in München, verkehrt er am liebsten in der Schwabinger Weinstube »Brennnessel«, in der »Fledermausbar« und natürlich bei Hitlers Stammtischen Montag abends im »Café Neumaier« am Viktualienmarkt sowie im »Café Heck« am Odeonsplatz mit dem innersten Zirkel der Vertrauten: dem ehemaligen Feldwebel Hitlers Max Amann, dem DAP-Vorsitzenden Anton Drexel, dem Parteimitarbeiter Hermann Esser, dem Pferdehändler Christian Weber und Ernst Hanfstaengl, Sohn einer Verlegerfamilie.

Hat er genug Wein und Bier konsumiert, kommt Eckart in Fahrt und deckt seine Begleiter mit geistreichen oder, je nach Gemütslage, mit politischen Vorträgen ein, die Stimme immer lauter werdend. Sein Alkoholkonsum spiegelt sich auch in seinen ersten Versuchen als Poet. Der 25-Jährige dichtet:

»Heraus du letztes Hellerlein
Aus deiner kurzen Rast!
Nicht sparen kann beim goldenen Wein
Ein fahrender Scholast.
Weg da, weg da mit dem Dreck da
Fidel sey er verthan,
Denn was der nächste Morgen bringt,
Das geht mich heut nichts an!
Philister auf der Ofenbank
Schaut nicht so grämlich her!
Wer so wie ich im Leben trank,
Den ändert ihr nicht mehr.
Brummt nur, brummt nur und verstummt nur,
Das ist mir alles eins!«[14]

Da hat der junge Eckart in wenigen Zeilen seine Lebenseinstellung zu Papier gebracht. Das Morphium und die Saufgelage setzen dem Mann zu: Schon früh fallen ihm die Haare aus, ein einst asketisch geschnittenes Gesicht rundet sich, der Körperumfang nimmt zu. Die Gesundheit erodiert, Eckart geht wiederholt in Entziehungskuren, etwa in das Sanatorium Blankenburg. Als er für Hitler arbeitet, ist er tageweise überhaupt nicht zu gebrauchen, zeigt Ausfallerscheinungen, braucht Ruhephasen. Ein ärztliches Attest vom 19. April 1923 bescheinigt: »Herr Dietrich Eckart leidet unter hypertrophischer Leber-Cirrhose, an zeitweise einsetzenden Blutungen aus dem oberen Oesosphagus (Speiseröhre), Arteriosklerose.«[15]

Im August 1895 stirbt Dietrich Eckarts Vater. Der 27-jährige Filius gelangt dadurch zu einer beträchtlichen Erbschaft, die ein sorgenfreies Leben ermöglicht. Eigentlich ist das eine ideale Grundlage für den Lebemann Eckart, um ungestört seinem neuen Ziel nachzugehen, der Dichtkunst und Schriftstellerei. Doch seine Dämonen holen ihn ein, das »stattliche Vermögen, das Eckart, für den Geld nie Selbstzweck war, der jedem, auch dem ihm vollkommen Fremden, immer gern und reichlich gab, in wenig Jahren verausgabte«[16], erinnert sich sein Jugendfreund Albert Reich, ein Kunstmaler. Dass er das Geld so flott verjuxt, liegt nicht nur an Eckarts Vergnügungssucht, sondern auch an seiner Gutmütigkeit. Selbst Hitler erkennt – trotz aller Bewunderung für seinen Freund – bald die Schwäche: »Von einer Sau hat er mindestens achtzig Viertel verkauft oder verschenkt; jedem, der ihm begegnet ist, hat er etwas davon versprochen; das ist bei diesen Leuten so! Aber ohne diese Leute bringt man eine Sache nicht in Bewegung!«[17] Dieses Manko sollte Eckart auch in späteren Jahren immer wieder an den Rand der Pleite bringen, Nutznießer ist dabei die NSDAP.

Eckart widmet sich endgültig dem Schreiben. Er verfasst einige Gedichte über die Schönheit der Natur und versucht sich als Journalist. Er veröffentlicht Novellen, Studien und politische Betrachtungen. Über die Bayreuther Festspiele schreibt er Kritiken für die »München-Augsburger Abendzeitung«. Dadurch lernt er Siegfried und Winifred Wagner kennen, macht sie später mit Hitler bekannt. Dieser von Eckart geschaffene Zugang zu Hitlers hochverehrter Künstlerfamilie macht sich für die Nazi-Partei in klingender Münze bezahlt. Besonders Winifred Wagner fördert die rechtsradikale Gruppe seit den zwanziger Jahren finanziell.

1899 übersiedelt Eckart nach Berlin, um seine literarischen Pläne voranzutreiben. In ihm brennt eine neue Leidenschaft: Theaterstücke. Über 15 Jahre lang bringt er Dramen und Komödien zu Papier. Doch die zehn Schauspieler schaffen meist nur eine oder zwei Aufführungen, dann wird das Werk wieder vom Spielplan genommen. Bei einigen Stücken, wie der politisierenden Komödie »Ein Kerl, der spekuliert« oder dem »Lorenzaccio«, der in Florenz zur Zeit der Medici spielt, gelingt es Eckart zu Lebzeiten gar nicht, sein Werk an eine Bühne zu bringen. Meist sind es gesellschaftskritische oder historische Themen, an denen sich Eckart versucht. Sein erstes Stück nennt er die »tragische Komödie« mit dem Titel »Familienväter«. Die Hauptfigur ist ein Journalist namens Heidenreich und lehnt sich offenkundig an Eckarts eigene Lebenssituation als Redakteur beim »Berliner Lokalanzeiger« an. Der Held schreibt ein Lustspiel, das vom Theater angenommen wird, aber der böse Zeitungsbesitzer Hintze verhindert die Aufführung. Am Ende begeht Heidenreich Selbstmord, deklamiert die bittere Erkenntnis: »Zuerst wird einem die Seele aus dem Leib gequetscht und dann wird man fortgeworfen wie eine faule Zitrone.«[18] Es folgen Werke wie »Der Froschkönig«, in der ein Hochstapler und Außenseiter gegen seine materialistische Umwelt ankämpft, oder »Der Erbgraf«, der sich umbringt, nachdem er erfährt, dass er bürgerlicher Abstammung ist und die adelige Gesellschaft ihn deswegen ausschließt. Die einzig positive Figur in dem »Erbgrafen« ist ein Professor Holbach, ein »großer Künstler«, der mit »unsterblichen Werken« glänzt. Seine Moral: »Adelig heiß ich nur den, der ein Ideal in sich hat, an das er felsenfest glaubt; denn dadurch unterscheidet er sich von der Menge, die nur materielle Bedürfnisse kennt.«[19] Eckart sollte sein Ideal später in der Person Adolf Hitlers finden.

Die Zuschauer der Stücke gähnen, zischen, jemand pfeift sogar kunstvoll auf seinem Hausschlüssel. Und die Kritiker lassen an Eckarts dramaturgischen Leistungen kein gutes Haar: »Fern, fremd, abgetan, lebensleer, gleichgültig«[20], urteilt die Zeitschrift »Der Kunstwart«. Das »Berliner Tagblatt« schreibt über den »Froschkönig«: »Die so genannte Komödie des Herrn Eckart ist eine einzige Phrasengeschwulst, die reichlich Unsinn auseitert.«[21] Solche Verrisse treffen den aufstrebenden Dramatiker ins Mark. Nicht nur weil er damit seine Schriftstellerehre verletzt fühlt, sondern seine Stücke finden damit auch zu wenig zahlendes Publikum – die bescheidenen Tantiemen reichen nicht für den Lebensunterhalt.

Zwölf Jahre lang lebt Eckart am Rande des Existenzminimums. Für einen Besuch bei Graf Georg von Hülsen-Haeseler, dem Intendanten der Königlichen Schauspiele in Berlin, muss sich der Dichter ein sauberes Hemd, eine Hose und ein Jackett bei Bekannten ausleihen, da er selbst keine bessere Kleidung mehr besitzt. Eckart versteht die Welt nicht mehr – warum erkennt die Gesellschaft seine Genialität nicht? »An meinem Talent kann es nicht liegen«, jammert der Dramatiker, »es muss also an meiner Weltanschauung liegen, an meiner Feindschaft gegen alles Flache, Angefressene unserer Zeit.«[22] Er erniedrigt sich und schreibt laufend Bettelbriefe an den Intendanten Hülsen-Haeseler, die Wilhelm II. »Meisterwerke der Pumpkunst« nennt: »Wenn ich nicht festen Glauben an meine dramatische Gestaltungskraft hätte, so würde ich mich heute weit lieber in dem elendsten Winkel dieser Stadt verkriechen, als noch einmal – ich schwöre es: zum letzten Mal! – der Hochherzigkeit Eurer Exzellenz zur Last zu fallen«[23], formuliert Eckart. Der Intendant überweist ihm mal 100 Mark, mal 150 Mark. Selbst gelegentliche Zeitungsartikel oder Reklametexte für ein pharmazeutisches Unternehmen reichen nicht für ein geordnetes Leben des armen Poeten. Eckart muss regelmäßig in Hinterhöfen oder auf einer Parkbank im Berliner Tiergarten wie ein Penner übernachten – der nächste Tiefpunkt seines Lebens.

Rettung bringt ihm ein Theaterstück, das ironischerweise nicht seinem eigenen Genius entsprungen ist, sondern einem fremden: Dietrich Eckart über-

26

setzt und bearbeitet Henrik Ibsens »Peer Gynt« neu für die Bühne, das Stück wird 1914 uraufgeführt und ist zu Eckarts Lebzeiten rund 500-mal zu sehen. Er identifiziert sich mit der Hauptfigur, einem Suchenden, der auch im Irrenhaus auftritt. Der Erfolg sichert ihm endlich ein verlässliches, bequemes Einkommen, das durch seine lukrative Beteiligung an der Neuen Aeroplan-Baugesellschaft seines Jugendfreundes, des Flugzeugbauers Bomhard, noch mit zusätzlichen Erträgen aufgepolstert wird und ihm fortan Wohlstand garantiert.

Seine Alkohol- und Drogenprobleme bringen Eckart 1913 nach Bad Blankenburg im Thüringer Wald ins Sanatorium Schwarzeck. Dort lernt er Rose Marx kennen, die Schwester des Sanatoriumsbesitzers. Rose Marx, eine geborene Wiedeburg, stammt aus einer rheinländischen Zahnarztfamilie und lebt zu jener Zeit als Witwe mit drei Töchtern im Kindesalter. Und der Dichter setzt einen gewagten Schritt: Er heiratet Rose im September des gleichen Jahres und übersiedelt von Berlin nach Blankenburg.

Was treibt ihn zu der Ehe? Ist es die Sehnsucht nach Geborgenheit, nach einem Zuhause, einem festen Partner? Amor jedenfalls hat seine Finger nicht im Spiel: Seine Freunde nennen es allenfalls »Gedankengemeinschaft« oder »Verantwortungsbewusstsein«, sie schildern aber auch die »Gegensätze, die in der Natur der beiden Gatten lagen« und den Tatbestand, dass sich der Dichter an das Familienleben nur »langsam gewöhnt«.[24] Der Dichter zieht dem eigenen Heim den Stammtisch in der Kneipe vor, wo er, umgeben von Männern, mit kräftiger Stimme seine Anekdoten und politischen Philosophien zum Besten gibt. Diese Vorliebe für die Gesellschaft unter gleich gesinnten Kameraden teilt Eckart mit Adolf Hitler, der viele Frauenbekanntschaften schließt, in dessen innerstem Machtzirkel aber eine männerbündlerische Welt herrscht – eine Welt, in der Frauen nichts zu suchen haben. Zu Eckarts Ehe mit Rose sagt sein Freund Rosenberg: »Dieser rein männliche Verkehr zerstörte eine doch stets ersehnte Harmonie, an der beide Teile litten und die zu beseitigen anders nicht möglich war als durch ein Auseinandergehen.«[25] Die Partnerschaft geht in die Brüche, im März 1921 lassen sich die beiden scheiden.

Die Wurzeln für Eckarts Probleme mit dem anderen Geschlecht reichen tiefer. Er ist ein bekennender Frauenverächter, um nicht zu sagen Frauenhasser. In einem Aufsatz mokiert er sich über die angebliche Minderwertigkeit der Frau, lässt Gefühle allenfalls als Reflex auf das eigene Ego zu: »Wenn der Mann liebt, so geschieht das von dem Moment an, da er sein Ich wie durch ein Wunder im Weibe verkörpert sieht.«[26] Eine solche Einstellung sei »eine tiefe Tragik in Dietrich Eckarts Leben«, meint Rosenberg und schildert: »Eckart sah einen Hang zum Nichtigen als das Wesentliche beim Weibe an, erklärte sie für unfähig, das Tiefe wirklich zu erfassen, sprach ihr gelegentlich das Wollen hier gänzlich ab. Höflichkeit der Frau gegenüber hatte er eine besondere Antipathie und erklärte diese als ein Zeichen unserer femininen Zeit. Das Weib sei Natur, kaum mehr.«[27] Der Dichter überträgt seine Verachtung auf seine Figuren in den Theaterstücken, zeichnet unsympathische, ja feindliche Frauengestalten – etwa Gerda und Hedwig im »Froschkönig«, die Trollprinzessin in »Peer Gynt« oder Veronika und Semiramide im »Lorenzaccio«. Im historischen Drama »Lorenzaccio« lässt Eckart den Helden Lorenzo an seine Mutter sagen:

»Ihr Mütter macht es einem schwer,
Euch zu verehren;
Denn was ihr wollt, im innersten Begehr,
Ist oft das Gegenteil von Euren Lehren.«

An anderer Stelle formuliert Eckart seine Anschauung noch deutlicher durch die männliche Hauptfigur:

»Als ob sich je, was die Natur verhehlt,
Durchschauen oder gar erklären ließe!
Der Hass, der zwischen Mann und Weibe schwelt,
Er ist Natur und unfassbar wie diese.
Er wird einmal die ganze Welt zerstören.
Dann werden sich auf ein gegeb'nes Zeichen
Die Weiber alle, wie sie sind, empören,
Vereint mit Tausenden von meinesgleichen,
Die ihnen nur zu brünstig zugehören.«[28]

»Peer Gynt« verschafft Eckart einen soliden Geldfluss und eine gewisse Anerkennung als Dramatiker. Alles in allem aber überwiegen Missmut und Enttäuschung: Fast alle seine Werke erreichen nicht das Lob der intellektuellen Eliten, auf das der Dichter so gehofft hat. Hitler hingegen bewundert den 21 Jahre älteren Dietrich Eckart: Der Dramatiker hat aus seiner Sicht schon herzeigbare Erfolge, kann sich mit seinen Bekanntschaften und berühmten Namen brüsten. Und beide fühlen sich seelenverwandt: Beide werden von einer »ignoranten« Umwelt verkannt, die ihr künstlerisches Können nicht würdigt. So wie Hitler an der Malerakademie in Wien abgelehnt wurde, Galerien oder Museen seine Bilder verschmähen, so stößt Eckart auf eine Mauer der Ablehnung in der Theatergilde. Dass an dem Urteil ihrer Zeitgenossen etwas dran sein könnte, kommt beiden nicht in den Sinn. Hitler schwärmt über die Leistungen seines Freundes: »Der Dietrich Eckart hat Gedichte geschrieben, so schön wie Goethe.«[29] Und der Poet selbst leidet ebenfalls nicht unter Bescheidenheit. In einem Brief an den bayerischen Generalstaatskommissar Gustav von Kahr schreibt Eckart: »Ich bin kein x-beliebiger Mensch, sondern einer, der in seinem Leben schon viel geleistet hat. Meine dramatischen Werke lauter Schöpfungen von philosophischer Reife. Auch ohne die bewundernden

Urteile hervorragender Fachmänner wüsste ich, dass sich dieses Werk dem ›Faust‹ und ›Hamlet‹ ruhig an die Seite stellen kann.«[30]

Trotz solch krasser Selbstüberschätzung wurmt es den Dichter, dass ihm die Fachleute den nötigen Respekt vorenthalten und ihn verstoßen. Da es nicht an ihm liegen kann, er sieht sich in der Ahnenreihe von Goethe und Shakespeare, müssen folgerichtig andere die Schuld tragen. Um die Jahre 1915/16 entdeckt Dietrich Eckart, wer für sein Versagen verantwortlich ist: die Juden. Sein künftiges Lebensthema fällt mit dem Umzug der Familie Eckart nach München zusammen. Die Atmosphäre der bayerischen Landeshauptstadt in den Zeiten des Krieges bildet für den Dichter den Nährboden für die komplette Neuausrichtung in seiner Arbeit – hin zur politischen Aktivität. In den folgenden Jahren nimmt sein Antisemitismus immer schärfere Züge an. Seine philosophisch-religiös begründete Front gegen die Juden ist als Gedankengebäude viel umfassender errichtet als der aus verschiedenen Quellen gespeiste diffuse Antisemitismus Hitlers zu jener Zeit. Eckart wird zu einem der wichtigsten frühen Impulsgeber für den fanatischen Kampf des NS-Führers gegen die Juden. Ab 1920 wird Hitlers Tonfall unter dem Einfluss Eckarts bei diesem Thema immer giftiger und unversöhnlicher.

Für den Dichter erklären sich damit seine Misserfolge: Die Herrschaft der jüdischen Künstler hat seine Theaterkarriere ruiniert. Eckart behauptet, ein Lustspiel mit der Figur des jüdischen Badeofenfabrikanten Moritz Silberstahl sei gescheitert, weil er sich geweigert hatte, diesen Mann aus dem Stück zu streichen. Der Direktor des Berliner Theaters habe ihm die Ablehnung mit dem Argument begründet, »weil wir doch stets eine Menge Juden im Theater haben, unsere besten Zahler«. Und ein Theaterkritiker des »Berliner Lokalanzeigers« meinte: »Bei allem Talent werden Sie es nie zu etwas bringen, wenn Sie nicht vor den Juden Kotau machen.«[31] Ob erfunden oder wahr, Eckart verbeißt sich in dem Wahn, die Juden seien an seinem Unglück schuld. Wie grotesk sich seine Anschauung wandelt, zeigt sich an seinem Lieblingsdichter Heinrich Heine. Den feiert Eckart in seinen schriftstellerischen Anfangsjahren als den »direkten Vorläufer unserer modernen deutschen Literatur«, als »liederreichen Sangesfürsten, der seinem Volke die schönsten Perlen lyrischer Dichtung gespendet hatte«. Er stellt sogar einen Gedichtband von Heine zusammen und schreibt eine lobende Biografie über ihn. Einen Reisebericht betitelt Eckart »Ein Sommermärchen« – als Hommage an Heines »Deutschland – ein Wintermärchen«. 1918 der totale Wandel: Er geißelt voller Abscheu den »Juden« Heine, dessen »Possenreißerei«, dessen »Bosheit und Niedertracht«, die zur Zerstörung des deutschen Wesens führe.

Zur gleichen Zeit gründet Eckart das völkische Kampfblatt »Auf gut deutsch«, verteilt im München der Räterepublik rechte Flugblätter mit dem Titel »An alle Werktätigen«, ruft eine »Deutsche Bürgervereinigung« ins Leben. Er verwandelt sich vom Dramatiker zum rechtsradikalen Agitator. Eckart gebraucht bereits im Juli 1919 in seinem Aufsatz »Luther und der Zins« den Begriff »Drittes Reich«.[32] In der Welt stehen sich die jüdische, materialistische und die arische, metaphysische Rasse unversöhnlich gegenüber, so Eckart: »Aus allem geht hervor, dass das Judentum zum Organismus der Menschheit gehört wie bestimmte Bakterien zum menschlichen Leib«, predigt der Dichter. »Wir müssen also die Juden unter uns schon als notwendiges Übel hinnehmen, wer weiß wie viele Jahrtausende noch. Aber wie unser Leib verkümmerte, wenn jene Bakterien sich über das zuträgliche Maß in ihm entwickelten, so würde auch unser Volk allmählich dem geistigen Siechtum verfallen, wenn ihm der Jude über den Kopf wüchse.« Seine Schlussfolgerung: dass »es auf Erden, wenigstens unter den Kulturvölkern, nur zwei Arten von Menschen gibt: die Juden – und die Übrigen«.[33] Aus diesem unsäglichen Rassismus leuchtet bereits der spätere Hitler entgegen, der solche verbalen Angriffe in brutale Gewalt übersetzen wird. Doch auch Eckart bläst in seinen Schriften die Fanfare zum Angriff: »Wer sich um die Judenfrage drückt, der ist mein Feind, und wenn er in gerader Linie von Hildebrand und Hadubrand abstammt. Bis aufs Messer bekämpfe ich ihn, um so leidenschaftlicher, je schamloser er das nationale Mäntelchen achselt.«[34] Da ist es bei dem Fanatiker nur noch ein kleiner Schritt, hinter all dem gleich eine Weltverschwörung zu vermuten: »Das internationale Judentum ist es, das, gestützt auf die internationale Organisation des Bank- und Börsenwesens, gestützt auf die eng verketteten Freimaurerlogen der ganzen Welt, seine Herrschaftsurkunde festhält!«[35]

Eckart schert es wenig, dass solche haarsträubenden Behauptungen jenseits jeder Logik oder Fakten liegen – ihn geht es um Munition für seine Propaganda, eine Methode, die später von Hitler perfektioniert werden sollte. Aber der Dichter belässt es nicht bei starken Sprüchen, er will auch Taten sehen: »Juden und Jüdinnen, welche des Landes verwiesen wurden und die Reichsgrenzen wieder überschreiten, werden gehängt«, so sein »Auf gut deutsch« von 1919, »Juden, welche deutsche Mädchen verführen, werden mit Zuchthaus nicht unter drei Jahren bestraft.«[36] Am liebsten möchte Eckart »sämtliche Juden in einen Eisenbahnzug verladen und ins Rote Meer damit fahren«[37], erinnert sich ein Bekannter an ein Gespräch vom Januar 1920. Leider wird diese Idee durch den Holocaust zwei Jahrzehnte später grausame Wirklichkeit. Wie sehr die radikalen Sprüche Eckarts auf einen Resonanzboden in der rechten Szene Deutschlands stoßen, zeigt sein »Judenheft«, eine Sonderausgabe von »Auf gut deutsch« aus dem Jahr 1920, die er insgesamt 100 000-mal absetzen kann. Darin zieht er gehässig über politische Gegner her, sein Freund, der Porträtmaler Otto von Kursell, steuert entstellende Karikaturen der Betroffenen bei – die Hetzartikel im »Stürmer« während des

Dritten Reichs überbieten jene frühen Publikationen kaum an Aggressivität.

Diesen Menschen also lernt Adolf Hitler im Herbst 1919 kennen, Dietrich Eckart, einen Dichter und Dramatiker mit weitem Freundes- und Bekanntenkreis, einen radikalen politischen Agitator, einen Antisemiten – und einen Außenseiter, einen, der sich an die eigene Überlegenheit klammert, der sich von der Gesellschaft verkannt fühlt. Die Parallelen zu dem verkrachten Kunstmaler aus Braunau sind unverkennbar. So verwundert es nicht, dass beide schnell Freunde werden – Eckart bleibt einer der wenigen, die sich mit Hitler duzen dürfen. Hitler erinnert sich an das erste Zusammentreffen bei einer Versammlung des NSDAP-Vorläufers Deutsche Arbeiterpartei: »Harrer redete endlos, das heißt, er bemühte sich zu reden, als plötzlich eine schnarrende tiefe alte Herrenstimme dazwischenfuhr: ›Jetzt hören Sie doch endlich mit dem Schmarrn auf, das interessiert doch keinen Teufel.‹ Ich hätte Eckart um den Hals fallen mögen. Harrer schloss seine unglückliche Vorführung und Eckart ging, wurde mir aber unter der Tür noch von Drexler vorgestellt.«[38] Hitler spricht später von sich als »Schüler« seines »väterlichen Freundes« Eckart, nennt ihn seinen »Polarstern«. Das junge Parteimitglied Hitler bewundert das Können des Alten: »Alles, was die anderen geschrieben haben, war so platt. Wenn er einen abgekanzelt hat, war das so geistreich! Ich war damals stilistisch noch ein Säugling.«[39]

Was findet Eckart an dem damals 30-Jährigen? »Ich fühlte mich zu seiner ganzen Art hingezogen«, gibt der Schriftsteller später gegenüber der Polizei zu Protokoll, »mein Verhältnis zu ihm wurde immer enger.«[40] Doch Eckarts Begeisterung für den jungen Freund hat auch andere Ursachen – er sucht jemanden, der seine politischen Ambitionen in die Tat umsetzt. Denn dem Dichter ist klar, dass er zwar mit dem Wort umgehen kann, dass praktische, regelmäßige Parteiarbeit und das Überzeugen von Menschenmassen seine Sache aber nicht ist. Deshalb hält er nach einer Persönlichkeit Ausschau, die den Kampf um Deutschland aufnimmt. Schon bevor Eckart Hitler kennen lernt, umreißt er sein Wunschbild eines kommenden Führers: »Ein Kerl muss an die Spitze, der ein Maschinengewehr hören kann. Das Pack muss Angst in die Hosen kriegen. Einen Offizier kann ich nicht brauchen, vor denen hat das Volk keinen Respekt mehr. Am besten wäre ein Arbeiter, der das Maul auf dem richtigen Fleck hat. Ein eitler Affe, der den Roten eine saftige Antwort geben kann und nicht vor jedem geschwungenen Stuhlbein davonläuft, ist mir lieber als ein Dutzend gelehrte Professoren, die zitternd auf dem feuchten Hosenboden der Tatsachen sitzen. Es muss ein Junggeselle sein, dann kriegen wir die Weiber!«[41] Bereits im Jahr 1921 glaubt er unerschütterlich, diesen Mann gefunden zu haben: »Von dieser Art ist Hitler, die Zornesader der Deutschen Arbeiterpartei.«[42]

Eckart begründet damit als einer der Ersten den späteren »Führer«-Kult. Sein Einsatz im Krisensommer 1921 ermöglicht es, dass sich Hitler überhaupt zum 1. Vorsitzenden der NSDAP mit weit reichenden Vollmachten aufschwingen kann. Zuvor hat Hitler wegen Differenzen mit dem bisherigen Vorsitzenden Anton Drexler seinen Rücktritt erklärt. Die Partei ist wegen der harten Haltung Hitlers gespalten. Erst Eckarts Vermittlung zwischen den Streithähnen schafft eine Versöhnung, die mit Drexler als Ehrenvorsitzendem und Hitler als neuem Parteidiktator im August 1921 endet – ansonsten hätte es womöglich keine unheilvolle Geschichte der NSDAP gegeben. Die Verehrung für den NS-Chef krönt Eckart im April 1923 mit einem eigens geschriebenen Geburtstagsgedicht für Hitler:

»Fünf Jahre Not, wie noch kein Volk sie litt!
Fünf Jahre Kot, Gebirge der Gemeinheit!
Vernichtet, was an stolzer Glut und Reinheit,
Was uns an Größe Bismarck einst erstritt!
Und doch – auch wenn der Ekel noch so würgt –
Es war doch deutsches Land? Und doch dies Ende?
Nicht eine Kraft mehr, die uns Sieg verbürgt?
Die Herzen auf! Wer sehen will, der sieht!
Die Kraft ist da, vor der die Nacht entflieht!«[43]

Verständlich, dass die Nazi-Geschichtsschreibung Eckart angesichts solcher schwülstigen Lobhudelei als Parteidichter in den Himmel hebt. Das ist jedoch nicht ohne Pikanterie: Denn Eckart war niemals eingeschriebenes Parteimitglied – zumindest konnten selbst die Historiker im Dritten Reich nie eine Mitgliedschaft nachweisen. Der Hang des Schriftstellers zur Eigenbrötelei hielt ihn wohl davon ab, seine geistige Unabhängigkeit zu Gunsten einer Gruppierung aufzugeben. Für Hitler kein Grund, seinen Dichterfreund mit den guten Beziehungen deswegen geringer zu schätzen. Im Gegenteil: Der Propagandist hat allen Grund, seinem Freund Eckart dankbar zu sein. Seit Hitlers Abschied von der Armee im Frühjahr 1920 ist der Veteran ohne Job und ohne festes Einkommen. Hitler kokettiert damit, dass er auf ein Gehalt von der Partei verzichtet. Angeblich lebe er von Honoraren für seine Redeauftritte und gelegentliche Artikel, so seine Behauptung. Doch da Hitler ausschließlich für die Nazi-Partei die Trommel schlägt, dürften die Gelder aus einer solchen Tätigkeit mehr als bescheiden sein. Das führt schon bald zu Gerüchten innerhalb der NSDAP, die ein anonymes Flugblatt artikuliert:

»Auf Fragen seitens einzelner Mitglieder, von was er denn eigentlich lebe und welchen Beruf er denn früher gehabt habe, geriet er jedes Mal in Zorn und Erregung. Eine Beantwortung dieser Fragen ist bis heute nicht erfolgt. Sein Gewissen kann also nicht rein sein, zumal doch sein übermäßiger Damenverkehr, bei denen er sich des Öfteren schon als ›König von München‹ bezeich-

nete, sehr viel Geld kostet.«[44] Für einen Teil der privaten Einkünfte Hitlers gibt es eine Erklärung, die im Zusammenhang mit einer polizeilichen Ermittlung im Jahr 1922 ans Licht kommen, als Hitler wegen Landfriedensbruch zu einer Gefängnisstrafe von drei Monaten verurteilt wird – er hatte eine gegnerische Versammlung mit Gewalt gesprengt. Eine Stellungnahme der Fahndungsabteilung IVa der Polizeidirektion München vom 6. Februar lautet: »Hitler ist ohne Familienangehörige, er ist vollkommen allein stehend und wohnt in Aftermiete, Vermögen besitzt er nicht. Seit Oktober 1921 ist er Mitarbeiter des Hohen-Eichenverlags von Dietrich Eckart mit einem Monatsgehalt von 1500 Mark. Von der Partei bezieht er keine Einnahmen.«[45] Sein Dichterfreund also, der den Verlag als Basis für seine Zeitschrift »Auf gut deutsch« gegründet hatte, sorgt für ein leidliches Auskommen des NS-Funktionärs. Damit lässt sich's bequem auch ohne Job leben. Eckart sorgt für weiteres Einkommen: Er bahnt eine Geschäftsverbindung an, die sich bis zum Ende des Dritten Reichs für beide Seiten als äußerst lukrativ herausstellen sollte: zwischen Hitler und dem Fotografen Heinrich Hoffmann. Der Fotograf hat sein Studio in der Schellingstraße 50 in Schwabing, gerade gegenüber der Druckerei des »Völkischen Beobachters«. Ende Oktober 1922 erhält er das Angebot einer US-Fotoagentur, ein Bild von Hitler zu beschaffen – für die exorbitante Summe von 100 US-Dollar. Zum Vergleich: Ein Foto des Reichspräsidenten Ebert kostete nur fünf Dollar. Hitler hatte sich aus taktischen Gründen bisher Aufnahmen von sich verbeten. Hoffmann wendet sich deshalb an Eckart. Der versucht seinen Ziehsohn noch teurer zu verkaufen: »Wenn jemand ein Foto von Hitler will, dann muss er nicht 100 oder 1000 Dollar zahlen, sondern 30 000 Dollar.«[46]
Natürlich war das schamlos übertrieben. Doch Eckart setzt sich beim NS-Parteichef für das Parteimitglied Hoffmann ein – und in den Jahren bis zum Zusammenbruch 1945 bleibt Hoffmann der Hoffotograf Hitlers. Für die exklusiven Rechte an den Aufnahmen erhält Hitler eine Provision von 10 Prozent.[47] Das macht sich schnell bezahlt: Allein ein Fotoband Hoffmanns über die Revolution in Bayern bringt beispielsweise einen Gewinn von einer halben Million Mark.[48] Hitler ist ständiger Gast bei den Hoffmanns, dort lernt er auch die Fotoassistentin Eva Braun kennen, die er in seinen letzten Lebenstagen 1945 im Führerbunker heiratet und mit der er anschließend gemeinsam Selbstmord begeht.
Selbst für kleinere Summen ist Eckart bereit, in die Bresche zu springen. Im Herbst 1922 kann die NSDAP auf eigene Lastwagen zum Transport der SA-Schlägertruppen zurückgreifen. Vorher war die Partei auf Leih-Lkws von Kleinunternehmern angewiesen, die als Parteimitglieder die Fahrzeuge kostenlos zur Verfügung stellten – ein Arrangement, das wegen der vielen Einsätze einigen Organisationsaufwand mit sich brachte und die Unsicherheit barg,

ob die Lkws zu dem gewünschten Termin tatsächlich zur Verfügung standen. Dietrich Eckart hilft wieder einmal, wie der NS-Funktionär Christian Weber erzählt: »Als im Herbst 1922 die Firma Faber darangehen musste, Lastkraftwagen zu verkaufen, habe ich im Benehmen mit Hitler laut Kaufvertrag zwei Lastkraftwagen für die Partei gekauft. Die Summe der Anzahlung wurde mir damals von Dietrich Eckart leihweise gegeben.«[49]

Kein Wunder, dass Hitlers Dankbarkeit für seinen Freund grenzenlos ist. Eckart darf für die NSDAP das »Sturmlied« schreiben, das der Diktator zur Hymne der Bewegung erklärt, der Appell »Deutschland erwache!« wird zum Schlachtruf der Nazis. Hitler lässt das Motto auf Parteifahnen sticken:

»Sturm, Sturm, Sturm,
Läutet die Glocken von Turm zu Turm,
Läutet die Männer, die Greise, die Buben,
Läutet die Schläfer aus ihren Stuben,
Läutet die Mädchen herunter die Stiegen,
Läutet die Mütter hinweg von den Wiegen,
Dröhnen soll sie und gellen die Luft,
Rasen, rasen im Donner der Rache,
Läutet die Toten aus ihrer Gruft,
Deutschland erwache!«[50]

Die Deutschen sollten die Bedeutung dieser Zeilen später in anderer Form spüren – als die Sirenen im Zweiten Weltkrieg den Sturm neuer Bombenangriffe der Alliierten ankündigten.

Als der NSDAP-Propagandaleiter Adolf Hitler im Sommer 1921 zum Parteidiktator aufsteigt, herrscht er über rund 3000 Parteimitglieder, eine im Vergleich zu den etablierten Parteien verschwindend geringe Zahl, die sich zudem im Wesentlichen auf den Raum München konzentriert. Auch die Einnahmen von den 3000 Anhängern aus Mitgliedsbeiträgen fallen mager aus: 50 Pfennig beträgt der Monatsbeitrag, das ergibt monatlich 1500 Mark Einnahmen, vorausgesetzt alle Genossen zahlen – was in der Parteigeschichte nie der Fall war. Die formale, kalkulierbare Parteibasis ist also schmal und die korrespondierende Finanzdecke dünn und löchrig. Das bremst den Parteivorsitzenden aber nicht, seine Träume von einer rechten Massenbewegung in die Tat umzusetzen.

Dazu setzt Hitler vorausschauend auf Propaganda. Er nutzt Ansprachen, Flugblätter, Aufmärsche und Gewaltaktionen seiner SA-Schlägertrupps, um die Menschen auf seine Ideen aufmerksam zu machen. Doch die Reichweite dieser Methoden ist begrenzt, selbst bei seinen Reden im Zirkus Krone in München kann der Propagandachef allenfalls 3000, manchmal 5000 Personen erreichen. Er und Eckart erkennen: Es fehlt ein eigenes Parteiorgan, das als Multiplikator die Ziele der NSDAP transportiert. Eine eigene Zeitung, die in großer Auflage in alle Winkel der Republik reicht. Eckart analysiert nüchtern die Situation: »Die Parteien fangen an, das Volk gründlich zu bearbeiten. Wie das gemacht wird, weiß man. Durch einen Orkan von Reden, Zeitungsartikeln, Flugblättern. Das kostet Geld. Die Leute müssen doch genau wissen, wer ihre Wohlfahrt am besten vertreten wird, und um ihnen das klar zu machen, bedarf es einer kostspieligen ›Agitation‹. Da sind wir ja glücklich wieder bei den Moneten.«[51] Es braucht also unbedingt eine Zeitung als Propagandawaffe. Doch woher nehmen – und wie bezahlen?

Die Gelegenheit bietet sich Ende 1920, als der Verlag Franz Eher Nachf. und dessen zweimal die Woche erscheinendes Blatt »Völkischer Beobachter« in eine finanzielle Schieflage gerät – das ist für Hitler die einmalige Chance zum Zugreifen. Denn die Zeitung hat eine Auflage von rund 7000 Exemplaren und ist in rechten Kreisen bestens bekannt – damit entfällt das Risiko, eine neue Publikation gründen zu müssen, da bereits eine eingeführte Marke vorhanden ist. Zudem kostet der klamme Verlag wenig. Wann würde sich wieder solch ein Schnäppchen bieten? Der Publizist Karl Graf von Bothmer, Anhänger eines separatistischen Bayerns, erkennt die Kaufgelegenheit ebenfalls und will zuschlagen. Der Traum ist zum Greifen nahe – und droht Hitler doch zwischen den Fingern zu zerrinnen. Er wird nervös, die Zeit läuft. Da tritt Dietrich Eckart auf den Plan.

Der Dichter nutzt seine Verbindung zur Thule-Gesellschaft. Denn diese Vereinigung stellt das Eingangstor zum »Völkischen Beobachter« dar. Das hat eine Vorgeschichte: Die Gesellschaft, benannt nach dem sagenhaften Ort Thule, Sitz des untergegangenen Ur-Reichs der Arier, dient als Tarn-Organisation der rechtsgerichteten völkischen Gruppen. Mit allerlei okkultem und esoterischem Schnickschnack garniert und eingetragen als Verein »zur Pflege deutscher Geselligkeit und deutscher Kunst« bildet die Thule den Kern der gewaltsamen rechten Gegenrevolution gegen die Münchner Räterepublik, ein Sammelbecken für alle Demokratie-Hasser. Gründer ist der zwielichtige Rudolf Baron von Sebottendorff, der eigentlich Adam Alfred Rudolf Glauer heißt, geboren 1875 im sächsischen Hoyerswerda, Sohn eines Lokomotivführers. Der Baron nutzt ein Hakenkreuz als Symbol seines Vereins, in dem sich nach dem Ersten Weltkrieg schnell Prominente des rechten Lagers wiederfinden: etwa die Gebrüder Walterspiel, Besitzer des Münchner Nobelhotels »Vier Jahreszeiten«, wo die Thule-Gesellschaft ihre Vereinsräume hat, Rudolf Heß, der spätere Hitler-Stellvertreter, und Hans Frank, während des Zweiten Weltkriegs Generalgouverneur Polens und 1946 als Kriegsverbrecher hingerichtet. Als regelmäßige Gäste tauchen Alfred Rosenberg, Gottfried Feder und Anton Drexler auf – und Dietrich Eckart. Er kennt die meisten Kumpanen in der Thule-Organisation und nutzt diese Kontakte, um später den Zuschlag für Hitler zu erhalten.

1918 kauft Sebottendorff zu Propagandazwecken für die Thule den »München-
chener Beobachter«, den er später in »Völkischer Beobachter« umbenennt.
Zwei Jahre später laufen die Geschäfte schlecht, der Verlag wird in eine Gesellschaft mit beschränkter Haftung umgewandelt, das Stammkapital beträgt
120 000 Mark. Gesellschafter im März 1920 sind

Käthe Bierbaumer, Freiburg/Breisgau	46 500 Mark
Franz Freiherr v. Feilitzsch, München	20 000 Mark
Gottfried Feder, Dipl.-Ing., München	10 000 Mark
Franz Xaver Eder, München	10 000 Mark
Dr. Wilhelm Gutberlet, Arzt, München	10 000 Mark
Theodor Heuß, Fabrikant, München	10 000 Mark
Dora Kunze, Lauban	10 000 Mark
Karl Alfred Braun, München	3500 Mark[52]

Das ist die Ausgangslage für Eckarts Bemühungen um den Kauf. Hauptan-
teilseignerin Käthe Bierbaumer ist die Liebhaberin und Gönnerin von Sebottendorff, Dora Kunze seine Schwester. Drei ausgewiesene Nazis mischen
ebenfalls mit: Gutberlet und Eckarts Freunde Heuß und Feder. Die drei Personen halten zwar mit 30 000 Mark nur ein Viertel des Kapitals, würden aber
für einen Käufer NSDAP votieren und dienen im Zweifelsfall als wirksame
Bremser bei anderen Interessenten. Als sich Mitte Dezember wegen des dro-
henden Konkurses der Zeitpunkt zum Verkauf herauskristallisiert, stellt sich
für den NS-Propagandaleiter Hitler eine weitere Hürde: Woher das Geld nehmen? Denn die Parteikasse ist leer.
Wieder gelingt Eckart der entscheidende Schachzug. Der gesamte Kaufpreis
beträgt 120 000 Mark plus Übernahme von 250 000 Mark Schulden, de facto
hat das Geschäft also ein Volumen von 370 000 Mark. Da die Partei über kein
nennenswertes Vermögen verfügt, muss die Verlagsübernahme mit Krediten
finanziert werden. Und andere Menschen anpumpen ist Eckarts Spezialität
seit seiner Berliner Jahre.
Doch die Zeit vergeht ohne greifbaren Erfolg. Bei Hitler bricht Panik aus. In
der Nacht vom 16. auf den 17. Dezember 1920 erscheint er aufgeregt um 2
Uhr morgens in der Wohnung des NSDAP-Vorsitzenden Anton Drexler. Der
holt seine Mutter aus dem Bett, um Kaffee für den Gast zu machen und die
frisch gebackenen Rohrnudeln zu servieren. Doch Hitler zeigt sich ungedul-
dig und drängt, der Parteivorsitzende muss »in aller Frühe zu Eckart und ihn
bestimmen, mit mir zu kapitalkräftigen Leuten zu gehen, um Geld für den
Kauf des ›Beobachters‹ herbeizuschaffen«, erinnert sich Drexler. Und weiter:
»Am nächsten Morgen war ich um 8 Uhr Früh bei Dietrich Eckart, der
furchtbar schimpfte, dass ich so früh kam. Ich fuhr dann mit Eckart los.«[53]
Der braune Poet lässt seine Beziehungen spielen und sucht Franz Ritter von
Epp auf, Generalleutnant bei der Reichswehr. Der Offizier sympathisiert mit

der NS-Partei und hat, was dabei den Ausschlag gibt, Zugriff zu einem Reichswehrfonds, einer Art schwarzen Kasse für besondere Anlässe. Eckart kann von Epp dazu bewegen, ihm einen Kredit über 60 000 Mark einzuräumen. Dafür bürgt der Schriftsteller mit seinem Privatvermögen und übergibt dem Offizier einen persönlichen Schuldschein. Weitere 56 500 Mark zahlt das NSDAP-Mitglied Dr. Gottfried Grandel, Besitzer einer Fabrik für Gewürz- und Speiseöl in Augsburg. Den kennt Eckart seit seinem Umzug nach München, Weihnachten 1919 hatte der Dramatiker dem Unternehmer Grandel eine Ausgabe von »Peer Gynt« geschenkt.

Damit ist das Geld zusammen. Ein anderes Problem hat die NSDAP bereits vorher elegant gelöst: Da die Partei keine juristische Person ist, kann sie keine Rechtsgeschäfte durchführen und folglich auch keine Zeitung kaufen. Deshalb wird im Oktober 1920 der »Nationalsozialistische Deutsche Arbeiterverein« gegründet, dem der Parteivorsitzende Drexler und später Hitler vorstehen. Die Gründung eines Vereins ist im Prinzip dieselbe Methode, mit der Parteien heutzutage für einen Spendenfluss sorgen. Am 17. Dezember 1920 um 16 Uhr ist es so weit: Drexler lässt beim Registergericht des Amtsgerichts München als juristischer Vertreter den NS-Verein als neuen 100-Prozent-Eigentümer eintragen. Hitler ist außer sich vor Freude. Einen Tag später schreibt er einen überschwänglichen Dankesbrief an Eckart:

»München, den 18. Dezember 20
Herrn Dietrich Eckart
München
Lieber Herr Eckart!
Nach der nun endlich erfolgten Übergabe des ›Völkischer Beobachter‹ an die Partei will ich Ihnen, lieber Herr Eckart, für die uns noch in letzter Minute gewährte große Hilfe auch auf diesem Wege meinen wärmsten Dank zum Ausdruck bringen.
Ohne Ihr hilfreiches Einspringen wäre die Sache vermutlich nicht so gekommen, ja ich glaube, dass wir damit auch die beste Aussicht, eine eigene Zeitung zu gewinnen, wohl auf viele Monate hinaus verloren hätten. Ich hänge nun selber mit Leib und Seele an der Bewegung, dass Sie sich kaum denken können, wie glücklich ich infolge der Erreichung dieses bisher so ersehnten Zieles bin und wie sehr es mich drängt, Ihnen für dieses heutige Glück meinen tief gefühlten Dank auszudrücken.
In treuer Verehrung
Ihr
A. Hitler«[54]
Als sich der Propagandaleiter im Sommer 1921 zum NSDAP-Vorsitzenden aufschwingt, ernennt er Dietrich Eckart aus Dank zum Hauptschriftleiter, sprich Chefredakteur, des »Völkischen Beobachters«. Der Dichter macht die

Zeitung schnell zum »Kampfblatt der Bewegung«. Im November 1921 lässt Hitler die Anteile am Eher-Verlag auf sich als juristischen Vertreter umschreiben, im April 1922 übernimmt sein ehemaliger Feldwebel Max Amann die Geschäftsführung des Verlags.

Doch mit dem Kauf der Zeitung beginnen für Hitler die Schwierigkeiten erst. Zwar konnte Eckart die Summen für die Übernahme herbeischaffen, aber die laufenden Kosten für das zweimal die Woche, ab Februar 1923 täglich erscheinende Blatt übersteigen regelmäßig die normale finanzielle Leistungsfähigkeit der jungen Partei. Denn Hitler hatte in seiner kaufmännischen Naivität nicht kalkuliert, was wöchentlich für Redaktionsräume, Personal, Papier und Druck hinzublättern ist. Die Folge sind immer wieder schwere Finanzkrisen des Verlags, die das Erscheinen der Zeitung bedrohen. Der NS-Führer versucht mit dem Verkauf von Schuldscheinen an die Parteigenossen, mit Spendenaufrufen und einem Presseobolus von 50 Pfennig je Mitgliedsbeitrag weitere Einnahmequellen zu erschließen. Das reicht bei weitem nicht. Wieder muss Eckart einspringen.

Der Schriftsteller macht den Druckereibesitzer Adolf Müller ausfindig, einen bauernschlauen Unternehmer, der günstige Preise macht, trotz seiner NSDAP-Mitgliedschaft aber gegenüber dem Parteivorsitzenden nach dem simplen Motto verfährt: »Wo nicht bezahlt wird, da wird auch nicht gedruckt!« Nach Hitlers Angaben belaufen sich allein die Druckkosten bis zur Machtübernahme 1933 auf insgesamt 14 bis 20 Millionen Mark.[55] Damit das Tagesgeschäft am Laufen bleibt, greift Eckart immer wieder in die Privatschatulle, eist Gelder von seinen Bekannten los. Einen Freund aus seinen Berliner Tagen gewinnt der Dichter als regelmäßigen Gönner und Geldsammler: Dr. Emil Gansser. Der verschafft Hitler auf Eckarts Initiative neue Spender und wertvolle Kontakte.

Der NS-Anhänger Gansser pflegt distinguiertes Auftreten, meist mit weißem Hemd, gestärktem Kragen und einem schwarzen Rock mit gestreifter Hose. Geboren 1874 in Bregenz am Bodensee als Sohn eines evangelischen Pastors, studiert er Chemie, Pharmazie und Medizin, nennt sich selbst »Privatgelehrter« und arbeitet seit 1911 als Erfinder und freier Vermittler und Akquisiteur von Aufträgen für Siemens & Halske in Berlin. Diese Tätigkeit für den Konzern prädestiniert Gansser auf Grund seiner geschäftlichen Beziehungen und Erfahrungen im Umgang mit Kunden für die Dienste zu Gunsten der NSDAP. Als Eckart im August 1921 zum Chefredakteur aufsteigt, bittet er den Freund in einem Brief um Mithilfe. Das Schreiben an Gansser erhellt zugleich auch, mit welchen Schmeicheleien und Übertreibungen mit Sinn fürs Dramatische der Dichter seine Freunde um finanzielle Unterstützung angeht:

»Mit der Geldbeschaffung will es gar nicht vorwärts. Ich weiß wirklich nicht, ob ich nicht den ›Beobachter‹, wenn ich ihn am 12. August offiziell übernommen haben werde, gleich in den Konkurs gehen lassen muss, was natürlich auch für mich eine fürchterliche Blamage wäre. Herrn Frank habe ich das schon vor mehreren Tagen ausführlich nach Berlin geschrieben, bin aber bis jetzt noch ohne Antwort. Ob er noch nicht von der Schweiz zurück ist? Würden Sie nicht die große Güte haben und schleunigst zu ihm hingehen? Es steht für unsere sonst so glänzende Bewegung eine Menge auf dem Spiel. Wenn der ›Beobachter‹ verkracht. Irgendwoher muss ich schon dieser Tage einen größeren Betrag bekommen; ich kann sonst mit dem besten Willen nicht weiter. Unter Umständen käme ich auch sofort nochmals nach Berlin. Tun Sie Ihr Möglichstes, lieber Freund! Und telegrafieren Sie mir, wenn etwas ins Rollen kommt.«[56]

Eckart zeigt keinerlei Hemmungen, Gansser so wie alle seine Bekannten mit weiteren Forderungen und Bitten um Gelder zu bombardieren. Schon drei Monate später telegrafiert er an seinen Freund: »Ohne schleunigste Zuwendung wesentlicher Art, Blatt übermorgen erledigt.«[57] Immer gelingt es Eckart in letzter Minute, die erforderlichen Summen für die nächsten Ausgaben aufzutreiben – nie muss das Blatt deswegen seinen Erscheinungsrhythmus unterbrechen. Ständig lässt er im »Völkischen Beobachter« Aufrufe drucken, in denen er an das Nationalgefühl der Leser appelliert und sie auffordert, sich mit Spenden am Fortbestand der Zeitung zu beteiligen. Doch Eckarts laxer Umgang mit dem Geld führt zu chaotischen Verhältnissen und Hitlers ständiger Sorge um das rechtzeitige Erscheinen seines Propaganda-Instruments: »Nie hätte ich Dietrich Eckart die Führung einer großen Zeitung übergeben, sie hätte eine Finanzverwaltung bekommen, die in seiner Westentasche gewesen wäre; einmal wäre das Blatt erschienen, ein anderes Mal nicht«[58], erinnert er sich später. Das organisatorische Wirrwarr des Dichters führt im Frühjahr 1923 schließlich zu seiner Ablösung als Chefredakteur; Hitler vertraut stattdessen Alfred Rosenberg als neuer Nummer eins des »Völkischen Beobachters«. Wie sehr es mit den Finanzen drunter und drüber geht, zeigt ein weiterer Brief Eckarts an seinen Freund Gansser vom August 1922:

»Vor etwa drei Wochen ließ ich mir von Amann 20 000 Mark geben, um damit die von Wuz für einen Druckerwechsel (›Beobachter‹) entliehenen 25 000 Mark teilweise zu decken. Nun sagt mir Wuz damals, er brauche das Geld noch nicht; sodass ich die 20 000 Mark zurückbehielt, bzw. ich gab davon Dir die 3000 Mark, der Frau Vogel 2000 und unlängst unserem Ehrenvorsitzenden Drexler 5000, und zwar diesem, weil er mir demnächst Wertpapiere geben will. Den Rest von 10 000 Mark behielt ich mangels jeglichen Einkommens für mich und brauchte natürlich auch schon einen ziemlichen Posten davon. Jetzt kommt das Unangenehme. Bei der letzten Versammlung sagte mir Wuz, dass er die 25 000 Mark bis nächsten Mittwoch nötig habe. Was tun? Ich denke wohl, dass so viel in der ›Beobachter‹-Kasse (Postscheckkonto) ist.

Rede sofort mit Hitler. Persönliche Außenstände, die im Laufe dieses Monats alle fällig sind, habe ich rund 50 000 Mark. Sobald ich sie eingezogen haben werde, bin ich selbstverständlich zur Deckung der 25 000 Mark da.«[59]
Eckart kann sich auf den rührigen Gansser verlassen. Der organisiert Ende Mai 1922 einen Auftritt der bayerischen Lokalgröße Hitler im National-Club in Berlin. Dieser Verein rekrutiert seine Mitglieder aus Kreisen von Unternehmern, Bankiers, Großgrundbesitzern, Offizieren und Professoren. Für den NSDAP-Chef ist das der erste bedeutende Auftritt außerhalb Münchens vor einer einflussreichen Geldelite. Hitlers Werben um die Gunst der mächtigen Männer im National-Club trägt Früchte: Es gelingt ihm, Ernst von Borsig als Unterstützer zu gewinnen – damals ein klingender Name, schließlich gehört von Borsig eine Lokomotivfabrik, er sitzt in verschiedenen Unternehmerverbänden. Borsigs Privatsekretär Dr. Fritz Detert nimmt im Auftrag seines Arbeitgebers an diesem Treffen teil und referiert seine Eindrücke: »Dieser Bericht fiel so aus«, schreibt Detert später an Borsigs Sohn, »dass Ihr Herr Vater zu dem zweiten Vortrag, den Adolf Hitler im Nationalen Club hielt, persönlich hinging um ihn kennen zu lernen. Ihr Herr Vater war durch das Erlebnis dieses Abends so stark gepackt, dass ich von ihm den Auftrag erhielt, mich mit Adolf Hitler ohne Mittelspersonen direkt in Verbindung zu setzen und mit ihm darüber zu sprechen, wie und mit welchen Mitteln die Bewegung, die damals noch fast ausschließlich auf Süddeutschland, insbesondere auf Bayern beschränkt war, nach Norddeutschland, insbesondere nach Berlin ausgedehnt werden könnte.«[60] Schon bald trifft sich Detert mit Hitler im damaligen »Rheingold« in der Potsdamer Straße, beide besprechen die Pläne für eine Berliner Geschäftsstelle und die dazu erforderlichen Finanzmittel. Von Borsig sammelt auch Spenden bei befreundeten Industriellen ein, über Mittelsmänner liefert er dem NSDAP-Führer die Gelder nach München.[61]
Im Berliner Auditorium sitzt eine weitere Person, deren Kennenlernen sich für Hitler schnell auszahlen sollte: der Geheime Kommerzienrat Hermann Aust, Geschäftsführer einer Münchner Malzkaffeefirma und ehrenamtlich tätig im Präsidium des bayerischen Industriellenverbands. Der Kaufmann ist von dem Parteiführer so beeindruckt, dass er daraufhin mehrere Treffen Hitlers mit bayerischen Industriellen organisiert: Der NS-Führer erläutert seine Ziele einmal im Büro des Verbandssyndikus Dr. Alfred Kuhlo, Austs Schwiegersohn. Gäste waren außerdem Anton von Rieppel, Generaldirektor des MAN-Konzerns, und der Geschäftsmann Dr. Nöll. Aust sorgt für ein weiteres Auftreten Hitlers mit erweitertem Kreis im elitären »Herrenclub« in München und arrangiert eine Rede des NS-Führers im Kaufmannskasino vor einer größeren Anzahl an Unternehmern. Der finanzielle Erfolg stellt sich prompt ein, wie Aust später der Polizei gegenüber einräumt: »Die Anerken-

nung äußerte sich darin, dass einige Herren, welche mit Hitler bereits persönlich bekannt waren, mir Geldspenden für seine Bewegung übergaben mit der Bitte, sie Hitler zuzuführen. An die einzelne Beträge und die Höhe der Gesamtsumme kann ich mich nicht erinnern. Einzelne Persönlichkeiten der Geldgeber sind mir nicht ohne weiteres erinnerlich. Ich glaube mich zu erinnern, dass unter den durch meine Hand gegangenen Spenden sich auch Schweizer Franken befanden.«[62] Der auffällige Gedächtnisverlust Austs bezüglich einiger wichtiger Fakten hat gewisse Ähnlichkeiten mit den Erinnerungslücken heutiger Politiker und Unternehmer, wenn es um ihre Parteispendenaffären geht. Die Folgewirkungen von Emil Ganssers organisatorischem Talent wirken sich jedenfalls segensreich auf die Parteikasse aus.

Eckarts unermüdlicher Freund öffnet Hitler weitere Geldquellen in der Schweiz. Gansser reist 1923 mehrmals nach Zürich, Wintherthur und Basel, schreibt Werbebriefe an Unternehmer und gut situierte Bürger, um Spenden locker zu machen. Er bereitet auch Hitlers Reise im selben Jahr in die Schweiz vor, der Parteivorsitzende hält in Zürich und Bern Besprechungen im Kreise von Geschäftsleuten ab. Hitlers Schwadronieren über seine junge nationale Bewegung und sein Antisemitismus fällt auf fruchtbaren Boden: Nach polizeilichen Ermittlungen ergeben sich auf Grund der Reisen Spenden in Höhe von 33 000 Schweizer Franken für die NSDAP.[63] Hitler kann die harten Devisen in den Zeiten der deutschen Hyperinflation gut gebrauchen – er begleicht mit dem Baren die Gehälter seiner SA-Offiziellen; die profitieren damit sogar von der Geldentwertung, weil ihre Löhne umgerechnet jeden Tag mehr wert sind. Hermann Kriebel beispielsweise, militärischer Kopf des Deutschen Kampfbundes, erhält 200 Schweizer Franken im Monat, untergeordnete SA-Anführer bekommen zwischen 80 und 90 Franken monatlich.

Dietrich Eckart legt auch den Grundstein für einen weiteren Auslandskontakt, der die begehrten Fremdwährungen einbringt. Er lernt 1919 Warren C. Anderson kennen, der als Europa-Repräsentant des amerikanischen Autoproduzenten Ford arbeitet. Bei dem Manager fallen Eckarts Hasstiraden auf die Juden auf fruchtbaren Boden: Der Konzernchef Henry Ford ist bekennender Antisemit, der in seiner Zeitung »Dearborn Independent« mit Artikeln wie »Der internationale Jude: Das Problem der Welt« hetzt. Der erste Satz lautet: »Es gibt eine Rasse, einen Teil der Menschheit, der nie als ein willkommener Teil aufgenommen wurde.«[64] Für den Konzernchef sind die Juden am Niedergang der Vereinigten Staaten und am Unglück der Welt schuld. Ford schreibt das Buch »The International Jew«, das 1920 auf Deutsch unter dem Titel »Der ewige Jude« erscheint. Eckart kann bei den Amerikanern Geld für die junge Nazipartei lockermachen; der Sozialdemokrat Erhard Auer, Vizepräsident des bayerischen Landtags, schreibt darüber in einem Bericht an den Reichspräsidenten und Parteigenossen Ebert:

»Der bayerische Landtag besitzt seit langem Informationen darüber, dass die Hitler-Bewegung zum Teil durch einen amerikanischen antisemitischen Führer, Henry Ford, finanziert wird. Fords Interesse an der bayerischen antisemitischen Bewegung begann vor einem Jahr, als ein Vertreter Fords, der Traktoren verkaufen wollte, mit dem notorischen Alldeutschen Dietrich Eichart *(gemeint ist Eckart)* Kontakt aufnahm. Kurz danach bat Herr Eichart Fords Vertreter um finanzielle Unterstützung. Der Vertreter kehrte nach Amerika zurück und unmittelbar darauf begann Henry Fords Geld in München einzutreffen. Herr Hitler rühmt sich offen der Unterstützung Fords und preist Ford als großen Individualisten und großen Antisemiten. Eine Fotografie Fords hängt in Hitlers Büro.«[65]

Die Kontakte bleiben in den folgenden Jahren bestehen. Siegfried und Winifred Wagner, deren Verbindung zu Hitler Eckart herstellte, treffen auf einer Konzerttour in den Vereinigten Staaten Henry Ford bei einer Privateinladung. Winifred erinnert sich an das Gespräch: »Ford sagte mir, dass er zur finanziellen Unterstützung Hitlers mit dem Erlös aus dem Verkauf von Automobilen und Lastwagen, die er nach Deutschland geschickt hatte, beigetragen habe.«[66] Die Verehrerin des NS-Führers setzt sich bei dem US-Industriellen für eine weitere Förderung der Nazi-Bewegung ein. Hitler revanchiert sich im Juli 1938 bei Henry Ford und verleiht ihm zu seinem 75. Geburtstag das Großkreuz des deutschen Adlerordens – als erstem Amerikaner und viertem Ausländer überhaupt.

Eckart profiliert sich bei Hitler nicht nur durch seine exzellenten Kontakte zu Geldgebern, sondern auch durch seinen Antisemitismus und seine rohen Anpöbeleien des politischen Gegners. Die Attacken tragen dem Dichter reihenweise Gerichtsverfahren ein. So richtig ernst wird es im Frühjahr 1923, als Eckart den Reichspräsidenten Ebert in einer Veröffentlichung beleidigt und der daraufhin Anzeige erhebt. Nachdem der Schriftsteller nicht zu dem Gerichtstermin erscheint, erlässt der Staatsgerichtshof des Deutschen Reiches in Leipzig Haftbefehl gegen Eckart. Der denkt nicht daran, sich der Justiz zu stellen. Stattdessen versteckt er sich mit Hitlers Hilfe in den Bergen Berchtesgadens. Er mietet sich im »Platterhof« auf dem Obersalzberg bei der Familie Büchner ein. Der NSDAP-Vorsitzende besucht ihn längere Zeit in den Alpen. Hitler schildert die Willkommensszene folgendermaßen: »Wir klopfen an einer Türe. Diedi, der Wolf ist da! Im Nachthemd kommt er heraus mit seinen stacheligen Beinen. Begrüßung. Er war ganz gerührt. Eckart stellte mich Büchners vor: Das ist mein junger Freund, Herr Wolf! Kein Mensch hatte eine Ahnung, dass ich identisch war mit dem berüchtigten Adolf Hitler. Eckart war da als Dr. Hoffmann.«[67] Der NS-Diktator findet nicht nur Gefallen an diesen neckischen Versteckspielchen, sondern noch mehr an der Landschaft. Wenige Jahre später kauft er sich auf dem Obersalzberg das Haus »Wachen-

Hitlergruß am Grab von Dietrich Eckart

feld«, das er anschließend in den »Berghof« umbauen lässt und der zu seinem Lieblingsaufenthaltsort im Sommer wird.

Der Urlaub in den Bergen dient Eckart zugleich als Kur. Der 55-Jährige spürt immer stärker die Folgen seines jahrelangen Drogen- und Alkoholkonsums. Die Gesundheit ist angeschlagen. Der Schriftsteller beginnt ein neues antisemitisches Werk zu schreiben mit dem Titel »Der Bolschewismus von Moses bis Lenin – Zwiegespräche zwischen Adolf Hitler und mir«. Er zeigt die Schrift seinem Freund Gansser bei einem Besuch, erzielt aber wenig Begeisterung: »Als ich sie ihm vorlas, schlief er so und so oft ein.« Die politische Lage beruhigt sich, eine gerichtliche Verfolgung scheint nicht mehr zu drohen; Eckart kehrt Ende Oktober 1923 nach München zurück. Am 7. November, inmitten der Putschgerüchte, trifft er sich mit seinem Freund Albert Reich in einem Weinlokal in der Barerstraße und prophezeit: »Und mag es so sein, und mag es kommen, wie es will und muss; aber ich glaube an Hitler, über ihm schwebt ein Stern.«[68] Den Hitler-Putsch erlebt Eckart erst am 9. November, als er zusammen mit Alfred Rosenberg den Demonstrationszug von Hitler und Ludendorff ein Stück mit dem Auto begleitet. Über das klägliche Finale mit der Schießerei an der Feldherrnhalle erfährt der Dichter erst im Nachhinein. Obwohl er an der aktiven Vorbereitung des Putsches unbeteiligt ist, lässt ihn Generalstaatskommissar von Kahr als bekannten Hitler-Freund in Schutzhaft nehmen und ins Münchner Gefängnis Stadelheim bringen. Für

Eckart bricht eine Welt zusammen. Sein politischer Kampf scheint für immer vergebens zu sein: Der erhoffte Aufstand der Bürger gegen die verhasste Regierung blieb aus, seinem Idol Hitler droht wegen Hochverrats eine langjährige Gefängnisstrafe. All sein Frust entlädt sich in dem Gedicht, das er am 21. November in der Zelle 304 zu Papier bringt:

»Blödes Volk! Du schmähtest jeden,
Der sich getreulich um dich mühte,
Mit gotteslästerlichen Reden
Lohntest du auch Hitlers Güte,
Grunztest, als die Pharisäer
Hinterrücks ihn niederzwangen.
Aber nun kommt der Hebräer,
Dein Gebieter kommt gegangen!
Peitschenhiebe um die Ohren,
Übers Maul nicht zu vergessen –
Für das Sklavenjoch geboren,
Denkst du ja nur noch ans Fressen!
Gott sei Dank, was Hitler plante,
Wurde je ihm abgegraben,
Und ihm blieb erspart die Schande,
Dich, du Pack, befreit zu haben!«[69]

Eckarts Depression wird durch die Haftbedingungen noch gesteigert. »In einem kalten Raum musste ich mich splitternackt ausziehen, wurde auf Ungeziefer untersucht, durfte mich dann wieder ankleiden und wurde gleich nachher in eine kaum merklich geheizte Zelle gesteckt. Krank, wie ich bin, fror ich bedeutend«[70], jammert Eckart in einem Bittbrief an von Kahr, in dem er seinen politischen Gegner um Gnade und vorzeitige Entlassung nachsucht. Vorerst wird der Dichter zu Hitler auf die Festung Landsberg verlegt, am 20. Dezember jedoch entlassen. Doch nun fordert die zermürbende Arbeit für die Nazi-Bewegung endgültig körperlichen Tribut. Heiligabend kehrt Eckart in die Berge Berchtesgadens zurück, ins Haus »Sonnenblick«. Dort haucht er einsam am 26. Dezember 1923 sein Leben aus – während sein Freund Hitler in Landsberg auf seinen Prozess wartet. Ein letzter dramatischer Zufall: Sein Jugendfreund, der Obermedizinalrat Dr. Kressler, wohnt in der Nähe, er untersucht den Leichnam und schreibt den Totenschein aus – Herzversagen – mit dem Kommentar: Eben ist »ein Verirrter gestorben«.[71]
Eckarts Frau bekommt ihren geschiedenen Ehemann die letzten Monate vor seinem Tode nicht mehr zu Gesicht. Sie bemüht sich nach seiner Verhaftung um eine Besuchserlaubnis im Gefängnis – vergeblich. Nach der Machtüber-

nahme 1933 huldigt Hitler seinem Mitkämpfer aus der Frühzeit mit einer Vielzahl von Ehrungen. Der Diktator enthüllt Eckart-Denkmäler, stellt eine Bronzebüste seines Freundes in der Münchner NSDAP-Zentrale auf, speist dort im Erfrischungsraum auf dem »Führer-Platz« unter dem Bild des Dichters. Als es die »Frankfurter Zeitung« 1943 wagt, einen kritischen Artikel über den Dichter zu drucken, nimmt Hitler den Bericht zum Anlass, das Blatt für immer schließen zu lassen. Es entstehen mehrere Dietrich-Eckart-Bühnen, eine Dietrich-Eckart-Stiftung wird ins Leben gerufen, der Reclam-Verlag und die Stadt Hamburg loben Dietrich-Eckart-Preise für Literatur aus. Auch seine verstaubten Stücke holen die Theater aus der Schublade und setzen mehrere Neuinszenierungen und Premieren an. Doch die von oben verordnete Begeisterung steckt die Normalbürger nicht an: Die Dramen und Komödien fallen beim Publikum durch, die leeren Säle zwingen dazu, die Aufführungen wieder abzusetzen – und dieses Mal fällt der Vorhang für immer.

MAX ERWIN VON SCHEUBNER-RICHTER

Dr. M. E.V. SCHEUBNER-RICHTER
Ingenieur
*9. Januar 1884

Der Zarenfreund

Er galt als Schattenmann, für seine Zeitgenossen ein Phantom, kaum sichtbar und doch im Hintergrund immer präsent. Für Hitler jedoch war er einer der wichtigsten Geldbeschaffer und Türöffner. Die Öffentlichkeit nahm ihn erst im Herbst 1923 wahr, als Putschgerüchte gegen die Regierung kursierten. »Wer ist dieser Mann?«, fragte der »Bayerische Kurier« in seiner Ausgabe vom 5. Oktober 1923. »Ist das der gleiche Herr Dr. von Scheubner-Richter, der bei uns in Ostpreußen Gastrollen gegeben hat, der angab, als bayerischer Schwerer-Reiter-Offizier gedient zu haben?« Die Zeitung rätselt, ob dieser Scheubner-Richter ein »angeblicher Kosakenführer in Persien« ist oder ob er »große politische Missionen zu vollführen« hat. »So viel steht einmal sicher fest, dass Herr Dr. von Scheubner-Richter kein Bayer ist, ein Balte (Deutschrusse) und dass er in Bayern nur Gastrecht genießt«, schreibt das Blatt weiter. »Wir beneiden die Hitlersche Garde nicht um den Zuwachs.«

Solche Spekulationen und Vermutungen haben den promovierten Diplom-Ingenieur Dr. Max Erwin von Scheubner-Richter ein Leben lang begleitet. Diese schillernde Figur aus der Frühzeit der Nazi-Bewegung tritt erst 1923 ins Rampenlicht und wird damit für einen größeren Kreis sichtbar. Dabei hatte Scheubner-Richter Hitler bereits im Oktober 1920 in München kennen gelernt, daraufhin mit seiner Frau Mathilde Versammlungen des Propagandaredners besucht, der erst neun Monate später formell die Macht in der Partei als diktatorischer erster Vorsitzender an sich reißen sollte. Der Diplom-Ingenieur ist beeindruckt: Bereits am 22. November tritt Scheubner-Richter der NSDAP bei. Er erhält die Mitgliedsnummer 2414.

Der neue Parteigenosse, zu der Zeit 36 Jahre alt, fünf Jahre älter als Hitler, arbeitet mit Eifer für den künftigen Parteiführer. Seine Überzeugung und Bewunderung erklärt Scheubner-Richter so: »Es muss Nationalsozialisten mit und ohne Stehkragen geben. Ich habe mich für die ohne Stehkragen entschieden.«[1] Er ist von kleiner Gestalt, die braunen Augen hinter der randlosen Brille verleihen ihm eine intellektuelle Ausstrahlung. Verstärkt wird dieser Eindruck durch seinen groß wirkenden Schädel, den Scheubner-Richter kahl rasiert lässt, und einen schmalen Schnurrbart. Freunde beschreiben ihn als Kavalier und Weltmann, als Diplomat mit kultiviertem Auftreten. Er wirkt auf Gesprächspartner liebenswürdig und suggestiv, verhandelt geschickt und versteht es, andere Menschen für sich einzunehmen. Ein Talent, das er bei der Geldbeschaffung – auch zum eigenen Vorteil – vielfach erfolgreich einsetzt. Er spricht mit einem unverkennbar russischen Akzent, was die Herkunft des Mannes verrät. Dieses Band zu seiner Heimat im Baltikum, den Ostsee-Provinzen des Zarenreichs, fesselt Scheubner-Richter bis zu seinem frühen Tod beim Hitler-Putsch im November 1923, treibt ihn sein Leben lang zu politischen Aktionen.

Als Grenzgänger zwischen zwei Welten, als Boheme und als brauner Revolutionär landet er schließlich im Schoß der neu gegründeten NSDAP. Dort entfaltet Scheubner-Richter seine Fähigkeiten als »Genie im Besorgen von Geldmitteln«[2], wie der Historiker Walter Laqueur feststellt. Für Werner Maser gehört der umtriebige Balte »zu den wichtigsten Mittelsmännern zwischen Hitler und einigen seiner Geldgeber«.[3] Der erste Hitler-Biograf, Konrad Heiden, charakterisiert Scheubner-Richter 1936 gar als den »Führer des Führers«. Das Urteil ist sicher übertrieben, denn es unterschätzt Hitlers unabänderlichen Willen zur Macht. Es spiegelt jedoch die Bedeutung dieses Mannes in der Frühzeit der NS-Partei. Hitler selbst sagt nach dem Tod seines diskreten Helfers 1923: »Alle sind ersetzbar, nur einer nicht: Scheubner-Richter!«[4] Diese Anerkennung aus dem Mund Hitlers hatte sich der Balte durch sein Anzapfen von Finanzquellen bei russischen Zarenfreunden und bei rechtsradikalen Kreisen um General Erich Ludendorff erworben. Dabei kommt Scheubner-Richter sein taktisches Geschick zugute oder wie sein Freund Otto von Kursell, ein Porträtmaler, es nannte, »seine Kunst der Menschenbehandlung«.[5] Die Nähe zum Führer der braunen Partei bringt ihm schon früh Feinde ein. Ernst Hanfstaengl, Sohn einer Kunstverlegerfamilie und Mitglied des engeren Hitler-Kreises, tituliert ihn als »Mann von unzweifelhafter Begabung, doch recht zweifelhafter Vergangenheit«.[6] Parteifreunde streuen das Gerücht, Scheubner-Richter sei ein Ostjude. Das bringt den Betroffenen in Rage: Im »Völkischen Beobachter« erklärt er, jedem 100 Dollar zu zahlen, der ihm seine jüdische Abstammung nachweisen kann.[7]

Scheubner-Richters kurvenreicher Lebensweg gibt in der Tat Anlass zu Spekulationen. Geboren wird er am 21. Januar 1884 in der russischen Gouvernementsstadt Riga. Sein Vater Karl Friedrich Richter stammt aus Sachsen. Karl Friedrich arbeitet als Musiklehrer in Riga, als er dort seine spätere Frau Justine Hauswald kennen lernt, die Tochter des Ingenieurs und Fabrikbesitzers Gottlob Hauswald. Max Erwin wächst in einem begüterten Haushalt auf, die Eltern erziehen ihren Sohn im evangelisch-lutherischen Glauben – eine abstrakte Religiosität behält der Sprössling sein Leben lang bei, auch als er für die kirchenfeindliche Nazi-Partei tätig ist. Der Vater stirbt, als Max sechs Jahre alt ist. Die Mutter muss nun ihren Sohn allein durchbringen, vielleicht schickt sie ihn deshalb auf die Schule in die estnische Stadt Reval, wo Max wohnt und das Abitur macht.

Zurück in Riga, schreibt er sich an der Technischen Universität ein, belegt das Fach Chemie. Zu dieser Zeit nennt er sich noch Richter, den Titel von Scheubner wird er seinem Namen erst später voranstellen. Er tritt der Studentenverbindung Rubonia bei, deren Korpsbrüder sich regelmäßig mit Schärpe und Mütze in einem alten Turm treffen und die üblichen Trinkgelage zelebrieren. Das wäre an sich nichts Bemerkenswertes, führte diese Verbindung nicht per Zufall einige Männer zusammen, die später im Dritten Reich Karriere machen sollten: Da war Richters Freund Alfred Rosenberg, Sohn einer estnischen Mutter und eines lettischen Vaters. Er floh nach der Revolution von 1917 zuerst nach Paris, dann nach München. Schon 1919 trat er der Deutschen Arbeiterpartei bei, der Vorläuferin der NSDAP. Als Hauptschriftleiter des »Völkischen Beobachters« trat er in Hitlers Dienste und erwarb sich in den zwanziger Jahren den Status des Parteiphilosophen. Rosenberg hetzte gegen die »jüdisch-freimaurerische Weltverschwörung«, forderte ein »Erwachen der Rassenseele« und bekämpfte »entartete Kunst«. Von 1933 bis 1945 war er Leiter des außenpolitischen Amts der NSDAP, 1941 zusätzlich Minister für die besetzten Ostgebiete. Rosenberg wurde in Nürnberg als Kriegsverbrecher verurteilt und am 16. Oktober 1946 gehenkt. Das Rubonia-Mitglied Arno Schickedanz verfasste Hetzschriften wie das 1928 erschienene Buch »Der Sozialparasitismus im Völkerleben«, er avancierte zu Rosenbergs rechter Hand beim »Völkischen Beobachter« und in der Verwaltung der besetzten Gebiete. 1945 beging Schickedanz Selbstmord. Und Max Richters Schulfreund und Korpskamerad Otto von Kursell, der später als Porträtmaler in München lebte und sich durch entstellende Juden-Karikaturen hervortat, engagierte sich nach der Machtergreifung der Nationalsozialisten ebenfalls politisch: Er wurde nach 1933 Ministerialrat im Reichsministerium für Wissenschaft, ab 1938 saß er im Reichstag. 1945 verhaftete ihn die sowjetische Besatzungsmacht und steckte ihn für fünf Jahre in ein Arbeitslager.

Bisher deutet nichts auf ungewöhnliche Wendungen in Max Erwin Richters

Leben hin, eine blendende Karriere im Zarenreich nach Abschluss des Diploms scheint ihm sicher. Doch das Jahr 1905 ändert für den 21-jährigen Studenten alles. Die erste russische Revolution bricht aus: Arbeiter und Bauern erheben sich, protestieren gegen soziale Ungerechtigkeit, wenden sich gegen die Obrigkeit. Denn im Baltikum wie überall in Russland herrscht eine feudale Ordnung. An ihrer Spitze der Zar, darunter Aristokratie, Mittelstand, dann das Proletariat. Ein strenger Ständestaat, der die Herrschaft in die Hände von wenigen legt. Die russischen Untertanen deutscher Abstammung gelten als privilegiert: Sie sind Großgrundbesitzer oder arbeiten als Pastoren, Beamte und, wie Max' Vater, als Privatlehrer. Die historischen Wurzeln der deutschen Minderheit in den russischen Ostsee-Provinzen reichen zurück bis in die Zeit der Hanse, über die Jahrhunderte haben sich die Menschen Traditionen und Eigenart ihrer alten Heimat bewahrt – und sind dennoch Untertanen des Zaren.

Die revolutionären Sozialdemokraten tauchen bald auch in den Provinzen und in Riga auf. Sie organisieren Streiks, sie plündern 200 deutsche Herrenhöfe und Pastorate und brennen sie nieder. Für die Deutschbalten ein Schock: Das Auftreten der bewaffneten und gewalttätigen Gruppen muss wie ein Signal zum Bürgerkrieg gewirkt haben. Die Wut der Aufständischen gegenüber der mittelalterlichen Feudalordnung beschreibt der deutschbaltische Politiker Paul Schiemann anschaulich: »Wer je vor der Revolution auf einem baltischen Gutshof gewesen ist, wird sich der geradezu gottähnlichen Stellung des ›gnädigen Großherrn‹ erinnern, dem gegenüber nicht nur der Knecht, sondern auch der freie Bauer, der den Herrschaften den Ärmel küsste, ein völliges Nichts war.«[8]

Max Erwin Richter tut, was viele seiner Kommilitonen machen: Er greift zur Waffe, schließt sich einem zaristischen Kosakenregiment und dem »Deutsch-Baltischen Selbstschutz« an. Die Truppen bewachen Höfe und Manufakturen. Es kommt zu Zusammenstößen mit den Revolutionsgarden, Richter wird durch einen Schuss am Knie verletzt, was zur Folge hat, dass die Behörden ihn später wehrdienstuntauglich schreiben. Beim Schutz einer Fabrik in Riga lernt der Student Mathilde Mündel kennen, die Tochter des Fabrikbesitzers Otto von Scheubner. Eine schicksalhafte Begegnung für den 21-Jährigen – sie führt in der Folge zur unfreiwilligen Abreise nach München.

Der Student macht der Frau unverblümt den Hof – und erzeugt damit in Rigas konservativer Gesellschaft der Oberschicht einen Skandal. Denn Mathilde, genannt Hilda, ist bereits verheiratet. Und damals galt es als anrüchig und völlig unakzeptabel, dem Ehemann die Frau wegzunehmen. Doch das Kopfschütteln der Bekannten und Freunde löst auch ein weiterer Tatbestand aus: Mathilde zählt zur damaligen Zeit bereits 50 Lebensjahre, ist also 29 Jahre älter als Max Erwin Richter. Eine solche Liaison ist kurz nach der Jahrhundertwende nach den gängigen Wertvorstellungen mehr als ein Ausrutscher eines liebestollen Jünglings, sondern undenkbar in der so genannten besseren Gesellschaft, die sich so viel auf ihre angebliche geistige und moralische Überlegenheit einbildet. Man mag sich die vielen Beschwörungen der Freunde an den jungen Mann und an die Frau vorstellen, sich den Gedanken an eine solche Verbindung aus dem Kopf zu schlagen, die abschätzigen Blicke bei einem Treffen in der Öffentlichkeit, das Getuschel der Nachbarn und Bekannten: Der junge Mann könnte doch ihr Sohn sein! Wie das aussieht, wenn die zwei zusammen ausgehen! Was denkt sich die Frau in ihrem Alter eigentlich? Doch all dieser Druck von außen hindert die beiden nicht an ihrem Plan. Hilda von Scheubner lässt sich von ihrem Mann scheiden und heiratet Max Erwin Richter. Da Bekannte sie schneiden, viele sie wie Aussätzige behandeln, entfliehen die beiden bald der geistigen Enge der deutschbaltischen Enklave und siedeln in die bayerische Landeshauptstadt um.

Was wie eine romantische Liebesgeschichte klingt, war in Wirklichkeit ein profanes Geschäft. Es enthüllt einige Charakterzüge von Max Erwin. Mag auch Hilda vom Charme des jungen Kavaliers gefangen sein, sich danach gesehnt haben, aus ihrem bisherigen Leben auszubrechen und sich in ein Abenteuer zu stürzen. Mag Stolz über den Besitz des stattlichen jungen Mannes mit seiner höflichen, geschliffenen Art sie erfüllt haben. Aber eine normale Ehe war das nicht. Und das nicht nur, weil Hilda in ihrem Alter natürlich keine Kinder mehr kriegen konnte – wo doch Anfang des 20. Jahrhunderts das Gründen einer Familie zum selbstverständlichen Baustein jeder Ehe gehörte. Doch für Max Erwin kam das Wort Liebe in dieser Beziehung nicht vor. Freunde schildern das Verhältnis als freundschaftlich-korrekt. Max' Kumpel Otto von Kursell formuliert das vorsichtig so: »Seine Ehe mit Mathilde war eine feste Kameradschaft, die sich in guten wie in kritischen Zeiten und bis zu seinem Tode bewährte.«[9] Kursell sieht die ehelichen Bande eher geknüpft durch »die Einmütigkeit der Anschauungen«, durch die gemeinsamen Hobbys Bergsteigen und Reiten. Aber tiefe Gefühle von Zuneigung, gar Liebe: Fehlanzeige. Hilda muss in den folgenden Jahren damit leben, dass ihr Gatte sie oft monatelang allein zu Hause lässt, wenn er sich als Kriegsfreiwilliger meldet und an die Front zieht, wenn er auf eine seiner vielzähligen konspirativen Reisen geht.

Für Max Erwin Richter hat die Heirat der 29 Jahre älteren Frau handfeste Vorteile: Er kommt in den Besitz eines Vermögens, das es ihn erlaubt, in Zukunft ohne dem Zwang zu fester Arbeit leben zu können. Dabei lässt er bereits sein Geschick zum Anzapfen weiterer Geldquellen aufblitzen: Er bringt es zu Stande, dass ihn die kinderlose Klara von Scheubner adoptiert, eine nahe Verwandte seiner Ehefrau Mathilde. Die Adelige wird Max Erwins neue Adoptivmutter. Seine leibliche Mutter Justine Richter lebt zu der Zeit noch, sie stirbt erst 1917 in München. Dieser Schachzug bringt Max Erwin zwei Vorteile: Das Ehepaar Richter darf nun den Titel »von Scheubner« tragen, den Max seinem Namen voranstellt. Und Max Erwin von Scheubner-Richter erbt die üppigen Güter seiner Namensgeberin. Damit kann er sich problemlos ein Leben in Wohlstand finanzieren, ist nie mehr auf fremde Gelder angewiesen. Das verschafft ihm später bei Hitler den Status eines besonders zuverlässigen Helfers, denn die Gefahr ist gering, dass Scheubner-Richter bei seinen Geldbeschaffungsaktionen einen Teil der Summen in die eigene Tasche abzweigt, so wie andere Parteianhänger.

In München beendet der frisch gebackene Adelige sein Chemiestudium an der Technischen Universität. Die Hochschule liegt nur wenige Meter entfernt von der Gabelsberger Straße, wo wenige Jahre zuvor ein gewisser Wladimir Iljitsch Uljanow wohnte, besser bekannt unter dem Namen Lenin. Der russische Berufsrevolutionär sollte später als Inbegriff des Bolschewismus der Todfeind Scheubner-Richters werden, erst recht nach der Revolution 1917. Denn der Deutschbalte kanalisiert seine eigenen negativen Erfahrungen mit den russischen Aufständischen und den damit verbundenen endgültigen Verlust seiner Heimat in einen fanatischen Kampf gegen die Kommunisten, die in seinen Augen der Untergang Russlands und des Zarenreichs sind. Andererseits hat sich Scheubner-Richter von den Methoden Lenins einiges abgeschaut, was er beim Hitler-Putsch in die Tat umsetzt.

Zur gleichen Zeit wie der Chemiestudent wohnt ein anderer Russe in Schwabing, der später als Maler-Revolutionär und Begründer der abstrakten Malerei berühmt wird: Wassily Kandinsky. Der Künstler hatte ebenfalls Bindungen an Scheubner-Richters Heimat: Kandinskys Großmutter ist Baltin, sie unterhielt sich mit ihm in seiner Kindheit viel auf Deutsch. Es ist nicht überliefert, ob sich Scheubner-Richter und Kandinsky anlässlich der zahlreichen Veranstaltungen der russischen Kolonie in München getroffen haben. Der Kontrast hätte kaum größer sein können: Auf der einen Seite ein politisch stramm rechts stehender Zarenfreund mit militärischen Ambitionen, auf der anderen Seite ein Freigeist, der sein ungebundenes Leben genoss und alles Konservative verabscheute.

Obwohl er eigentlich wegen seiner früheren Verletzung nicht zur Armee muss, meldet sich Scheubner-Richter bei Kriegsausbruch 1914 als Freiwilliger beim 7. Königlich-Bayerischen Chevauxlegers-Regiment in Straubing, in der 3. Schwadron unter dem Rittmeister Graf Preysing. Der schickt ihn wegen einer halb militärischen, halb politischen Aufgabe in die türkische Stadt Erzerum (heute Erzurum) südlich des Schwarzen Meers. Dort arbeitet er mit dem Titel eines Vizekonsuls als Kontaktmann zum Kriegsministerium der türkischen Verbündeten.

Als Würdenträger genießt Scheubner-Richter die Annehmlichkeiten seines

Amtes: Er beschäftigt einen persönlichen Diener namens Tahir, veranstaltet Reiterspiele und Jagden, legt sich einen Weinkeller zu und lädt zu Essen in sein Haus – ein Diplomatenleben in Zeiten des Krieges. Dennoch wird das Idyll schnell gestört: Der Vizekonsul wird Zeuge des türkischen Massakers an der christlichen Minderheit der Armenier, weit über eine Million Menschen fallen den Morden zum Opfer. Rund um Erzerum treiben die Bewohner die armenischen Frauen und Kinder aus ihren Häusern, zwingen sie zum Verlassen ihrer Dörfer. Sie müssen ihre Habseligkeiten zurücklassen, nicht einmal Reiseproviant wird ihnen gestattet. Die Männer werden verschleppt, in die Häuser ziehen stattdessen Türken ein. Sie plündern und verwüsten Kirchen. Scheubner-Richter interveniert bei den türkischen Behörden: »Diese Aussiedelung großen Maßstabs ist gleichbedeutend mit Massakern«, kritisiert er. »Mangels jeglicher Transportmittel wird kaum die Hälfte ihren Bestimmungsort erreichen.«[10] Doch seine Appelle stoßen auf taube Ohren. In einem Telegramm an seinen deutschen Vorgesetzten schreibt Scheubner-Richter frustriert: »Die Regierung will nichts zum Schutze Ausgewiesener tun. Die Männer und Kinder sind größtenteils ermordet, die Frauen geraubt.«[11] Das deutsche Militär bleibt aus politischen Gründen passiv, die Versuche des Vizekonsuls zur Rettung der Menschen laufen ins Leere.

Für Scheubner-Richter ist diese persönliche Erfahrung des Todes, der tägliche Anblick der Leichen der unschuldigen Opfer prägend. Sicher wird Scheubner-Richter Hitler über dieses Erlebnis berichtet haben. Und doch frappiert die Hingabe Scheubner-Richters zu jener Person, die schon damals antisemitische Hetzparolen und dunkle Drohungen ausstößt, die später den größten Genozid in der Geschichte der Menschheit initiiert – die eben das tut, was der Balte verabscheute. Dennoch hat sich Scheubner-Richter als einer der frühen Steigbügelhalter Hitlers zur Macht hervorgetan. Hat der Adelige dem NSDAP-Chef unbewusst – oder bewusst – Hinweise gegeben, die Hitler später bei der Ausrottung der Juden in die Tat umsetzte? Es verwundert, dass Scheubner-Richter in seinen beiden letzten Lebensjahren selbst gegen Minderheiten wie Ausländer und Juden herzieht, obwohl er noch wenige Jahre zuvor die Ungerechtigkeiten gegen wehrlose Bevölkerungsgruppen bekämpft hat. Offenbar erliegt auch er der abstrusen Weltanschauung Hitlers. So schreibt er in München in seiner Zeitschrift »Aufbau-Korrespondenz« Anfang 1923: »Einen Aufstieg Deutschlands und der deutschen Nation aus der heutigen Schmach und Wehrlosigkeit kann es nur geben, wenn erst rücksichtslos und restlos aus Deutschland und aus den Reihen der Deutschen alles entfernt wird, was Schuld trägt an der Zerstörung des deutschen Volkskörpers und an dem Versagen der Widerstandskraft der deutschen Nation. Eine nationale Einheitsfront ist bedingt von rücksichtslosem Kampf gegen alles Fremde im deutschen Volkskörper. Sie ist bedingt von der rücksichtslosen Reinigung

Deutschlands von allen Elementen, die ihm feindlich gesinnt sind und die dem völkischen Zusammenschluss aller deutschen Stämme entgegenarbeiten.«[12] Wo ist sein Mitgefühl für die Mitbürger und sein Eintreten für gleiche Rechte geblieben? Die Sätze könnten auch direkt aus dem Munde Hitlers entsprungen sein. Der Wandel ist frappierend und zeigt die vollkommene Drehung Scheubner-Richters unter dem Einfluss des NS-Führers.

Zum Auskurieren seiner Malaria, die sich Scheubner-Richter bei einer Militärexpedition geholt hatte, ist er 1916 in München stationiert. In einem Brief schildert er die Stimmung in der bayerischen Landeshauptstadt: »München ist stiller geworden. Viele Verwundete auf den Straßen, die vom Militär und der Uniform beherrscht werden. Zivilisten werden schief angesehen, die Drückeberger sind äußerst unbeliebt, es ist auch fast alles einberufen. Lebensmittelfragen sind das Tagesgespräch, nicht ohne kräftige Seitenhiebe auf Berlin. Angenehm fiel mir gleich bei der Ankunft die stramme Haltung der Mannschaften auf.«[13] Er nutzt seinen Genesungsurlaub, um an der Technischen Universität einen Doktortitel in Chemie zu erwerben. Sein Promotionsthema: »Über das Pinienhydrobromid und sein Verhalten zu Silberoxyd«. Im Herbst 1917 schickt ihn die Armee wieder in seine alte Heimat: Er wird Leiter der Pressestelle beim Oberkommando der 8. Armee in Riga. Nach der Kapitulation Deutschlands im November 1918 ernennt der Gesandte August Winnig Scheubner-Richter zum kommissarischen Leiter der deutschen diplomatischen Vertretung.

Die Stimmung in seiner Geburtsstadt hat sich gedreht: Lenins Bolschewiki halten die Macht in den Händen, aus Deutschland dringen Nachrichten von Streiks, Revolution und von Soldaten- und Arbeiterräten. Vor dem Krieg wohnte in Riga über eine halbe Million Menschen, nach 1910 sank die Einwohnerzahl auf 160 000, davon stammten 9 Prozent aus der deutschen Oberschicht. Die Fabrikschornsteine hatten zum Rauchen aufgehört, die Unternehmer waren ins Innere Russlands gezogen. Wer kann, bringt sein Vermögen nach Moskau in Sicherheit. Zumindest glauben die Begüterten zu dieser Zeit, dass Moskau eine sichere Stelle ist – ein Fehlurteil, wie sich schon bald zeigen sollte.

Im Januar 1919 rückt die Rote Armee in Riga ein. Schon vor seiner Abkommandierung ans Baltikum schrieb Scheubner-Richter ahnungsvoll über die kriegerischen Aufstände in Russland: »Gewaltige Umwälzungen werden auf jeden Fall stattfinden. Uns Balten wird es dabei am schlechtesten ergehen. Eine Heimat werden wir verlieren und eine neue nicht gewinnen.«[14] Er sollte das bald am eigenen Leib spüren. Der Geist der Revolution dringt auch vom fernen Berlin herüber: Der Fernschreiber meldet, dass die rote Fahne über dem Brandenburger Tor weht. In Riga bilden die Mannschaften Soldatenräte nach dem Vorbild der deutschen und russischen Kommunisten. In den Augen des zarentreuen Diplomaten ein Desaster – die Bolschewisten übernehmen die Macht, versuchen die russischen Ostsee-Provinzen in Sowjetrepubliken zu verwandeln. Und im Deutschen Reich hat der Monarch ebenfalls abgedankt, stattdessen machen dort ebenfalls Bolschewisten die Straßen unsicher. Disziplin und Ordnung lösen sich für Scheubner-Richter auf. Die letzten verbliebenen Deutschen in Riga flüchten aus Angst vor Übergriffen der roten Garden gegen Westen.

Trotz Chaos und Aufbruch behält Scheubner-Richter die Übersicht und tut, was ihm am wichtigsten erscheint: Er bringt das Geld der Gesandtschaft vor den Roten in Sicherheit. Dabei entwickelt er Fantasie beim Verbergen des Schatzes: Die Banknoten versteckt der Diplomat im Haus eines deutschen Freundes in dem Eimer neben der Toilette. Der Geruch und der Anblick benutzten Klopapiers, so sein Kalkül, schrecken Eindringlinge vor allzu genauer Suche ab. Er behält Recht.

Als sich Scheubner-Richter selbst absetzen will, wird er von deutschen Soldatenräten verhaftet und ins Polizeigefängnis in der Alexanderstraße verfrachtet. Die Mannschaften sind aufgebracht, in Berlin wurden Karl Liebknecht und Rosa Luxemburg ermordet. Als Vergeltung fordern die Bolschewisten die Hinrichtung des deutschen Gesandten. In Straßendemonstrationen bekräftigen die Aufständischen ihre Absicht. Sie richten ein Revolutionstribunal ein, das Scheubner-Richter zum Tode verurteilt. In letzter Minute verfügt der Kommandant der Sowjet-Einheiten die Freilassung. Scheubner-Richter verlässt seine Geburtsstadt Riga, diesmal endgültig – im Reisegepäck in der Butterdose, in einem Brotlaib, im Honigglas die Geldscheine aus dem Versteck. Über die Zwischenstation Königsberg landet er Anfang 1920 in Berlin, in seiner neuen Heimat Deutschland.

Die Zusammenstöße mit den Kommunisten in Riga, die persönliche Erfahrung der Todesdrohung in der Zelle, die Auflösung der traditionellen Herrschaftsordnung in Russland, das alles brennt Scheubner-Richter in der Seele, prägt seinen weiteren Werdegang in Deutschland. Aus dem zaristischen Grandseigneur und Offizier wird ein Bolschewisten-Hasser. Fortan arbeitet er für das Wiederauferstehen der Monarchie in Russland, dazu wünscht er ein starkes Deutschland, das gemeinsam mit den alten Moskau-treuen Kräften die Restauration der Verhältnisse erwirkt. »Ich bin mehr als je überzeugt, dass es in Russland nur zwei Regierungsformen geben kann und wird: den Bolschewismus oder den Zarismus«, schreibt Scheubner-Richter seinem Freund Paul Leverkuehn. »Wer glaubt, dass sich irgendwelche sozialrevolutionäre oder kadettische Kreise in Russland halten können, ist auf dem Holzwege.«[15] Wobei sich für Scheubner-Richter die Einstellung verfestigt: Kommunismus ist gleich Judentum. Er schreibt in der »Aufbau-Korrespondenz«, die Sowjet-Regierung fördere die deutschen Kommunisten, »um durch sie das nationale Deutschland endgültig zu zertrümmern und an Stelle dessen eine Diktatur des Proletariats, das heißt in diesem Fall eine Diktatur des jüdischen Bolschewismus, aufzurichten. Auch in Russland hat die russische Armee noch nicht begriffen, dass sie nicht für russische nationale Interessen geschaffen worden ist, sondern gleichfalls für die international-jüdischen einer Weltherrschaft.«[16] Eine Propagandaformel, wie sie Hitler endlos variierte – bis zur Katastrophe. Scheubner-Richter macht klar, was mit den Kommunisten zu geschehen habe: Sie sollen gehenkt und ausgerottet werden.[17]

Noch etwas anderes prägt Scheubner-Richter: die Zerrissenheit zwischen alter und neuer Heimat, zwischen der Loyalität zum Zaren und zum Deutschen Reich. Viele Deutschbalten verrichten selbstverständlich ihren Dienst in der Zarenarmee, fühlen sich als Untertanen der russischen Monarchie – und das nicht nur wegen ihrer russischen Staatsangehörigkeit. Zugleich pflegen die Deutschstämmigen aber die Traditionen und Gebräuche ihrer Vorfahren und sondern sich in eigenen Vereinen und Gesellschaften von der übrigen Bevölkerung ab. Die Entstehung der neuen Republiken Estland und Lettland bringt dort die frühere Oberschicht der Deutschbalten in die Position einer geduldeten Minderheit. Deren Untertänigkeit wirkt nun verdächtig, Denunziationen sind an der Tagesordnung. Die Großgrundbesitzer werden enteignet, der eigene Nationalismus der Esten und Letten erstarkt. Damit ist kein Platz mehr für die Deutschen, die sich überdies von der zögerlichen Haltung der deutschen Regierung im Stich gelassen fühlen. Die Schmach sitzt auch bei Scheubner-Richter tief: vom angesehenen Adeligen zur unerwünschten Person in Riga degradiert, der Rückweg verbaut. Zugleich begegnen die Deutschen ihm und seinesgleichen misstrauisch: Als gebürtiger Balte wird er dem Kriegsfeind Russland zugeordnet und sein deutscher Patriotismus als Vorwand angesehen. Schlimmer noch – man hält ihn für einen Spion. Die Deutschbalten im Deutschen Reich leben zugleich mit der Angst, als unerwünschte Ausländer abgeschoben zu werden.

Sosehr Scheubner-Richter die Bolschewisten hasst, deren Methoden inspirieren ihn zur Nachahmung: Heimlichtuerei, Verschwörung, gewaltsamer Umsturz gehören nun zu seinem Repertoire. In einem Aufsatz »Die Rote Armee – was wir von Sowjetrussland lernen können!« rät Scheubner-Richter zum Studium der Bücher Leo Trotzkis. Dort könne jeder erkennen, dass Erfolge nicht im Parlament, sondern nur »durch militärische Schlachten und Siege« erkämpft werden. Deutschland brauche eine »einigende Idee«, mit der Trotzki erfolgreich seine Truppen motivierte.[18] Auch der Kampf gegen Demokratie und Parlamentarismus verband Scheubner-Richter mit seinen russischen Feinden. Wie sich später zeigen wird, bleiben diese Gedanken für den Deutschbalten nicht nur Theorie – er wird treibende Kraft für Hitlers Umsturzpläne im Jahr 1923.

Die Praxis eines Revolutionärs versucht er flugs in die Wirklichkeit umzusetzen. Im März 1920 reiste Scheubner-Richter ohne Zögern nach Berlin, um sich an einem Staatsstreich rechter Militärs zu beteiligen, später bekannt unter dem Namen Kapp-Putsch. Der Generallandschaftsdirektor Wolfgang Kapp und General Walther Freiherr von Lüttwitz verbünden sich mit der Marinebrigade Ehrhardt und versuchen die nach Dresden geflohene Reichsregierung zu stürzen. Scheubner-Richter soll in Berlin den Nachrichtendienst und die Propaganda organisieren. Der Deutschbalte nimmt eine kleine Druckerei in Betrieb, spürt jedoch schnell, dass die Vorbereitungen der Putschisten dilettantisch sind. Ein Generalstreik beendet schnell den Versuch des Staatsstreichs, die Beteiligten müssen fliehen. Scheubner-Richter landet wieder in München. Dort bezieht er eine herrschaftliche Wohnung im zweiten Stock in der Widenmayerstraße 38. Das Anwesen gehört dem jüdischen Chemiker Lippa Goldstern. Nur wenige Häuser weiter, in der Widenmayerstraße 18, wohnt ein weiterer Hitler-Förderer: Ernst Hanfstaengl. Die Wohnung des Deutschbalten wird zum Treffpunkt verschiedener Nazi-Sympathisanten. Hier arrangiert Scheubner-Richter das erste Treffen des noch weithin unbekannten Adolf Hitler mit dem Konzernerben Fritz Thyssen: Diese Tat des promovierten Ingenieurs bringt dem NSDAP-Parteivorsitzenden später einen reichlichen Geldstrom aus Thyssens Kasse.

In München findet Scheubner-Richter ein ideales Betätigungsfeld. Es sind nicht nur die wichtigsten Exilrussen versammelt, sondern auch die Repräsentanten ultrarechter Strömungen aller Schattierungen, die vor allem ein Wunsch verbindet: weg mit der verhassten Berliner Reichsregierung und den Friedensbedingungen von Versailles, Wiederaufblühen eines militärisch mächtigen Großdeutschlands mit einer starken Führerfigur an der Spitze. Die Radikalen gedeihen im Münchner Biotop besonders gut, denn die bayerische Regierung zeigt offene Sympathien für die völkische Bewegung, die Polizei bleibt vielfach untätig. Vor allem aber findet der Deutschbalte in Adolf Hitler die Person, die seine politischen Träume Realität werden lassen kann. In einem »Aufbau«-Artikel begründet Scheubner-Richter seine bedingungslose Unterstützung für den braunen Parteichef: »Das völkische Deutschland ist bereit, den Kampf aufzunehmen im Glauben an das deutsche Volk, dem durch einen Adolf Hitler ein neuer Prophet entstanden ist, der es verstanden hat, die deutsche Seele wachzurütteln und sie aus den Fesseln des marxistischen Denkens zu befreien.« Und weiter: »Der Kampf wird ausgefochten werden unter der Parole ›Hie Sowjetstern – hie Hakenkreuz‹. Und das Hakenkreuz wird siegen!«[19]

Scheubner-Richter setzt seine organisatorischen und diplomatischen Talente zur Geldbeschaffung für die finanzschwache NSDAP ein. Noch aus einem anderen Grund wird er ein wertvoller Förderer des Parteiführers: »Er öffnete mir alle Türen«[20], räumt Hitler nach dem Tod Scheubner-Richters ein. Kontakte zu höheren Kreisen waren für den Emporkömmling aus Braunau besonders wichtig, denn Einfluss und Macht lagen immer noch in den Händen der alten Eliten, die sich durchwegs aus der Oberschicht rekrutierten. Doch dort kannte Hitler nur wenige Personen, die überwiegende Mehrheit seiner Mitglieder und Freunde waren Leute aus dem Mittelstand, Handwerker, Soldaten und Arbeiter.

Besonders Scheubner-Richters Bindungen zu den Exilrussen in München lassen die Kasse klingeln. Dazu gründet er 1921 zwei Organisationen als Kontaktstelle und Geldsammelbecken: die »Neue Deutsch-Russländische Gesellschaft« und die »Wirtschaftliche Aufbau-Vereinigung«. Das erweist sich als kluger Schachzug. Denn damit lassen sich leichter Förderer ködern, die für die idealistischen Ziele einer Intensivierung von Kontakten zwischen Deutschland und Russland zu begeistern sind. Und wer wäre nicht für die Völkerverständigung – sei es auf politischem oder wirtschaftlichem Weg? Für solche »gemeinnützigen« Organisationen geht die Kasse leichter auf – was in heutigen Zeiten nicht anders ist. Auch erweist sich eine solche Institution unverdächtiger für Polizei und Finanzamt als ein Privatmann. Einige Personen sehen dieses Vorgehen ebenso klar wie kritisch. General Alexej von Lampe, Vertreter des militärischen Führers der unterlegenen weißrussischen Armee um General Peter Vrangel, meint, dass »dies Einfälle einiger geschickter Abenteurer sind, die versuchen, die Leichtgläubigkeit einiger russischer und deutscher Kreise für ihre eigenen Ziele auszunutzen«.[21] Scheubner-Richter geht zudem nach einer Masche vor, die von modernen Werbestrategen ausgedacht sein könnte: Er setzt Prominente als Galionsfiguren ein. Die verleihen seinen Gründungen die Aura besonderer Exklusivität und Glaubwürdigkeit. Dieses Gütesiegel macht es den Spendern leichter, ihre Gelder guten Gewissens abzugeben. Mit seinem Charme und seiner Überzeugungskraft gelingt es dem Deutschbalten, große Namen für seine Sache zu gewinnen: Bei der Aufbau-Vereinigung arbeitet als Präsident der bayerische Aristokrat Freiherr Theodor von Cramer-Klett, Vertreter des Vatikans in Bayern, erblicher Reichsrat der Krone Bayerns, ein glühender Monarchist und Faschist. Von russischer Seite arbeitet der einflussreiche General Vasilij Biskupskij mit. Noch hochkarätiger ist die Besetzung der Deutsch-Russländischen Gesellschaft. Neben dem bayerischen Schwaben und Sprachwissenschaftler Professor Adolf Dirr als erstem Schriftführer übernimmt die Großfürstin Viktoria Fedorowna den Ehrenvorsitz.

Eine Idealbesetzung: Denn die Dame ist nicht nur eine geborene Herzogin von Coburg-Gotha, sondern auch Gattin des Großfürsten Vladimirovic Kirill. Und Kirill wiederum ist ein Vetter des ermordeten letzten Zaren Nikolaj II. aus dem Hause Romanow und erhebt selbst Ansprüche als politischer

Erbe und rechtmäßiger Nachfolger des Zaren. Für die russischen Emigranten in Bayern ist die Ehrfurcht für den potenziellen Thronfolger kaum zu steigern – ihre Autoritätsgläubigkeit vor dem Amt und der Person wurzelt in der jahrhundertealten Gesellschaftsstruktur. Für die deutschen Monarchisten ist das Aufschauen zu den Blaublütigen ebenfalls selbstverständlich. Scheubner-Richter gelingt es sogar, private Kontakte mit dem Fürstenpaar anzubahnen. Er reist regelmäßig nach Coburg zur Villa »Edinbourg«, dem Wohnsitz Kirills, hält dort Vorträge und informiert den Prinzen über die aktuellen politischen Ereignisse aus der Landeshauptstadt. Scheubner-Richters Ehefrau Mathilde schließt Freundschaft mit der Großfürstin, sie machen gemeinsame Ausflüge – auch wenn das Ziel wohl kaum den üblichen Damenkränzchen jener Zeit entspricht: Sie besuchen zusammen Militärübungen der SA in München.

Für den Thronaspiranten und zum Aufbau weiterer Kontakte organisiert Scheubner-Richter mit seiner Aufbau-Gesellschaft einen Monarchistenkongress Ende Mai 1921 in Bad Reichenhall – im Rückblick die wichtigste Veranstaltung der zarentreuen Exilrussen in Deutschland. Den bayerischen Luftkurort in den Alpen wählt der Deutschbalte strategisch geschickt: Die Stadt ist von München aus bequem mit Zug und Auto zu erreichen, zugleich sind kaum Störmanöver von politischen Gegnern zu erwarten. Als Vorsichtsmaßnahme hat Scheubner-Richter das Treffen als »Kongress zum wirtschaftlichen Wiederaufbau Russlands« tituliert und erbittet den Schutz der Polizei. Der Wunsch wird erfüllt: Polizisten schirmen den Kongress ab. Der Organisator schickt nach der Veranstaltung ein Telegramm an den bayerischen Ministerpräsidenten Gustav Ritt von Kahr und bittet, »den Ausdruck seines tief gefühltesten Dankes für die ihm gewährte Möglichkeit, sich auf bayerischem Boden zu versammeln, und für das liebenswürdige Entgegenkommen der Reichenhaller Behörden entgegenzunehmen«.[22] Vordergründig dient das Treffen von Emigranten aller politischen Strömungen als Versuch einer Einigung und Neuorganisation der zerstrittenen Fraktionen. Praktisch aber soll die Versammlung den Anspruch Kirills auf den Zarenthron vorbereiten. Denn der Großfürst Nikolaj Nikolajewitsch im Exil in Frankreich hält sich ebenfalls für den einzig rechtmäßigen Erben und fordert seine Anerkennung. Eine Entscheidung für einen der Kandidaten steht an. Die 106 Delegierten tagen im Hotel »Deutscher Kaiser«. Der Sitzungssaal ist in Schwarz-Gelb-Weiß geschmückt, den Farben der Romanows. Auf der Empore flanieren »einige rassige und elegante russische Damen«, wie eine Zeitung süffisant vermerkt. Scheubner-Richter sponsert zum Abschluss einen geselligen Abend mit bayerischem Bier und Schuhplattlern. Eine Investition, die sich bezahlt macht. Denn in Bad Reichenhall hat der Deutschbalte nicht nur Gelegenheit, die Elite des Zarenreichs näher kennen zu lernen. Sondern er profiliert sich auch als Förderer der Ambitionen Kirills auf die Herrschaft des russischen Reichs. Unermüdlich tritt er in der Folge für die Rechte des Monarchen ein, veröffentlicht dessen Aufrufe an die russischen Untertanen in seiner Zeitschrift »Wirtschaftliche Aufbau-Korrespondenz«, adelt Kirill publizistisch als »Anwärter auf den kaiserlichen Thron« – und öffnet damit eine Geldschleuse.

Scheubner-Richter macht dem prominenten Exilanten klar, dass er sich seine Träume von einer Herrschaft an der Spitze des Großreichs erst erfüllen kann, wenn er die verhassten Bolschewisten vertreibt. Anfang der zwanziger Jahre war es für die russische Emigrantenbewegung ausgemacht, dass die Revolution der Kommunisten nur eine kurze Phase in der Geschichte ihres Landes ist, so wie die deutsche Revolution 1918/19 samt ihrer Räteherrschaft von den restaurativen Kräften schnell wieder hinweggefegt wurde. Eine fatale Fehleinschätzung, wie sich in den nächsten Jahren und Jahrzehnten herausstellt. Auch verschwendeten Kirill und seine Entourage keinen Gedanken daran, dass diese Umwälzung in sozialen Ursachen wurzelte, dass sich das autoritäre kaiserliche Herrschaftssystem überlebt hatte und letztlich an seiner eigenen Reformunfähigkeit zu Grunde gegangen war. Und die Form der Demokratie wie in England, in den USA oder in der jungen Weimarer Republik war für diese Kreise so attraktiv wie Cholera.

Klar war jedoch, dass Lenin, Stalin, Trotzki und die roten Garden nur mit Waffengewalt aus ihren Positionen gejagt werden könnten. Die Rückeroberung der Heimat wird deshalb das Ziel Kirills und seiner Anhänger. Doch die monarchietreuen Truppen waren von den Roten geschlagen worden. Deshalb mussten die Russen im Exil ihre Kräfte neu organisieren. Und da waren sie auf ausländische Hilfe angewiesen. In Deutschland kamen dafür nur die radikalen nationalistischen Parteien in Frage, die sich das Selbstverteidigungsrecht des Volkes gegen Fremdbestimmung und unfähige Regierungen auf die Fahne geschrieben hatten und die zu diesem Zweck auch vor dem Griff zum Gewehr nicht zurückschreckten. Wer diese politischen Gruppierungen fördert und an die Regierung bringt, so das Kalkül, darf auf diplomatische und militärische Unterstützung für die eigenen Pläne bauen. Und Scheubner-Richter kannte die Person, die in seinen Augen all diese Eigenschaften in sich vereinigte: Adolf Hitler, ausgewiesener Bolschewisten-Hasser, der in der kommunistisch-jüdischen Weltverschwörung den Quell allen Übels sah.

So ist es nur konsequent, dass der Deutschbalte die politischen Aktionen des Zaren-Nachrückers auch in finanzielle Unterstützung für die NSDAP und ihren Führer kanalisiert. Der russische General Vasilij Biskupskij, Berater und graue Eminenz Kirills, beschreibt 1935 im Rückblick in einem Bericht an Heinrich Himmler über monarchische Organisationen die Höhe des geflossenen Geldes als »geradezu horrende Summe«, zusätzlich hat die Großfürstin

Viktoria »aus dem Verkauf ihrer Juwelen« bedeutende Beträge zur Verfügung gestellt.[23] In einem Brief vom Jahr 1939 an Arno Schickedanz beziffert der General rückblickend die gewährte Finanzhilfe auf eine halbe Million Goldmark.[24] Das ist für damalige Verhältnisse wahrlich ein fürstliches Vermögen und nicht zu vergleichen mit den dünnen Einnahmen der Hitler-Partei aus den Beiträgen ihrer Mitglieder.

Scheubner-Richter spannte Biskupskij nicht nur für die Arbeit seiner Aufbau-Vereinigung ein. Er nutzt den wendigen Zarenoffizier ebenfalls als Geldbeschaffer.

Biskupskij, gut aussehend, forsches Auftreten, ist dazu die ideale Person. Unter dem Zaren stand ihm eine blendende Karriere offen, beim Ausbruch der Oktoberrevolution war er einer der jüngsten Generäle der russischen Armee und Kommandant des 3. Korps in Odessa. Nach der Niederlage der Kaisertreuen in der Ukraine gelangt er via Berlin nach München. Biskupskij zeichnet sich durch vielfältige Kontakte, Einfallsreichtum und eine Portion Skrupellosigkeit aus. Diese brisante Mischung führt ihn zu waghalsigen Geschäften. So will der Kirill-Intimus zusammen mit zwei deutschen Unternehmern, einem Kapitän Luppe und dem Kaufmann Hoffmann, eine deutsch-russische Handelsfirma ins Leben rufen. Die zu gründende Gesellschaft sollte bei reichen Deutschen und Russen ein Startkapital von sechs Millionen Mark auftreiben und damit lukrative Geschäfte auf dem Balkan und später in Südrussland initiieren. Biskupskij demonstriert sein Geldsammeltalent und schafft es, zwei Millionen Mark zu beschaffen – je eine Million Mark von seinem Vetter Baron Vladimir Keppen und von der Großfürstin Viktoria.[25] Doch das Unternehmen ist alles andere als gewinnträchtig: Bereits im Jahr 1923 macht es bei dubiosen Spekulationen mit der ungarischen Goldmark Verluste. 1926 muss die Firma liquidiert werden, die Großfürstin und Baron Keppen verlieren ihr Geld, die einstigen Vertragspartner streiten in der Folge vor Gericht um ihr Vermögen.

Für Scheubner-Richter sind die Bemühungen des Zarengenerals erfolgreicher. Biskupskij lässt seine Beziehungen nach Paris spielen und zapft den dort ansässigen Russländischen Kommerz-, Industrie- und Handelsverband an. Die Spenden fließen, denn Mitglieder der Organisation sind die Unternehmer und Erdölmagnaten Denisov, Nobel und Gukasov, die »aus dem russischen Zusammenbruch sehr große Summen gerettet hatten«[26], so Biskupskij. Er selbst ist bei den Spendern kein Unbekannter: Der Offizier hatte bereits kurz nach seiner Flucht aus Russland mit Armeefreunden abenteuerliche Pläne geschmiedet, die verloren gegangenen Erdölfelder im Kaukasus zurückzuerobern. Solche Sirenengesänge hören die Unternehmer gern – die ferne Hoffnung auf diese Besitztümer öffnet ihre Brieftaschen.

Auch der reaktionäre Politiker von Cramer-Klett, neben dem Zarenoffizier in

Scheubner-Richters Aufbau-Vereinigung aktiv, füllt durch seine Verbindungen die Kassen. Der bayerische Aristokrat besorgt Gelder von den Firmen MAN und Mannesmann.[27] Dennoch bleiben die verschwörerischen Maßnahmen nicht ganz verborgen. Osteuropäische Mächte lassen die Personen beobachten, stellen Recherchen an. So beziffert der polnische Geheimdienst in mehreren Berichten das Grundkapital der Aufbau-Vereinigung auf 300 000 Mark, im Jahr 1921 ist die Summe gar auf über 700 000 Mark angeschwollen.[28] Ein ungeheures Vermögen zu einer Zeit, in der ein Haus nur wenige tausend Mark kostete, ein mächtiges Werkzeug in den Händen skrupelloser Politiker wie Hitler zum Durchsetzen ihrer rechtsradikalen Ziele. Ähnlich bestätigt eine interne Denkschrift der bayerischen Regierung, Scheubner-Richter habe »enorme Summen« zu seiner Verfügung.[29]

Diese Geldmittel verdankt der Deutschbalte einem weiteren Prominenten, mit dem er in seiner Münchner Zeit ein Vertrauensverhältnis aufbaut: General Erich Ludendorff. Scheubner-Richter kannte den Ersten Generalquartiermeister aus seinem Militärdienst: Ludendorff befehligte die Schlachten gegen die Russen. Der Balte intensiviert systematisch die persönlichen Beziehungen, nachdem sich der General in einer Villa auf der Ludwigshöhe südlich von München niederlässt. Ein goldwerter Kontakt – vor allem für Hitler.

Diese Verbindung Scheubner-Richters verschafft dem NS-Führer in der Folgezeit öffentliche Aufmerksamkeit und Prestige. Der Russlanddeutsche bringt Hitler mit Erich Ludendorff zusammen. Ludendorff, im Ersten Weltkrieg als »Held von Tannenberg« gefeiert, gilt in der Weimarer Zeit neben Paul Hindenburg in nationalen Bevölkerungskreisen als der angesehenste Kriegsveteran. Ludendorff verkörpert die alten Tugenden eines preußischen Offiziers, selbst sein oft überheblich wirkendes Auftreten und sein Gang, als ob er gerade einen Stock verschluckt hätte, verstärken dieses Image noch. Er wird 1865 als drittes von sechs Kindern eines Gutsbesitzers in einem Dorf bei Posen geboren. Sein Vater schickt ihn schon mit zwölf Jahren in die Kadettenschule. Bereits mit 17 Jahren wird Ludendorff Leutnant – eine steile Offizierskarriere beginnt. Nach dem verlorenen Weltkrieg verbreitete der General eifrig die »Dolchstoßlegende«, nach der die deutsche Niederlage nur auf Verrat in der Heimat zurückzuführen sei. In seinem Buch »Kriegsführung und Politik« von 1921 propagiert er antisemitische Thesen: »Die oberste Regierung des jüdischen Volkes arbeitet Hand in Hand mit Frankreich und England. Vielleicht führt es beide an.«[30] Er verabscheut die linken Demokraten der Weimarer Republik, will – notfalls mit Waffengewalt – die Verhältnisse vor 1914 wiederherstellen. 1925 kandidiert er sogar für das Amt des Reichspräsidenten, erhält aber nur 1,1 Prozent der Stimmen. In seinen letzten Lebensjahren bis zu seinem Tod 1937 verfällt Ludendorff geistig mehr und mehr, er hängt abstrusen Ideen nach, gründet eine pseudoreligiöse, rassistische Sekte, sieht sich von dunklen »überstaatlichen Mächten«, von Juden und Freimaurern verfolgt. Der bayerische Oberregierungsrat Karl Sommer urteilt bereits im Januar 1924 über den Geisteszustand Ludendorffs: Diese habe »ohne Zweifel jedes Augenmaß über die reale Wirklichkeit verloren. Der Zusammenbruch des Oktober 1918 mit all den furchtbaren Folgen ist auf seine seelische Verfassung nicht ohne Einfluss geblieben.«[31] Für Hitler ist der General ein glänzendes Aushängeschild der Bewegung. Ludendorff beansprucht den Oberleutnant Scheubner-Richter als »eine Art Verbindungsmann zwischen Adolf Hitler und mir«[32], als wichtigsten persönlichen Berater und als Verteiler der Spenden, die Gönner direkt dem Weltkriegshelden übergeben. Ein praktisches Arrangement: Der General gilt als der Inbegriff eines untadeligen Offiziers, er repräsentiert die althergebrachten Soldatentugenden Disziplin, Ehre und Gehorsam. Deshalb haben Geldgeber keine Sorge, dass er die ihm anvertrauten Summen in die eigene Tasche leiten könnte. Und Ludendorff hat durch seine Kontakte Zugriff zu den Kassen der Armee, die paramilitärische Organisationen aller Art unterstützen.

Solche bewaffneten Truppen beherrschen in den Jahren nach dem Ersten Weltkrieg das Bild. Sie werden von den Regierungen und der regulären Armee nicht nur geduldet, sondern insgeheim gefördert. Denn nach dem Friedensschluss von Versailles darf das Deutsche Reich offiziell nur eine Reichswehr in einer Stärke von 100 000 Mann unterhalten – in den Augen vieler Politiker und der nationalen Kreise viel zu wenig. Abhilfe boten hier Freiwilligenverbände aller Art, die nichtstaatlich organisiert waren und deshalb nicht zur offiziellen Armee zählten. Diese bewaffneten Truppen erfüllen mehrere Funktionen: Sie sollen im Fall eines erneuten Bürgerkriegs wie bei der deutschen Revolution 1918/19 eingreifen und sie bilden ein Reservoir an Menschen, falls die Kopfzahl der regulären Reichswehr schnell aufgestockt werden sollte. Da als Folge des verlorenen Weltkriegs die Wehrpflicht abgeschafft ist, dienen die paramilitärischen Verbände zugleich als Ersatzausbildung und Körperertüchtigung für künftige junge Soldaten und als Beschäftigungsangebot für Arbeitslose – immerhin erhalten Bedürftige in diesen Truppen in der Regel ein warmes Essen und Kleidung. Die zahlreichen Organisationen sind Nachfolger der früheren Einwohnerwehren, Ableger von ehemals militärischen Einheiten oder Neugründungen.

Vor allem aber stellen die Truppen einen erheblichen Machtfaktor dar. Nach dem schief gelaufenen Kapp-Putsch in Berlin liegen weitere Gerüchte über einen bevorstehenden Staatsstreich in der Luft. Rechte und »vaterländische« Verbände gieren nach Revanche für die ungeliebte Weimarer Demokratie und die erniedrigenden Bedingungen des aufgezwungenen Friedensvertrags. Eine politische Bewegung ohne wirksame bewaffnete eigene Einheiten im Hintergrund schien in den zwanziger Jahren wie ein zahnloser Tiger.

Das weiß auch Hitler. Er baut schon früh seine eigene Privatarmee auf, die Sturmabteilung (SA). Ursprünglich ein parteieigener Schlägertrupp, der bei Parteiveranstaltungen und Aufmärschen für Ordnung sorgen soll, entwickelt sich die SA bald zur paramilitärischen Truppe, die ihre Schlagkraft handgreiflich im Kampf gegen politische Gegner unter Beweis stellt. In mehr oder weniger heimlichen Wehrübungen in den Wäldern um München erhalten die SA-Mannen, mehrheitlich ehemalige Soldaten, Ausbildung an der Waffe und in militärischer Taktik. Für Hitler stellen sie den Kern seiner eigenen Pläne zu Beginn der zwanziger Jahre dar, die politische Macht nicht durch Wahlen, sondern durch Gewalt und Umsturz zu erreichen. Vor dem Volksgerichtshof im Februar 1924 sagt Hitler später aus, er habe die militärische Ausbildung der SA »mit dem absoluten Angriffsmotiv« vorangetrieben, seine Leute seien »Nacht für Nacht und Morgen für Morgen in der Kaserne ausschließlich mit Kriegsgedanken erfüllt« gewesen, »sie fragten, wann geht's los, wann kommen wir endlich zum Kampfe, um die Bande hinauszuhauen?«[33]

Die SA ist eine Art politische Währung. Deshalb schraubt Hitler die Zahl der Truppe konsequent nach oben, lässt die Mannschaften regelmäßig mit Gewehren exerzieren. Doch die SA verschlingt viel Geld für das Gehalt der Anführer, für verborgene Waffendepots, für Transport und Verpflegung. Deshalb ist ihm jede Unterstützung von außen durch andere Truppen hochwillkommen und so viel wert wie Bargeld – ebenso wie jede Stärkung seiner militärischen Schlagkraft durch Zugriff auf die Truppen anderer Freikorps-Verbände. Denn immer offener orakelt Hitler im Jahr 1923 über seine Putschgelüste gegen die Regierung der »Novemberverbrecher« in Berlin. Doch dazu braucht er mehr gewaltbereite Krieger als nur seine SA-Rabauken.

Da kommt Scheubner-Richters Freund Ludendorff genau richtig. Der Weltkriegsheld genießt unter den rechten Paramilitärs weitaus höheres Ansehen als der österreichische Gefreite Hitler, sein Wort hat das Gewicht eines De-facto-Anführers. Der General versucht die verschiedenen Verbände auf eine gemeinsame Führung und die Notwendigkeit einer bewaffneten Aktion einzuschwören. Im Februar 1923 fördert er die Gründung der Arbeitsgemeinschaft der Vaterländischen Kampfverbände, der die SA, der Bund Oberland, die Organisation Reichsflagge, der Wikingbund und der Kampfverband Niederbayern angehören – alles erprobte rechtsnationale Kämpfer. Die militärische Führung hält der pensionierte Oberstleutnant Hermann Kriebel in den Händen, für Waffen und Munition sorgt Hitlers Parteigenosse und Duzfreund Ernst Röhm, der »Maschinengewehrkönig von Bayern« und Herrscher über geheime Waffenarsenale. Ende Februar organisiert Ludendorff überdies eine Zusammenkunft von Hitler mit Führern norddeutscher paramilitärischer Verbände in Berlin, um die gemeinsame Basis für einen Putsch zu verbreitern.

Sogar mit General Hans von Seeckt, dem Chef der Heeresleitung der Reichswehr nach dem Krieg, organisiert Ludendorff ein Treffen, um sich Rückendeckung für die Pläne der bayerischen Nationalisten zu holen und die Ausbildung der zivilen Freiwilligenverbände durch die Reichswehr zu organisieren. Das informelle Abkommen entlastet die NS-Parteikasse – die Kosten für die Ausbildung der SA trägt schließlich das offizielle Heer und damit der Staat. Das Gespräch findet am 20. Februar in Berlin in der Villa am Wannsee von Friedrich Minoux statt, dem Generaldirektor und Vertrauten des Großindustriellen Hugo Stinnes. Minoux fördert Hitler via Ludendorff auch finanziell erheblich.[34] Der Generaldirektor kann sich dabei der Billigung seines Arbeitgebers sicher sein: Stinnes, Anfang der zwanziger Jahre einer der prominentesten Unternehmerfiguren Deutschlands und Herrscher über ein Konglomerat von Eisen-, Stahl- und Kohlefirmen, sagt gegenüber dem amerikanischen Botschafter Alanson Houghton, es muss »ein Diktator gefunden werden, ausgestattet mit Macht, alles zu tun, was irgendwie nötig ist. So ein Mann muss die Sprache des Volkes reden und selbst bürgerlich sein und so ein Mann steht bereit. Eine große, von Bayern ausgehende Bewegung, entschlossen, die alten Monarchien herzustellen, sei nahe.«[35] Minoux dreht nicht nur den Geldhahn auf, sondern trifft sich auch mehrmals mit Ludendorff in Bayern. Er macht sich im Fall eines Staatsstreichs in Berlin Hoffnung auf den Posten eines Finanzministers, bekräftigt seine Solidarität: »Stellung gegenüber Hitler-Ludendorff unverändert, ebenso Judenfrage«[36], vermerkt lapidar das Protokoll eines konspirativen Gesprächs von Anfang November 1923.

Scheubner-Richter gelingt es, sich mit Hilfe Ludendorffs im September 1923 einen wichtigen Posten zu verschaffen: Er wird Geschäftsführer des Deutschen Kampfbunds und damit ganz formell auch Herr über die Konten der Organisation. Der Kampfbund ist ein neu gegründeter Zusammenschluss von NSDAP, Bund Oberland und Reichsflagge. Das Bündnis ist eine Folge der gemeinsamen Machtdemonstration anlässlich des »Deutschen Tages« Anfang September in Nürnberg, bei dem die Teilnehmer den Sieg über die Franzosen im September 1870 feierten. Die Polizei schätzt die Zahl der Besucher auf über 100 000, zu den Ehrengästen zählen Prinz Ludwig Ferdinand von Bayern, Hitler und Ludendorff. Kriegervereine, Mitglieder von Vaterländischen Verbänden, Nationalsozialisten und Offiziersbünde marschieren im Gleichschritt unter Fahnen und mit Musik durch Nürnberg – für die Zuschauer ein beeindruckendes Spektakel rechtsnationaler Kräfte.

Was Hitler und Scheubner-Richter mit dieser Privatarmee wirklich wollen, formuliert ganz unverblümt Adolf Heiß, Führer der Reichsflagge: »Wir machen gar keinen Hehl daraus, dass wir die nationale Revolution wollen unter dem Banner Schwarz-Weiß-Rot mit dem Hakenkreuz! Und in diesem Zeichen werden wir siegen.«[37] Ähnlich deutlich wird Hitler Ende September

1923: »Wir wollen Träger werden der Diktatur der nationalen Vernunft, der nationalen Energie, der nationalen Brutalität und Entschlossenheit. Es gibt nur zwei Möglichkeiten: Entweder marschiert Berlin und endet in München, oder München marschiert und endet in Berlin.«[38] Hitler war sich bei seinen Putschplänen der Unterstützung des Kampfbunds und seines loyalen Geschäftsführers sicher. Scheubner-Richter organisiert nicht nur die Übungen und die Finanzierung der paramilitärischen Truppen, sondern er entwirft für Hitler auch ein »Aktionsprogramm«. Darin zeigt er, dass er die Lektionen der verhassten Bolschewiken Lenin und Trotzki gelernt hat: »Der Kampf um die politische Macht in Bayern reduziert sich daher in der Praxis auf einen Kampf um den Besitz der ausübenden Gewalt«, schreibt Scheubner-Richter, »die Kampfverbände werden ihre eigentliche Aufgabe, die Niederkämpfung des Marxismus, erst dann mit Erfolg betreiben können, wenn sie in Bayern im Besitz der staatlichen Machtmittel sind.«[39] Wie ein großer Revolutionär rät der Deutschbalte, die »in der Bevölkerung herrschende Unzufriedenheit« auszunutzen und den »psychologischen Moment« richtig zu wählen. »Da bekanntlich die politische Einstellung der Bevölkerung ausschließlich von wirtschaftlichen Gesichtspunkten bestimmt wird, das heißt von der Höhe des Bier- und Brotpreises, so muss jede von uns in Aussicht genommene politische Aktion einen wirtschaftlichen Ausgangspunkt wählen.«[40] In dem Aktionsprogramm blitzt Scheubner-Richters agitatorisches Geschick auf. Die Wirtschaft liegt im Herbst 1923 danieder, »Arbeitslosigkeit und Hunger stehen wie drohende Gespenster vor vielen Türen«[41], beschreibt ein zeitgenössischer Bericht die Lage. Die Hyperinflation erreicht ihren Höhepunkt: Ein Glas Bier kostet im November 150 Milliarden Mark, im Sommer 1923 waren es noch 3000 Mark, 1922 legte der Durstige 60 Mark auf den Tisch. Kein Wunder, dass sich die Bevölkerung um die Zukunft sorgt – sie kennt noch die Preise der guten alten Zeit. Vor dem Ersten Weltkrieg war nämlich ein Bier für 13 Pfennig zu haben, 1918 zahlten die Kunden 17 Pfennig für den Schluck Gerstensaft. Ein Pfund Kartoffeln kostete 1914 gar nur 4 Pfennig, im November 1923 schwillt der Betrag auf 30 Milliarden Mark. Scheubner-Richter findet die Zeit reif für Aktionen. Denn das politische Klima lässt die Chancen für einen Umsturz günstig erscheinen: Der Reichskanzler Gustav Stresemann verkündet das Ende des deutschen passiven Widerstands gegen die Besetzung des Ruhrgebiets durch französische Truppen – für die nationalen Kreise eine Schande. Die Putschgerüchte gegen die Weimarer Regierung brodeln, die bayerische Regierung verhängt den Ausnahmezustand und stattet den Generalstaatskommissar Gustav von Kahr mit diktatorischen Befugnissen aus. Zusammen mit dem bayerischen Reichswehr-Befehlshaber Otto von Lossow und Hans von Seißer, dem Chef der Landespolizei, plant von Kahr einen »Marsch auf Berlin«.

Max Erwin von Scheubner-Richter,
Riga 1918

Hitler und Scheubner-Richter sehen ihre Felle davonschwimmen, wollen mit einem eigenen Putsch dem Triumvirat um Kahr zuvorkommen. Wie Verschwörer halten der Deutschbalte und der Nazichef die Zahl der Mitwisser klein. Nur noch Ludendorff, SA-Mann Hermann Göring, Kriebel und Friedrich Weber, Führer des Bundes Oberland, wissen über den kompletten Plan und den konkreten Zeitpunkt des Losschlagens Bescheid: Am 8. November 1923 soll der Putsch abends im Bürgerbräukeller starten – dort, wo Kahr eine Ansprache halten will und viele prominente bayerische Politiker ihr Kommen angekündigt haben.

Der Bürgerbräukeller an der Münchner Rosenheimer Straße ist an diesem Abend mit 3000 Menschen voll besetzt. Gegen 20.30 Uhr rücken Hitler, Scheubner-Richter und Göring mit SA-Truppen sowie weiteren Kampfbund-Mannen an, bringen ein Maschinengewehr in Stellung. Während von Kahr seine Ansprache hält, betritt Hitler den Saal. Er nimmt noch einen Zug aus seinem Glas Bier, wirft es klirrend zu Boden, steigt auf einen Stuhl, zieht seine Pistole, feuert einen Schuss in die Decke ab und brüllt: »Soeben ist die nationale Revolution ausgebrochen!« Und mit vor Erregung sich überschlagender Stimme: »Der Saal ist von 600 Schwerbewaffneten besetzt, niemand darf den Saal verlassen. Die bayerische Regierung und die Reichsregierung sind abgesetzt, eine provisorische Reichsregierung wird gebildet.«[42] Kahr, Lossow und Seißer müssen unter SA-Eskorte ins Nebenzimmer gehen, wo Hitler mit ihnen über eine Beteiligung an seiner Putsch-Regierung verhandelt und ihnen Posten anbietet. Hitler wird theatralisch: »Wenn die Sache schief geht, vier Schüsse habe ich in der Pistole, drei für meine Mitarbeiter, wenn sie mich verlassen, die letzte Kugel für mich.«[43]

Scheubner-Richter rast währenddessen mit dem Auto zur Ludwigshöhe, um Ludendorff abzuholen. Nach einer Stunde kommen beide in die aufgeladene Atmosphäre des Bürgerbräukellers zurück. Der Generalquartiermeister überredet Kahr, Lossow und Seißer zum Mitmachen. Hitler verkündet zusammen mit dem Triumvirat vor dem Publikum im Saal die neue Partnerschaft, drückt jedem die Hände. Scheubner-Richter leitet die Verhaftungen einiger anwesender bayerischer Politiker. Ludendorff nimmt dem überrumpelten Trio das Versprechen ab, sich kooperativ zu verhalten – und lässt sie frei.

Das ist bereits der Anfang vom Ende des insgesamt amateurhaft organisierten Staatsstreichs. Kahr, Lossow und Seißer wollen alles andere als mit Hitler gemeinsame Sache machen. Sie alarmieren stattdessen die Reichswehr und die Polizei, organisieren den Widerstand gegen die Putschisten. Damit ist klar: Die offizielle Staatsgewalt steht gegen Hitler, ohne die Unterstützung von Armee und Polizei ist das Vorhaben von vornherein verloren.

Scheubner-Richter, ganz im Stile eines Berufsrevolutionärs, versucht eine Finte: Er setzt eine Proklamation an das bayerische Volk auf, fälscht die Unterschrift von »Dr. v. Kahr« und schickt das Papier zur Polizeidirektion. Doch der Schwindel fliegt auf, die Beamten kennen die charakteristischen Buchstaben der Signaturen des Generalstaatskommissars. Der Deutschbalte fährt kurz nach Hause in seine Wohnung in die Widenmayerstraße. Er berichtet seiner Frau: »Alles ging glatt, über Erwarten, ohne Blutvergießen. Ich habe noch viel zu tun und komme heute Abend nicht nach Hause.«[44] Das ist das letzte Mal, dass Mathilde von Scheubner-Richter ihren Gatten lebend sieht.

Am Morgen des 9. November ist die Stimmung der Putschisten niedergeschlagen – der Aufstand ist verloren. Hitler, Ludendorff und Scheubner-Richter beschließen eine verzweifelte Aktion und starten gegen Mittag einen »Erkundungs- und Demonstrationsmarsch«. Etwa 2000 Mann nehmen Aufstellung, marschieren in 16er-Reihen und bewaffnet über die Ludwigsbrücke zum Marienplatz, in der ersten Reihe in der Mitte Ludendorff, daneben Scheubner-Richter und Hitler. Der Deutschbalte hat seine geliebte Uniform des 7. Königlich-Bayerischen Chevauxlegers-Regiments angelegt, auf dem Kopf trägt er die Pickelhaube, an die Brust das Eiserne Kreuz geheftet. Welcher Polizist oder Soldat wollte auf den Weltkriegshelden und die anderen Kriegsveteranen schießen? Nach dem Marienplatz biegt die Kolonne nach rechts ab, geht die Residenzstraße Richtung Odeonsplatz. Die Kampfbündler stimmen das Lied »O Deutschland hoch in Ehren« an, Scheubner-Richter hakt sich bei Hitler ein. Auf Höhe der Feldherrnhalle wartet eine Kette von Polizisten, die Karabiner schussbereit. Ein Zuschauer schreit:»Da kommen s', Heil Hitler!« Ein einzelner Schuss fällt – von wem, kann später nicht mehr geklärt werden. Daraufhin folgen Salven, etwa eine halbe Minute lang ein wildes Feuergefecht. Schreie, Pulverdampf, Menschen werfen sich zu Boden. Am Ende sterben 14 Putschisten und vier Polizisten im Kugelhagel. Scheubner-Richter trifft eine Kugel direkt ins Herz. Er ist sofort tot. Im Fallen reißt er den untergehakten Hitler mit zu Boden, was dem Naziführer möglicherweise das Leben rettet. Hitler kegelt sich beim Sturz den linken Oberarm aus, kann im allgemeinen Wirrwarr fliehen. Hätte der Schütze nur 50 Zentimeter weiter links getroffen – die Geschichte der Welt wäre eine andere.

Das Leben des rechten Revolutionärs und Zarenfreundes endet abrupt an diesem 9. November 1923 in München. Bei der Beerdigung auf dem Münchner Ostfriedhof lobt ihn der evangelische Pastor Kreppel in seiner Totenansprache als den »Deutschesten aller Deutschen«. Doch damit findet Scheubner-Richter noch nicht seine letzte Ruhe. Seine sterblichen Überreste lässt Hitler 1935 ausgraben – ebenso die der übrigen Putschisten – und in einem Bronze-Sarkophag in einen extra errichteten »Ehrentempel« am Münchner Königsplatz überführen, dessen Bauart an griechische Tempel erinnern soll und den schwülstigen Namen »Ewige Wache« trägt. Dort liegt er zwischen Lorenz Ritter von Stransky und Ludendorffs Diener Kurt Neubauer.

Mathilde von Scheubner-Richter bleibt den Nazis treu, sie arbeitet mehrere Jahre im gleichen Büro wie Heinrich Himmler, zieht einen Presseausschnitt-Dienst für Hitler auf. Der schlachtet den Putsch für seine Zwecke aus:»Die Vorgänge am 9. November haben sich als wirksamste Propaganda für den Nationalsozialismus erwiesen«[45], erklärt er zufrieden. Das Datum stilisiert der NS-Diktator zum höchsten Feiertag der »Bewegung«. Er marschiert alljährlich die alte Route vom Bürgerbräukeller ab, legt Kränze bei Scheubner-Richter und den toten »Blutzeugen« ab. Doch im Januar 1947 machen die Alliierten dem Spuk ein Ende: Sie sprengen den Ehrentempel, schaffen die Gebeine weg, lassen die Bronzesarkophage einschmelzen. Scheubner-Richter verschwindet damit so lautlos aus dem Bewusstsein der Öffentlichkeit, wie er vorher aufgetaucht ist.

Kurt Lüdecke

Der Playboy

Ein strahlender Sommernachmittag im August des Jahres 1922. Formationen der NSDAP marschieren am Münchner Königsplatz auf, die Parteisoldaten in der ersten Reihe tragen die Fahnen mit dem Hakenkreuz-Emblem, eine Kapelle schmettert Marschmusik. Die Menge, etwa 50 000 Menschen, begrüßt die Braunhemden mit Jubel. Auf dem Podium tritt Adolf Hitler ans Mikrofon. Ein Moment der Stille senkt sich über den Platz. Der NS-Chef beginnt seine Rede ruhig, doch schnell hebt er Tonfall und Lautstärke, die Stimme überschlägt sich, als er über den »jüdischen Bolschewismus« herzieht und den Süden lobt: »Bayern ist das deutscheste Land in Deutschland!« Applaus braust auf. Ehre, Freiheit, Vaterland – der finale Schlachtruf »Deutschland erwache!« taucht unter im vieltausendfachen Beifall der Zuschauer.

Nur wenige Meter von Hitler entfernt steht ein 32-jähriger hoch gewachsener, vornehm gekleideter Mann, der mit seinem Freund Graf Ernst zu Reventlow frisch aus Berlin angekommen ist: Kurt Lüdecke. Er beobachtet fasziniert jede Miene des Redners. »Ich vergaß alles um mich herum außer diesen Mann«, sagt Lüdecke später über den nur ein Jahr älteren Hitler, »er schien ein anderer Luther zu sein.« Der Berliner fühlt sich wie verwandelt – er, der bisher ein luxuriöses, aber nutzloses Leben geführt hat, »ein Wanderer ohne Ziel«, voller »Sehnsucht nach Heldentaten, aber ohne Held«. Nun soll an diesem Nachmittag mitten in München alles anders sein: »Ich wusste, meine Suche hatte ein Ende. Ich hatte mich selbst gefunden, meinen Führer und mein Ziel.«[1]

Der junge Mann ergreift die Initiative: Er will diesem Parteiführer seine Dienste anbieten, deshalb braucht er schnellstens ein Gespräch mit dem NSDAP-Vorsitzenden. Graf Reventlow, ein bekannter Antisemit in der rechtsnationalen Szene, hilft. Einige Tage später besucht Lüdecke Hitler in der Parteizentrale, die beiden sprechen vier Stunden miteinander. »Feierlich gaben wir uns die Hände, wir hatten den Pakt besiegelt. Ich hatte ihm meine Seele gegeben«, erinnert sich Lüdecke. Hinter seiner pathetischen Schilderung versteckt sich ein Arrangement, das Lüdecke für Jahre zu einer Art Sonderbotschafter Hitlers für das Ausland macht. Es zeugt von der Gewandtheit und flinken Zunge des Berliners, wie schnell er Hitler für sich einnehmen kann. Der Auftrag ist delikat: Kontakte zu einflussreichen Persönlichkeiten zu vermitteln und zu pflegen – und vor allem Geld herbeizuschaffen. Diese Mission sollte der junge Mann, der sich selbst als »Abenteurer« und »Globetrotter« bezeichnet, in den kommenden Jahren so gut erfüllen, dass das Urteil der Geschichte über ihn eindeutig ausfällt: »Zweifellos sind Hitler und der NSDAP über Lüdecke, den zweifellos undurchsichtigsten Mann in Hitlers nächster Umgebung, erhebliche Geldmengen zugeflossen, wobei es sich nicht nur um Zuwendungen aus eigenem Besitz, sondern auch um große Summen handelte, die er aus dem Ausland vermittelte.«[2] In jenen Augusttagen des Jahres 1922 gilt der bekehrte Hitler-Jünger noch als unbeschriebenes Blatt, als No-Name, als ein neuer Parteigenosse unter vielen. Noch hat er seine raren Talente nicht unter Beweis gestellt. Doch das weltgewandte Auftreten des Dandys sowie dessen offen zur Schau getragener Antisemitismus beeindrucken selbst den misstrauischen NSDAP-Führer. Lüdecke spricht Englisch, Französisch, Spanisch und Italienisch fließend, diese Kenntnisse imponieren Hitler, der selbst keine Fremdsprachen beherrscht und von seiner Kamarilla allenfalls Flüche in bayerischer Mundart hört. Der Mann kann für die Partei nützlich sein – wenn er richtig eingesetzt wird. Das erste Objekt zum Test der Fähigkeiten des Parteimitglieds Lüdecke steht für Hitler auch bald fest: Benito Mussolini.

Damit startet Kurt Lüdecke ein weiteres Kapitel auf seinem Lebensweg, der reich an Windungen und Wendungen ist, oft überschattet von dunklen Gewitterwolken. Er wurde am 5. Februar 1890 als jüngster Sohn von Albert und Elise Lüdecke in Berlin geboren. Kurt wächst in Oranienburg auf, einem Ort nördlich der Reichshauptstadt. Der Vater, Direktor einer Chemiefabrik, wacht streng über die schulischen Leistungen seines Sohnes in der Volksschule und auf dem Gymnasium in Berlin. Schlechte Noten bestraft der Patriarch unnachgiebig mit dem Rohrstock. Nach einer dieser Prügel flieht der junge Kurt mit dem Fahrrad von zu Hause; erst ein Zusammenstoß mit einem Postwagen stoppt den Ausreißer zwei Tage später. Nachdem der Ärger in der Schule zunimmt, Kurt Lüdecke immer öfter wegen Widerspruchs und Unaufmerksamkeit aneckt, steckt ihn der Vater auf Rat des Schuldirektors in ein Gymnasium in Braunschweig. Dort lernt Kurt die Brüder und Freiherren von Knigge kennen, verbringt viele Wochenenden auf dem aristokratischen Landgut der Familie. Für Kurt Lüdecke eine aufregende, ungewohnte Welt: die ausgedehnten Ländereien, die Bediensteten, der Habitus der Freiherren als Vertreter der gesellschaftlichen Elite – der Duft von Luxus und Reichtum betört den Bürgerssohn, er lernt »das Leben eines preußischen Adligen in seiner schönsten Form« zu schätzen.

Als der Vater in Folge eines langjährigen Nervenleidens stirbt, ändert sich für die Familie Lüdecke die Situation dramatisch: Die Krankheit des Familienoberhaupts hat den Großteil des Vermögens aufgefressen, das Geld reicht mehr schlecht als recht. Die Mutter wird in den nächsten Jahren auf die Unterstützung ihrer drei Söhne angewiesen sein. Kurt überweist seiner Mutter nur bescheidene Summen, entzieht sich dieser Verpflichtung also weitgehend – obwohl er selbst zu Wohlstand gekommen ist. Er hat wohl auch später keine tieferen familiären Bindungen, seine Mutter bleibt ein Thema, über das Lüdecke gegenüber Freunden kaum ein Wort verliert – er scheint seine familiären Wurzeln nach seinem Weggang einfach gekappt zu haben. Nach dem Abitur absolviert Kurt Lüdecke ein dreimonatiges Praktikum bei einer Hamburger Exportfirma, was bei ihm den Wunsch reifen lässt, den Kaufmannsberuf anzustreben. Er meldet sich zum freiwilligen einjährigen Militärdienst beim 2. Infanterieregiment in München, weil er einen Schulkameraden treffen will, der ein Studium in der bayerischen Hauptstadt begonnen hat. Der Armeedienst wird zum Fiasko: Kurt gerät mit seinen Vorgesetzten über Kreuz, wegen unerlaubten Ausgangs mit einer Frau erhält der Rekrut drei Tage Arrest. Die strengen Hierarchien, der unbedingte Gehorsam, der ständige Drill, das ist nichts für den freiheitsliebenden, gegen Autoritäten allergischen jungen Soldaten. Das Jahr beim Militär endet ohne die sonst üblichen Beförderungen, »ein tiefer Hass gegen Feldwebel«, so Lüdecke, bleibt ihm eingebrannt.

Wohl als Gegenprogramm gegen die Enge des Kasernenhofs flüchtet der 19-Jährige in die große weite Welt. Sein erstes Ziel heißt London. »Die beschwingte Liberalität war eine Offenbarung für mich«, so Lüdecke, »der englische Gentleman erschien runder in Bezug auf Wissen, Charakter und Voraussicht als sein deutsches Gegenstück.«[3] Er arbeitet einige Monate als Kaufmannslehrling bei einer Baumwollfirma, genießt ansonsten den Tag und langweilt sich zugleich. Doch dagegen weiß Kurt Lüdecke ein probates Gegenmittel: Er bricht seine Zelte einfach ab und reist weiter – diesmal nach Paris. Das Leben in solchen Städten kostet Geld, seine Jobs bringen kaum genug, da stürzt sich Lüdecke in eine neue Leidenschaft: das Glücksspiel. »Mit konstanter Gleichmäßigkeit« gewinnt der Jüngling an den Bakkarat- und

Roulettetischen, seine Reisekasse bessert sich enorm auf. Er wird Stammgast in den Kasinos von Deauville, Biarritz und Monte Carlo, kann sich Reisen nach Italien, Ägypten und Indien leisten. Doch ob dazu allein die Spielgewinne reichen, bleibt zweifelhaft. Denn das Glück ist bekanntlich ein unzuverlässiger Geselle und lässt sich nicht im Voraus planen – vor allem dann nicht, wenn man auf ein regelmäßiges Einkommen für seinen extravaganten Lebensstil angewiesen ist. Vielmehr scheint Lüdecke schon früh sein gutes Aussehen und seinen Charme bewusst zu seinem eigenen finanziellen Vorteil einzusetzen: Er beginnt Affären mit wohlhabenden Frauen, lässt sich offensichtlich von ihnen aushalten und sich reichlich Geld zustecken. Seine Playboy-Existenz jener Zeit schildert Lüdecke im Nachhinein so: »Das Leben war angenehm – am Ende viel zu angenehm. Ich trug Kleidung aus London, mein eigener Chauffeur saß am Steuer meines großen Autos, ich hatte mehr Geld, sodass ich nicht mehr wusste, wohin damit. Und ich hatte Dolores, die vielleicht einzig echte Person in meiner seichten Welt. Sie war die Frau eines anderen Mannes, aber wir lebten zusammen. Außer bei Dolores war mein zielloses und nutzloses Leben zur Routine geworden. Jeden Tag des Jahres konnte ein Mann eine Gräfin küssen, einem Großherzog die Hand schütteln, Cocktails mit einem amerikanischen Millionär trinken; die einzigen Requisiten dafür waren ein sauberes Gesicht, ein Dinnerjacket und ein bisschen Kleingeld in der Tasche. Wiederhole dieses Rezept an 365 Tagen im Jahr und du hast ein langweiliges Jahr hinter dich gebracht.«[4]

Ein bisschen gleicht Lüdeckes erfolgreiches Durchlavieren auf Kosten anderer Thomas Manns Romanhelden Felix Krull, dem Hochstapler. Immer freundlich und verbindlich, mit dem süßen Heiratsschwindler-Charme auf der Jagd nach vermögenden Frauen, die das eigene Leben finanzieren. Als galante Gegenleistung bietet der Herr kurzweilige Zerstreuung – und Sex. Doch Lüdecke belässt es nicht bei Fraueneroberungen. Er widmet sich einem anderen lukrativen Hobby: Sex mit Männern.

Seine Kontakte mit dem männlichen Geschlecht beruhen offenbar nicht auf einer eindeutigen sexuellen Prägung – er unterhält regelmäßig Beziehungen zu Frauen. Vielmehr verfolgt Lüdecke damit ganz profane finanzielle Interessen – durch Erpressung. Das bringen die Unterlagen der Staatsanwaltschaft beim Königlichen Landgericht II in Berlin ans Tageslicht. Die Behörde erhält im Januar 1911 eine Anzeige und ermittelt daraufhin wegen »Erpressungen auf homosexueller Grundlage«. Lüdecke sei in »homosexuellen Kreisen« dafür berüchtigt, sich reiche Partner zu suchen und sie nach vollzogenem Geschlechtsverkehr zu Zahlungen zu nötigen, so die Staatsanwaltschaft.[5] Die Ermittler bekommen den Beschuldigten nicht zu fassen, der setzt sich rechtzeitig aus Berlin ab. Lüdecke nutzt mit seinen Erpressungen raffiniert die Gesetzeslage aus: Homosexualität steht in Deutschland wie in den meisten anderen Ländern unter Strafe, zudem wäre das Enttarnen und Öffentlichmachen einer homosexuellen Beziehung für Männer aus höheren Schichten ruinös. Das Thema gilt zu jener Zeit als Tabu, den Betroffenen droht die gesellschaftliche Ächtung. Deshalb ist es nachvollziehbar, dass die Opfer in ihrer Not lieber zahlen als einen Skandal und Gefängnis zu riskieren. Lüdecke garantiert seine Methode eine schmutzige, aber reichlich sprudelnde Geldquelle.

Die vielfältigen sexuellen Neigungen des Gigolos aus Berlin bleiben auch Hitlers Vasallen nicht verborgen. Ernst Hanfstaengl, einer der frühen Vertrauten des NS-Führers in München, beschimpft noch Jahre später »jeden, der es wagen sollte, für dieses Drecksubjekt einzutreten«, als »Strichjungenbeschützer«.[6] Er sammelt gegen die ungeliebte Person Material, das er dem Auswärtigen Amt vorlegt mit dem schriftlichen Hinweis, Lüdecke »soll auch mit anderen Männern intime Beziehungen unterhalten und dafür Zuwendungen empfangen haben«[7]; jedoch führt dieses Anschwärzen bei der Obrigkeit zu keinerlei Gerichtsverfahren. Und Hitler-Freund Dietrich Eckart sagt über Lüdecke, dass dieser »sich so skrupellos vordränge« und »schon auf sechs Schritt nach Parfum stinke, dazu noch wie der ärgste Dandy aussehe« und sich deshalb anschicke, die NSDAP »in den Grund und Boden hinein zu kompromittieren«.[8]

Doch der Gescholtene lässt sich davon nicht beirren. Auch von Hitler ist nichts Negatives über Lüdeckes Männerabenteuer zu hören. Zumal Lüdecke sich immer wieder mit wohlhabenden Frauen wie Dolores zeigt. Seine Reiselust in Länder wie Amerika, Frankreich und England ist ungebrochen. Seine nächste Eroberung unterwegs ist die Kubanerin Rosita Mapleson, Ehefrau des früheren Adjutanten des Herzogs von Marlborough. Die begüterte Dame erlaubt Lüdecke vergnügliche Trips an die schönen Flecken Europas. Der Ausbruch des Ersten Weltkriegs macht seinem unbeschwerten Dasein ein Ende – vorläufig. Der Lebemann wird nach Lahr in Baden zum Kriegsdienst eingezogen. Dort rennt Lüdecke wieder gegen die Autoritäten und den strengen Geist der Disziplin an, der so ziemlich das Gegenteil von seinem gewohnten Leben ist. Die Konsequenz: Er wandert für 14 Tage ins Gefängnis. Kaum dass Lüdecke wieder frische Luft atmet, versucht er sich der Abkommandierung an die Front zu entziehen. Zuerst verhindert eine Operation wegen seines Überbeins am linken Fuß den Transport zur kämpfenden Truppe. Kaum genesen, lässt er sich wieder untersuchen. Diesmal gibt er nervliche Probleme vor. In der Arztpraxis bricht er publikumswirksam mit einem hysterischen Anfall zusammen. Sein Auftritt wirkt: Lüdecke wird in ein Sanatorium für Geisteskranke gesteckt; es dauert Wochen um Wochen, ohne dass der Arzt ihn als geheilt zurückschickt. Am Ende erreicht Lüdecke sein Ziel: Die Armee entlässt ihn im Mai 1917 als dauernd dienstunbrauchbar aus dem Heer.

Seine Fremdsprachen und die Auslandskenntnisse verschaffen ihm prompt einen Job als Einkaufskommissionär bei AEG in Berlin. Seine Tätigkeit bringt ihn nicht nur nach Kopenhagen, Amsterdam und Zürich, sondern erlaubt ihm erstmals auch einen tieferen Einblick in die Mechanismen des internationalen Handels – eine Praxis, von der er fortan zehrt. Schon bald treibt es Lüdecke mit verrückten Geschäftsideen hinaus in die weite Welt. Er versucht sich als Gründer einer Schifffahrtslinie mit deutschen Frachtern unter ausländischer Flagge – und scheitert schon im Ansatz. In Argentinien probiert er sein Glück als Vertreter von deutschen Flugzeugen für Südamerika. Doch die Maschinen aus Übersee treffen nie ein. In Mexiko will Lüdecke eine Fremdenlegion gründen – aber ohne Erfolg. Zumindest schafft er es dort, die mexikanische Staatsbürgerschaft und damit zusätzlich einen mexikanischen Pass zu erwerben.

Im Juni 1920 reist Lüdecke zurück in seine Heimat Berlin. Dort kann er bei der Luftverkehrsgesellschaft in einem Vergleich für seine Verkaufsbemühungen den Betrag von 150 000 Mark herausschlagen. Noch mehr Erfolg bringt ihm seine nächste Arbeit als Handelsreisender für die Gummifabrik Peters Union aus Frankfurt am Main. Er verkauft Reifen im Baltikum und in Reval. Als Reingewinn bleiben bei Lüdecke 500 000 Mark hängen, wovon er 350 000 Mark bei der Schweizerischen Creditanstalt in Zürich in US-Dollars anlegt.[9] Als Weltenbummler denkt Lüdecke gar nicht daran, all sein Geld nach Deutschland zu transferieren, sondern er verteilt sein Vermögen auf mehrere Konten im Ausland. Diese Vorsicht in Bankdingen sollte sich schon bald auszahlen – als nämlich 1922/1923 die Inflation in Deutschland die heimischen Banknoten zu Altpapier verwandelt. Je mehr sich die Geldentwertung durchfrisst, desto mehr zählen umgerechnet die Devisen – da reichen schon ein paar Schweizer Franken oder Dollars für eine Woche Luxusleben in Deutschland. Und Lüdecke kann aus dem Vollen schöpfen: Im April 1922 disponiert er allein auf seinem Münchner Konto der Dresdner Bank über den Betrag von 1400 Dollar, das sind in deutscher Inflationswährung Millionen von Mark. Und jeden Tag werden die US-Noten wertvoller.

Im Mai 1921 landet Lüdecke in München, regelmäßig unterbrochen von Geschäfts- und Lustreisen. Er versucht sich als Galerist mit einer »Ausstellung deutscher Bilder in New York«, nimmt deswegen im September ein Schiff nach Amerika. Die Ausstellung floppt wirtschaftlich, der Verkauf einiger Kupferstiche und alter Decken deckt zumindest die Unkosten. Aber Lüdecke kann in New York bei einem Detektivbüro mitarbeiten, das im Auftrag des Automoguls Henry Ford antisemitische Kampagnen steuert. Der angenehme Nebeneffekt: Für diese Schmutzpropaganda stellt der Industrielle Unsummen zur Verfügung, auf die Undercover-Mitarbeiter üppig zugreifen können – was Lüdecke auch tut.[10] Als er nach München zurückkehrt, nimmt er ein Ford-Porträt als Andenken mit, das er Hitler später für dessen Büro schenkt.

Als neuer Bewunderer des NSDAP-Führers macht sich Lüdecke mit den Tätigkeiten nützlich, die er am besten beherrscht: Kontakte anzubahnen und die Partner um Geld zu erleichtern. Für die Bayern-zentrierte Nazi-Partei wirkt die Idee geradezu revolutionär, die Fühler nach Italien auszustrecken und den Aufsteiger Benito Mussolini aufzusuchen. Und vielleicht sind bei den dortigen Faschisten Devisen loszueisen. Trotz seiner Ergebenheit für Hitler holt sich Lüdecke als Rückendeckung die Zusage des Generals Erich Ludendorff, dessen berühmten Namen als Referenz und Türöffner nutzen zu dürfen.

Lüdecke reist nach Mailand, meldet sich telefonisch bei Mussolini an mit dem Hinweis, er bringe »eine wichtige Botschaft von wichtigen Leuten«. Der empfängt ihn um drei Uhr nachmittags im Gebäude der von ihm gegründeten Zeitung »Popolo d'Italia«. Als Lüdecke in den imposanten Redaktionsräumen eintrifft, wird er von einem Assistenten im schwarzen Hemd abgeholt und in den zweiten Stock geleitet; ein weiteres Schwarzhemd bringt ihn in das riesige Büro des Duce. Das gesamte Ambiente kontrastiert grell zum bescheidenen Parteilokal der Nazis in München. Lüdecke hat noch keine Vorstellung, wer ihn erwartet, da er bisher noch kein Bild des Faschistenführers gesehen hat. Mussolini erweist sich als ein Mann mit massigem Körper, wuchtigem Schädel und »mächtigen, beinahe erschreckenden Augen«, wie der Besucher registriert, mit umfassender Bildung, Französisch und etwas Deutsch sprechend. Lüdecke fallen die schmalen und sanften Hände des Italieners auf, dessen abgekaute Fingernägel, sein schäbiger dunkler Anzug und sein zerknittertes Hemd. Beim Gespräch zeigt sich, wie klug der Joker Ludendorff ist: Mussolini kennt den Weltkriegsgeneral, nicht aber Hitler. Lüdecke berichtet von der Nazi-Bewegung, der Duce fordert bei dieser Gelegenheit, dass Südtirol mit seiner Bevölkerung von etwa 150 000 Deutschen unwiderruflich ein Teil Italiens bleiben müsse. Denn seit 1919 ist dieser Landstrich nicht länger österreichisches Staatsgebiet. Über Geld wagt der deutsche Emissär noch nicht zu sprechen – denn wer will eine Partei finanziell unterstützen, deren Vorsitzender völlig unbekannt ist?

Zurück in München, berichtet Lüdecke seinem Parteivorsitzenden von der Reise. Er macht Hitler eine weitere Zusammenarbeit mit den italienischen Faschisten schmackhaft, der in Deutschland völlig unbekannte Mussolini sei das italienische Spiegelbild des NS-Diktators: ein einsamer Mensch, von seiner großen Mission überzeugt, ein Kriegsveteran, ein glänzender Redner, ein Feind der Demokratie, des Marxismus und des Parlamentarismus, ein Führer, ein Duce – genau wie Hitler. Und Mussolini verfügt über eine schlagkräftige Truppe von Schwarzhemden, ähnlich der SA-Braunhemden, die der Faschistenführer gegen die Regierung in Rom einsetzen will. Hitler ist von der Idee einer Allianz mit italienischen Gesinnungsgenossen angetan, noch mehr nach Mussolinis »Marsch auf Rom« Ende Oktober 1922, der den Beginn der Schwarzhemden-Diktatur in Italien einläutet und den Unbekannten in eine europäische Berühmtheit verwandelt.

Mussolini sieht die Unruhen während des sozialistischen Generalstreiks als seine Chance: Er nutzt die Angst vor einem Bürgerkrieg und kündigt mit seinen Faschistentruppen seinen Marsch auf Rom an, um die Regierung zu stürzen. König Viktor Emanuel III. beruft ihn daraufhin gegen den Willen des Parlaments zum Ministerpräsidenten. Mussolini sichert seiner faschistischen Partei zielstrebig die Macht, besiegelt wird die Diktatur im April 1924, als ein neues Wahlgesetz seinen Anhängern eine Zweidrittelmehrheit im Parlament verschafft. Auf diese Weise hat der italienische Rechtsradikale das vollbracht, wofür Hitler noch neun Jahre brauchen sollte: die Etablierung einer umfassenden rechten Herrschaft. Damit geht der lange Weg zur Macht für Mussolini, den Sohn eines Schmiedes aus einem Provinznest in der Emilia-Romagna, zu Ende. Nach der Ausbildung als Grundschullehrer schließt sich Mussolini 1901 der sozialistischen Partei Italiens (PSI) an. Er flüchtet ein Jahr später vor dem Wehrdienst in die Schweiz, geht aber nach einer Amnestie zurück und leistet seine Militärzeit ab. Seine Parteiarbeit für die PSI, sein Chefredakteursjob bei der linken Zeitung »Avanti« und seine Propagandatätigkeit bringen ihm bis 1915 über ein Dutzend Gefängnisaufenthalte ein. Mussolini schwenkt von den Kriegsgegnern zu den Kriegsbefürwortern ein, bricht mit den Sozialisten und gründet mit Gesinnungsgenossen die faschistische Bewegung, die 1921 zur Nationalfaschistischen Partei PNF wird.

Hitler bewundert den Erfolg des Duce mit dessen Staatsstreich im Oktober 1922 – zu einer Zeit, als er von solchen Großtaten noch träumt und seine NSDAP nur eine von vielen rechten Gruppierungen ist. Fast genau ein Jahr später, am 8./9. November 1923, versucht Hitler den Sieg des Duce nachzuahmen und plant einen Marsch auf Berlin. Der Putsch scheitert aber bereits in der ersten Phase an der Feldherrnhalle in München im Gewehrfeuer der Polizei. Nach der NS-Machtübernahme trifft sich der braune Reichskanzler 1933 das erste Mal persönlich mit Mussolini in Venedig. Beide bekräftigen ihre Freundschaft später mit der »Achse Rom–Berlin« und als Waffenbrüder im Zweiten Weltkrieg. Hitler hält dem italienischen Diktator zeit seines Lebens die Treue. Als der Duce 1943 abgesetzt und verhaftet wird, lässt Hitler ihn von deutschen Spezialtruppen aus seinem Gefängnis Gran Sasso in den Abruzzen befreien; mit Hilfe der Wehrmacht kann Mussolini eine faschistische Gegenregierung in der Stadt Saló am Gardasee ausrufen. Aber der Duce kann sich in seiner Enklave nicht lange halten: Am 28. April 1945 wird er mit seiner Geliebten Clara Petacci von italienischen Widerstandskämpfern erschossen.

Lüdecke und Hitler ist in jenen Herbsttagen 1922 nach Mussolinis triumpha-

Adolf Hitler mit Kurt Lüdecke

ler Machtergreifung klar, dass Italien der einzige Staat mit ähnlichen völkischen politischen Zielen ist und deshalb als vorrangiger ausländischer Partner in Frage kommt. Das einzige Problem, Südtirol mit seiner Deutsch sprechenden Bevölkerung, löst der NS-Führer ebenfalls noch im Herbst 1922: Er signalisiert seine Bereitschaft, für ein Bündnis mit Italien Südtirol politisch aufzugeben. Zwei Jahre später schreibt Hitler in »Mein Kampf« die Doktrin endgültig fest, »dass die deutschen Interessen verlorener Gebiete rücksichtslos zurückgestellt werden müssen gegenüber dem einzigen Interesse der Wiedergewinnung der Freiheit des Hauptgebietes«.[11] Daran hält sich der Diktator nach seiner Machtergreifung 1933.

Hitler drängt Lüdecke schon Ende 1922 zu weiteren Kontakten: »Ihre wertvollste Arbeit liegt in Italien noch vor Ihnen. Sie wissen, wie die Dinge bei uns stehen. Werden Sie sofort nach Rom fahren?« Lüdecke soll die Nazis als die besten Freunde des Duce etablieren, das Desinteresse der Partei an Südtirol übermitteln »und am Ende, falls möglich, Geld bekommen«.[12] Nochmals feuert ihn Hitler bei diesem wichtigen Punkt an: »Fetzen Sie aus Mussolini heraus, was Sie können!«[13]

Wegen Lüdeckes anderer Auslandsaufenthalte verzögert sich der zweite Trip nach Mailand bis Ende August 1923. Da er um die Macht schriftlicher Dokumente weiß, lässt er sich für seine Reise eine Art NS-Diplomatenausweis ausstellen, mit Passfoto und dem Briefkopf des »Völkischen Beobachters«. Die »Legitimation« vom 21. August 1923 hat folgenden Wortlaut: »Herr Curt Luedecke, geboren am 5. Februar 1890 zu Berlin, wird hierdurch mit der Vertretung der National-Sozialistischen Deutschen Arbeiterpartei im Königreich Italien beauftragt. Wir bitten den Herrn Luedecke in dieser Eigenschaft anzuerkennen und ihm jederzeit Unterstützung zu gewähren. Diese Vollmacht gilt vorläufig bis einschließlich 31. Dezember 1923.«[14] Hitler persönlich besiegelt das Dokument mit seiner Unterschrift. Mit dieser Autorisierung im Gepäck marschiert Lüdecke wieder in die Redaktionsräume der »Popolo d'Italia«. Dort empfängt ihn der neue Chefredakteur Arnaldo Mussolini, der Bruder des frisch gekürten Ministerpräsidenten. Der Duce wird erst am nächsten Tag in Mailand zurück erwartet, Lüdecke soll sich um drei Uhr wieder einfinden. Pünktlich trifft Benito Mussolini ein, diesmal im akkurat sitzenden Anzug, mit sauberen, gepflegten Händen, »ein Bild von Gesundheit, gebräunt und mit Energie aufgeladen«, notiert Lüdecke. Der Duce erkennt den Besucher sofort wieder, wechselt mit ihm einige freundliche Worte auf Deutsch, liest aufmerksam Hitlers Legitimationsschreiben. Sie verabreden ein Gespräch im Zug am selben Abend, wenn der Ministerpräsident wieder nach Rom zurückfährt. Erst um vier Uhr morgens findet der Faschistenführer Zeit für seinen Gast. Lüdecke skizziert kurz die Spannungen zwischen den Münchner Nationalisten und Berlin, wirbt um Sympathie für die Bewegung – und vereinbart weitere Kontakte. Der Duce schickt seinen Außenminister Baron Russo zu dem deutschen Nazi-Abgesandten in Rom. Lüdecke schildert Hitlers Absichten und wünscht finanzielle Zuwendungen, auch wenn Russo erklärt, Mussolini könne die bayerische Oppositionspartei nicht »offiziell« unterstützen. Doch das ist dem Nazi-Botschafter egal, Hauptsache, »die Saat geht auf«.[15] Als besondere Geste des Duce erhält er eine Einladung zum ersten Empfang Mussolinis für den König. Lüdecke genießt dieses diplomatische Parkett offensichtlich. Er belässt es nicht bei diskreten Versuchen, Geld einzusammeln, sondern präsentiert sich den italienischen Medien als außenpolitischer Sprecher der NSDAP. Mit großen Sprüchen verschafft er sich Aufmerksamkeit in den Medien: »Idea Nazionale«, »Corriere d'Italia« drucken Artikel über ihn, »Avanti« und »L'Epoca« räumen sogar Platz auf der ersten Seite für Berichte über den Nazi-Vertreter frei.

Lüdeckes erste Kontakte zu den Faschisten im Süden tragen für Hitler in den Folgejahren reichlich Früchte – auch finanziell: »An italienischen Geldzuwendungen hat es seit Mussolinis Marsch auf Rom nicht gefehlt.«[16] Die genauen Summen lassen sich heute nicht mehr ermitteln. Jedoch bestätigen eine Reihe von Zeugen unabhängig voneinander den Zahlungsfluss. Die »Münchner Post« und der »Bayerische Kurier« berichten von den Geldzahlungen, die Rede ist von 50000 Goldmark.[17] Hitler strengt Ende der zwanziger Jahre deswegen Beleidigungsklagen an, die er in der ersten Instanz gewinnt. Doch alle Gerichtsakten, die dieses Thema behandeln, werden zwischen 1933 und 1934 aus dem Münchner Gericht entfernt.[18]

Mussolini selbst lässt gleich nach der Machtübernahme im November 1922 einen Bericht anfertigen »über die Möglichkeiten von Aktionen extrem rechter Elemente in Bayern«[19] – ein Erfolg von Lüdeckes Besuch. Adolfo Tedaldi, der Autor des Reports, weist auf den Bedarf der bayerischen Nationalisten nach Unterstützung hin. Wegen der ungelösten Südtirol-Frage gäbe es »Gefahren, die Italien erwachsen würden, wenn die bayerische Abspaltung nicht unter unserer Kontrolle, sondern unter der einer anderen Macht erfolgte«. Nur eine Gruppierung bezieht eindeutig zu Gunsten der italienischen Südtirol-Politik Stellung: die NSDAP. Deshalb ist es für Mussolini nur konsequent und vernünftig, die Rechtspartei zu fördern, die seinen Interessen am besten dient. Dabei achtet der Duce strikt darauf, seine Hilfe nicht öffentlich zu machen. Als beispielsweise in einem Prozess in Rom gegen einen Beamten wegen Unterschlagung verhandelt wird, kommt heraus, dass die fehlenden Gelder für Hitler bestimmt waren. Daraufhin wird das Verfahren unter Ausschluss der Öffentlichkeit fortgeführt.[20]

André François-Poncet, in den dreißiger Jahren Botschafter Frankreichs in Deutschland und Kenner der internationalen Diplomatie, schreibt in seinen Memoiren, dass die Nazis Geld von den italienischen Schwarzhemden einstrichen. Auch der SS-General Karl Wolff, Chef des persönlichen Stabs von Heinrich Himmler und höchster Polizeiführer in Italien, bestätigt, dass die Nationalsozialisten vor ihrer Machtübernahme Finanzmittel von Mussolini kassierten.[21] Und der preußische Ministerpräsident Otto Braun erklärt im Rückblick über die italienische finanzielle Wahlhilfe für die Nazis, die er auf 18 Millionen Mark beziffert: »Hitler erhält enorme Beträge aus Italien. Sie gelangen über eine Schweizer Bank nach München.«[22]

Lüdeckes Saat ist tatsächlich aufgegangen. War er bei seinem ersten Mussolini-Besuch noch für die Öffentlichkeit inkognito, so sorgt sein zelebrierter zweiter Aufenthalt im Herbst 1923 für einige Unruhe bei den Diplomaten. Denn der Nazi-Vertreter glaubt, den offiziellen Vertretern einen Besuch abstatten zu müssen, quasi von Diplomat zu Diplomat. Friedrich von Prittwitz von der deutschen Botschaft in Rom berichtet am 22. September 1923 an das Auswärtige Amt: »Herr Lüdecke hat mich persönlich aufgesucht und bei seinem Besuch ausgeführt, dass seine Freunde in der Südtiroler Frage jeden Konflikt zu vermeiden wünschten. Als ich ihm darauf erwiderte, dass dies wohl eine der wenigen Fragen sei, in denen ich mit seinen Ansichten harmonieren könne, trug mir dies einen längeren Vortrag über die Verjudung der Welt ein. Als Herr Lüdecke seine Tirade geendet und mit Grandezza mein

Zimmer verlassen hatte, kehrte er nach einigen Minuten zurück, um auf seiner Visitenkarte die zweite Zeile durchzustreichen! Ich wäre dankbar, wenn ich gelegentlich über die Persönlichkeit des Herrn Lüdecke unterrichtet werden könnte und insbesondere darüber, ob er etwa mit einem gewissen Lüdecke identisch ist, der während des Krieges in der Schweiz angeblich als polnischer Agent tätig gewesen ist.«[23] Das Außenministerium schreibt am 28. November 1923 an das Auswärtige Amt:»Nach Pressemeldungen soll sich in Rom ein Nationalsozialist namens Lüdecke aufhalten, der die Aufgabe haben soll, die Verbindung zwischen den deutschen Nationalsozialisten und den italienischen Faschisten aufrechtzuerhalten. In einigen Nachrichten wird Lüdecke großspurig als ›Gesandter Hitlers bei Mussolini‹ bezeichnet. Da zu besorgen ist, dass Lüdecke in Rom nicht nur eine lächerliche Rolle spielt, sondern auch eine den deutschen Interessen abträgliche Tätigkeit entfaltet, beehre ich mich die Aufmerksamkeit des Auswärtigen Amtes auf diese Persönlichkeit zu lenken und um eine gefällige Prüfung der Frage zu bitten, ob es nicht angezeigt und möglich ist, auf einem hierfür geeignet erscheinenden Wege die Entfernung Lüdeckes aus Italien zu betreiben.«[24]

Viel Wirbel um ein einzelnes Parteimitglied einer rechtsradikalen Splitterpartei aus München. Die hektische Diplomatie hinter den Kulissen führt zu keinen Aktionen. Denn bis die amtlichen Stellen reagieren, ist Lüdecke schon wieder zu seiner nächsten Geldbeschaffungsmission ins Ausland aufgebrochen. Das zeigt auch, wie wenig die Behörden letztlich über diese Person wissen. Der Spionageverdacht jedoch berührt ein Thema, das den Deutschen sein Leben lang begleitet: Ist Lüdecke womöglich ein Spitzel, ein Agent?

Sein auffälliges Auftreten, seine regelmäßigen Auslandsaufenthalte, seine ständigen Kontakte zu Personen aus Drittländern erregen früh die Aufmerksamkeit und das Misstrauen seiner Umgebung. Wer so fließend Französisch parliert, Bankkonten in der Schweiz unterhält, einen mexikanischen Pass besitzt und sich mit seinen internationalen Freunden brüstet, der kann gar nicht vertrauenswürdig sein – zumindest nicht in den Augen einiger Deutscher, die über die eigenen Landesgrenzen nicht hinausgekommen sind und nach dem verlorenen Ersten Weltkrieg die ausländischen Staaten sowieso als Feinde sehen. Auch trägt Lüdecke selbst mit seiner großspurigen Präsenz zu solchem Verdacht bei: Er benutzt mehrfach seinen Namen in verschiedenen Variationen, mit den Schreibweisen Kurt und Curt, Luedecke oder Ludecke oder gibt sich als adeliger »Major von Lüdecke« aus. Ihn ereilt überdies das Schicksal, dass er deswegen schon früh den Behörden ins Gehege kommt, damit aktenkundig wird.

Bereits 1914 bei Ausbruch des Krieges wird er wegen Spionageverdachts an seinem Standort in Lahr in Baden verhaftet. Anlass ist der Besuch seiner ausländischen Freundin am Ort und ein Telegramm mit Liebesgrüßen, das Lüdecke ihr auf Englisch schickt. Das erregt sofort Aufsehen. Die Armee steckt den verdächtigen Soldaten ins Gefängnis. Aber nach einigen Wochen wird er wieder freigelassen, das Verfahren mangels Beweisen eingestellt.

Das neue NSDAP-Mitglied Lüdecke stößt bei Hitlers Vasallen sofort auf Ablehnung. Neid und Eifersucht schwingen da mit, weil es der Neuankömmling in wenigen Tagen schafft, sich das Vertrauen des NS-Führers zu erarbeiten und einen Platz im innersten Zirkel zu sichern. Ganz so vertrauensselig ist Hitler jedoch nicht. Er erhält von verschiedenen Seiten Warnungen über den angeblich windigen Gesellen, der womöglich eine Wanze im Pelz der Partei ist, angesetzt, um die Nationalsozialisten auszukundschaften. Vor allem Lüdeckes großzügige Geldspenden in Devisen für die Partei und für Hitler stoßen einigen Parteigenossen sauer auf. Als der NS-Diktator von Max Amann, dem Geschäftsführer des »Völkischen Beobachters«, verlangt, neue Propaganda-Handzettel zu verteilen, lehnt dieser ab – die Kasse sei leer. Da springt Lüdecke ein und zieht drei französische Hundert-Francs-Scheine aus der Tasche und legt sie Amann auf den Tisch. Damit sind die Druckkosten gedeckt.

Doch was als Hilfe gedacht ist, entpuppt sich als Fehler. Amann bedankt sich für das Geld – und erstattet Anzeige bei der Polizei gegen den verhassten Parteigenossen. Er sagt vor der Polizei aus:

»Einmal kam ein gewisser Herr Luedecke zu mir in die Geschäftsstelle, Corneliusstraße, und gab mir neben deutschem Geld auch französische Banknoten. Ich habe mir daraufhin das Geld deponiert, über die mit Luedecke geführten Gespräche Aufzeichnungen gemacht und später den Luedecke der Polizei übergeben, da ich ihn für einen französischen Spitzel hielt.«[25] Ein netter Freund. Amann begründet seinen Verrat mit bloßen Verdächtigungen: Lüdecke »ist ein ganz gerissener, mit allen Hunden gehetzter Hochstapler, der sicher schon alle möglichen Lumpereien auf dem Kerbholz hat. Seine Weltgewandtheit und sein selbstbewusstes Auftreten besagen mir, dass er, wenn er – was meine Überzeugung ist – als Spitzel in unsere Bewegung hineingesetzt worden ist, hierfür jedenfalls von seinen Auftraggebern sehr gut bezahlt wird.«[26]

Am 27. Januar 1923 verhaftet die Polizei Lüdecke wegen des Verdachts des Landesverrats in seiner Wohnung im vierten Stock in der Franz-Josef-Straße 30 in Schwabing. Bei der Durchsuchung entdecken die Beamten mehrere Handgranaten, die sie aber unbeachtet lassen. Stattdessen beschlagnahmen sie Lüdeckes goldenen Ring mit einem Onyxsiegel, in das ein Hakenkreuz und seine Initialen eingraviert sind. Der Verhaftete wird mehrere Wochen ins Gefängnis gesteckt, eine offizielle Anklage jedoch vorerst nicht erhoben. Mittlerweile macht der Vorgang in der Presse Schlagzeilen, die Zeitungen vermuten in Lüdecke einen französischen Spion. Er hat das Pech, dass tatsächlich eine Person gleichen Namens existiert, die in späteren Jahren als Kundschafter des britischen Geheimdienstes identifiziert wird. Vor allem interessiert die Staatsanwaltschaft »das Geheimnis über mein Geld«, erinnert sich Lüdecke: »Deutsches Geld mag Schwindel erregend gewesen sein, aber französisches Geld war in ihren Augen leprös. Sie bombardierten mich mit Fragen: Wie hatte ich mein Geld verdient? Wo waren meine Bankkonten? Warum waren sie im Ausland? Warum hatte ich den Nazis französische Francs gegeben?«[27] Schließlich lässt Hitler seine Beziehungen zur Polizeibehörde spielen und erreicht, dass der Parteigenosse ohne Verfahren oder Anklage freigelassen wird. Der Kriminalbeamte gibt Lüdecke zum Abschied einen Rat: »Sie müssen sich in Zukunft mehr in Acht nehmen, Ihre guten Motive sind für Ihre Feinde – innerhalb und außerhalb der Partei – nicht so offensichtlich, wie Sie glauben. Niemand erwartet oder glaubt eine solche Großzügigkeit.«[28] Lüdecke nimmt die Warnung nicht ernst – dafür sollte er in späteren Jahren nochmals in Schwierigkeiten kommen.

Für die Öffentlichkeit ist die Freilassung eine Sensation: »Es wird wohl notwendig sein«, schreibt die »Münchener Zeitung«, »dass die zuständige Behörde zu dem überraschenden Ausgang dieser Sache noch eine nähere Aufklärung gibt, namentlich in der Richtung, wie es möglich war, dass der Mann in einen so schweren Verdacht geraten konnte, der sich nachher als vollständig haltlos erweist.«[29] Doch die Aufklärung bleibt aus. Daran zeigt vor allem Hitler kein Interesse. Denn der NS-Führer hat sich von der Lüdecke-Hysterie seiner Kumpane anstecken lassen: Er billigt die Anzeige Amanns und sieht dem Treiben eine Zeit lang tatenlos zu. Mehr noch: Gegenüber der Polizei gibt Hitler an, ein potenzieller Spitzel Lüdecke bedeute »bei seiner unzweifelhaft großen Kenntnis wichtigster innerer Angelegenheiten, besonders Bayerns, eine in meinen Augen geradezu enorme Gefahr. Eine Inhaftsetzung ohne wenigstens auf längere Zeit garantierte Unschädlichmachung halte ich unter Umständen für ein schweres Verhängnis.«[30] Nachdem der Betroffene im Gefängnis geschmort hat, lässt ihn der NS-Diktator aber nicht fallen, wie von Teilen der Entourage gefordert, sondern genehmigt im Gegenteil den Abdruck eines Artikels von Lüdecke im »Völkischen Beobachter«, in dem sich der Nicht-Agent reinwaschen und als vorbildlicher Parteigenosse darstellen darf. Es werden auch niemals Belege für eine Spionagetätigkeit gefunden. Ein Nachgeschmack bleibt aber, vielleicht deswegen, weil Lüdecke unverhohlen neugierig andere Menschen ausfragt, was die als Spitzeldienst auffassen. Möglicherweise hat er für den NSDAP-Chef neben der Geldbeschaffung tatsächlich Freunde und Gegner ausgeforscht. Hitler jedenfalls schwärmt noch Jahre später von den einschlägigen Fähigkeiten Lüdeckes im Ausland: »Das wäre ein Vertreter gewesen für obskure Gegenden: Iran, Irak! Das wäre der richtige Mann gewesen, der hätte alles abgeschnuppert.«[31]

Hitler hält trotz aller Gerüchte weiterhin an dem Parteigenossen fest. Aus gutem Grund: Lüdecke pumpt aus seinem eigenen Vermögen erhebliche Summen in die Partei, gibt dem NS-Diktator privat Geld, lädt ihn zu Abendessen in die Edelrestaurants »Walterspiel« und »Boettner«. Insgesamt 130 000 Mark stiftet er im Laufe der Zeit der Parteikasse, wie die Polizei feststellt.[32]
Vor allem aber leistet sich Lüdecke neben seiner Leidenschaft für maßgeschneiderte Anzüge, teure Zigarren und gute Weine ein weit kostspieligeres Hobby: Er unterhält eine eigene SA-Abteilung. Dafür wendet er nochmals 100 000 Mark auf. Das beeindruckt Hitler. Denn der NS-Führer sieht in eigenen paramilitärischen Truppen einen wichtigen Machtfaktor für den Aufbau der Partei. Entsprechend emsig arbeitet er am Aufbau dieser Privatarmee. Doch das verschlingt Unsummen. Deshalb ist jeder Sponsor, der die Parteikasse entlastet, hochwillkommen. Lüdecke macht sich mit Begeisterung ans Werk. Er beauftragt zwei jüdische Händler auf dem Schwarzmarkt unbeschädigte Uniformteile, Koppeln und Waffen zu besorgen. Er engagiert zwei ehemalige Offiziere als Kompanieführer, mietet Extraräume als Treffpunkt an, richtet sich mit Ludwig, seinem Assistenten und Butler, wohnlich darin ein. Und als extravaganten Farbtupfer bestellt der Sponsor ein Hakenkreuz-Banner aus reiner Seide. Ludwig kocht für die meist arbeitslosen Freiwilligen, die sich am Ende auf eine Truppe von rund 100 Mann summieren. Eines Abends besucht Hitler seinen Parteigenossen in dessen Unterkunft, die komfortabel möbliert ist. Die Wand schmückt die riesige Hakenkreuzfahne, Ludwig serviert ein Abendessen für den Ehrengast. Der NSDAP-Chef ist entzückt: »Schön, das ist sehr schön!«, ruft Hitler aus, »genau so etwas wollte ich immer haben. Ich liebe diesen Ort.« Lüdecke erwidert: »Ich bin mir sicher, dass es nicht lange dauern wird, bis Sie etwas viel Besseres haben.«[33]
Jedes SA-Mitglied erhält auf Lüdeckes Kosten einen Waffenrock, Kniehosen, Touristenstiefel, Gamaschen, Strümpfe, Halsbinden, Stahlhelme und österreichische Skimützen als Kopfbedeckung. Die Männer tragen außerdem eine Armbinde mit dem Hakenkreuz und einem versilberten Totenkopf – ein Einfall Lüdeckes, der sich später bei der SS durchsetzen sollte. Sogar vier Trommler und vier Querpfeifer verstärken den Sturmtrupp. Für den Ernstfall hat Lüdecke außerhalb von München ein Versteck angelegt mit 15 schweren Maschinengewehren, über 200 Handgranaten, 175 Karabinern und mehreren tausend Schuss Munition.
Regelmäßig am Mittwochabend hält Lüdecke politische Schulungen im Hinterzimmer eines Cafés in der Schönfeldstraße ab. Jedes Mitglied seiner Truppe muss den Eid auf die Hakenkreuzfahne ablegen und Treue zu Hitler versprechen. An Samstagen und Sonntagen übt die Truppe in den Wäldern außerhalb Münchens Exerzieren und den Geländekampf. Seine Beziehungen zur Reichswehr verhelfen Lüdecke zu einer Übungshalle beim 2. bayerischen

Regiment Kronprinz, die nutzt er für seine SA-Kompanie bei schlechtem Wetter. Als er wieder öfter ins Ausland reist, verliert sich sein Interesse an dem Spielzeug SA – er überträgt schließlich das Kommando auf Hermann Göring. Der Kriegsheld und ehemalige Pilot Göring verschafft Lüdecke nach dem gescheiterten Hitler-Putsch im November 1923 einen neuen Auftrag als Geldbeschaffer. Lüdecke, zur Zeit des missglückten Staatsstreichs bei Mussolini in Italien, besucht Göring im Krankenhaus in Innsbruck, wo sich der Hitler-Vertraute von seiner Schussverletzung erholt, die er beim Marsch auf die Feldherrnhalle von einer Polizeikugel erhalten hat. Die Galionsfiguren der Bewegung sind entweder im Gefängnis – oder untergetaucht. Die NSDAP wurde verboten, das Vermögen beschlagnahmt. Die Partei ist pleite. Göring schickt Lüdecke zu einem Nazi-Treffen nach Salzburg, um die Nationalsozialisten zu reorganisieren und dafür neue Gelder aufzutreiben. Lüdecke greift wieder zu seinem bewährten Rezept, holt Hitlers »Legitimation« aus der Tasche und lässt sich darauf von Göring handschriftlich zusätzlich bestätigen: »Lüdecke handelt in meinem Auftrag. Unterstützen.«

In Salzburg trifft der Nazi-Botschafter mit seinem selbst gestrickten Diplomatenausweis auf Hanfstaengl, Hermann Esser, den Freikorpsführer Gerhard Rossbach, Kapitänleutnant Hoffmann von der SA und weitere versprengte Nazis. »Unsere Situation war vollkommen trübe. Niemand hatte Geld übrig oder Möglichkeiten, eins aufzutreiben«, so Lüdecke später über die Lage in Österreich, »wir diskutierten wilde Projekte, um das Geldproblem zu lösen.«[34] Denn die Genossen wollten Handzettel drucken, sie über die Grenze nach Bayern schmuggeln und dort heimlich verteilen, um den niederträchtigen Verrat des bayerischen Generalstaatskommissars Gustav Ritter von Kahr an Hitler anzuprangern und damit die Moral der NS-Mitglieder wieder aufzurichten und sie zu Spenden zu bewegen. Auch sollte der »Völkische Beobachter« zumindest im Hintergrund finanziell für die Zukunft abgesichert werden.

Lüdecke macht für eines dieser wilden Projekte einen Abstecher nach Wien. Er trifft sich mit seinem Freund Dr. Philipp von Langehan, einem gut aussehenden Kavalier der alten Schule, dessen Erfolge bei den Frauen Lüdecke bewundert. Langehan geht mit seinem Partner zum Essen ins Hotel »Sacher« und stellt ihn einem Prinzen des verflossenen Habsburger-Reichs vor. Der Adelige macht einen abenteuerlichen Vorschlag: Lüdecke soll gefälschte französische Francs im Nennwert von 100 und 1000 Franc im Ausland unters Volk bringen. Die dafür zu zahlende Provision wäre groß genug, »um die drängende verzweifelte Situation des Nazi-Vermögens zu lösen«, wie Lüdecke registriert. Die Blüten sollten am Militärischen Topografischen Institut in Ungarn gedruckt werden. Doch der potenzielle Falschgeld-Hehler hat zu viel Angst, nachdem er schon früher als möglicher Spion für Frankreich ins Visier der Ermittler geraten ist. Er sagt Nein und kehrt flugs nach Salzburg zurück. Dort bricht ein Streit zwischen deutschen und österreichischen Parteianhängern aus. »Dieselben Verhältnisse, die schon früher jede produktive Arbeit unmöglich machten – gegenseitiges Misstrauen, Verleumdungen und Selbstsucht –, haben auch den Versuch der österreichischen Landesleitung, von Salzburg aus die bayerische Partei wieder aufzurichten, unmöglich gemacht«, vermerkt genüsslich ein Protokoll der Münchner Polizei, das offenbar auf Spitzelberichten fußt.[35] Hoffmann und Esser tragen ihre Differenzen untereinander aus, genauso wie sich beide gegen österreichische Nazis wenden. Der Salzburger Rechtsanwalt Hawlitschek, ein Studienfreund von Kahrs, marschiert auf Betreiben von Hoffmann zur Salzburger Polizeidirektion und beantragt die Ausweisung Essers. Auch Bacher, der Landesobmann für Salzburg, kommentiert Essers Aktivitäten kritisch. Der Gescholtene setzt sich daraufhin über Innsbruck nach Klagenfurt ab. Damit nicht genug der kleinen Intrigen. Hoffmanns Denunziationen stoßen den anderen Parteigenossen übel auf, es hagelt Vorwürfe. Hoffmann regiert wütend mit einem Beschwerdebrief an Alfred Rosenberg, den Chefredakteur des »Völkischen Beobachters« und von Hitler ernannten Interims-NSDAP-Vorsitzenden. Darin erklärt Hoffmann, er lege alle Ämter nieder und lehne jede Mitarbeit in der Partei »für alle Zeit« ab, da er »mit notorischen Verleumdern und Ehrabschneidern keinerlei Gemeinschaft« haben könne. Die Salzburger Leitung wiederum beschwert sich, dass die Münchner das eigene 14-tägige Parteiblatt nicht mit Artikeln unterstützen: »Seit sechs Wochen hat Rosenberg keine Zeile als Beitrag für dieses Blatt geliefert.« Die Zeitung erscheint im Verlag Volksruf, Getreidegasse 3, und wechselt ständig den Kopf des Titels, um damit ein Verbot durch die Obrigkeit zu unterlaufen. Das Blatt wird durch Kuriere in Bayern vertrieben.

Die Verstimmungen vergiften die Atmosphäre in Salzburg. Lüdecke und den NS-Exilanten gelingt es trotz des internen Zwistes, zumindest Finanzmittel bei den österreichischen Sympathisanten loszueisen. Doch auch bei diesem Thema geraten sich die Nazis bald in die Haare, wie die Polizei registriert: »Was die Geldsammlungen anbelangt, so sind dieselben in Salzburg eingestellt worden, da über die bereits gesammelten und abgelieferten 34 Millionen Kronen kein klarer Verwendungsnachweis und kein Erfolg sichtbar wurde. Laut Quittung erhielten von Salzburg aus:

Esser	2 $^1/_2$ Millionen Kronen,
Hoffmann	1 $^1/_4$ Millionen Kronen,
Neunzert	500 000 Kronen,
Rosenberg	7 Millionen Kronen,
Schneider	800 000 Kronen,
Hanfstaengl	1 Million Kronen,

Baldenius	500 000 Kronen,
Körber	500 000 Kronen,
Henrici	500 000 Kronen,
Drexler	80 Dollar.«

Weiter heißt es in dem Bericht: »Salzburg wird für die nächsten Monate nicht mehr in der Lage sein, Unterstützungen aufzubringen, auch ist die Fortführung der Zeitung für Bayern nicht mehr möglich, da bereits jetzt schon eine ungedeckte Schuldenlast von 15 Millionen Kronen auf dem Verlag lastet.«[36] Selbst einen Seitenhieb auf die Raffgier des amtierenden Hitler-Stellvertreters erlauben sich die Genossen: »Wiederholt war auch Rittmeister von Körber in Salzburg und hat 7 Millionen Kronen für den ›Völkischen Beobachter‹ nach München überbracht, wovon aber Rosenberg für sich allein dreieinhalb Millionen Kronen verwendete.«

Das verbuchte Geld reicht nicht für die Parteiarbeit. Lüdecke heckt deshalb einen Plan aus, auf seine bewährten Kontakte im Ausland zurückzugreifen: Er will in den Vereinigten Staaten neue Geldquellen auftun. Die Genossen in Österreich sind begeistert von den Visionen des Hobby-Botschafters, vor allem auch deshalb, weil Lüdecke auf eigene Kosten reisen will. Der fordert – und erhält – für seine aufopfernde Mission in bewährter Manier einen neuen »Diplomatenpass«. Das Dokument mit dem Passbild Lüdeckes wird gemäß Briefkopf von der Nationalsozialistischen Partei Großdeutschlands, Wien, 6. Bezirk, Matrosengasse 9, Fernsprecher Nr. 75.81, ausgestellt. Die »Vollmacht und Legitimation« trägt folgenden Wortlaut:

»Herr Kurt Georg Luedecke, geboren am 5. Februar 1890 zu Berlin, wird hierdurch mit der Vertretung der National-Sozialistischen Partei Groß-Deutschlands in den Vereinigten Staaten von Nord-Amerika betreut. Herr Luedecke ist ermächtigt, für die National-Sozialistische Partei Großdeutschlands Geldsammlungen einzuleiten und Spenden in jeder Höhe entgegenzunehmen. Ebenso können Geldbeträge an das Bankkonto ›Germaniaspende‹ Wiener Bankverein überwiesen werden. Wir bitten Herrn Luedecke in dieser Eigenschaft anzuerkennen und ihm auf seiner Propagandareise jederzeit Unterstützung mit Rat und Tat zu gewähren.«[37]

Das Schreiben mit Stempel und mehreren Unterschriften ist genau nach dem Geschmack Lüdeckes – es verleiht dem Inhaber die gewünschte offizielle Aura. Dennoch ist er nicht zufrieden: Es fehlt der Ritterschlag des Königs für seinen Kreuzzug. Deshalb nimmt Lüdecke Kontakt mit Lorenz Roder in München auf, dem Verteidiger Hitlers im Gerichtsverfahren, das dem NS-Führer wegen des fehlgeschlagenen Putsches und des Marschs auf die Feldherrnhalle bevorsteht. Roder überbringt dem inhaftierten Hitler in Landsberg den Wunsch Lüdeckes. Der gescheiterte Putschist lässt daraufhin sofort ein Schreiben auf dem Briefpapier Roders aufsetzen, von dem Anwalt aus dem Gefängnis schmuggeln und mit Datum 4. Januar 1924 an seinen Finanzakquisiteur in Salzburg schicken:

»Sehr geehrter Herr Lüdecke!

Indem ich Ihnen zunächst für Ihre Vertretung der Bewegung in Italien meinen herzlichsten Dank ausspreche, bitte ich Sie, für die Interessen der deutschen Freiheitsbewegung in Nordamerika zu werben und besonders finanzielle Mittel hierfür zu sammeln. Ich bitte Sie, diese Mittel zunächst persönlich in Empfang zu nehmen und wenn möglich auch persönlich herüberzubringen. Indem ich Ihnen für Ihre Bemühungen schon im Voraus aufs Beste danke, grüße ich Sie herzlichst.

Hochachtungsvollst Adolf Hitler«[38]

Hitlers Schreiben ist insofern bemerkenswert, da er in späteren Jahren öffentlich immer leugnet Gelder aus dem Ausland angefordert zu haben. Dieses Papier beweist das Gegenteil. Es zeigt außerdem, dass der NSDAP-Vorsitzende weiterhin zu dem eigenwilligen Lebemann steht und ihn mit heiklen Auslandsaufgaben betraut. Lüdecke hält nunmehr den begehrten Ausweis mit der prominenten Unterschrift in Händen, der ihn selbst zu einer wichtigen Person adelt. Schließlich weiß der Weltenbummler, wie wertvoll solch amtlich wirkende Dokumente sein können. Das zeigt sich bald, als Lüdecke sich Mitte Januar 1924 nach Amerika einschifft.

An Bord der »Amerika«, die von Bremerhaven ablegt, befindet sich nicht nur der Nazi-Abgesandte, sondern es zählen auch deutsche Berühmtheiten zu den Passagieren: Siegfried und Winifred Wagner. Das ist kein Zufall – Lüdecke weiß von der geplanten Konzerttournee der Wagners und deren Reisetermin. Also bucht er einfach dieselbe Passage. Mit der Empfehlung des inhaftierten NS-Diktators als Trumpfkarte gewinnt er schnell das Vertrauen des Paares und etabliert sich als deren Begleiter für die Vereinigten Staaten. Der Komponistensohn mit dem klingenden Namen und mehr noch dessen in England geborene Ehefrau Winifred, eine geborene Williams, verehren Hitler. Winifred schickt ihm gar noch kurz vor ihrer Abreise nach den USA Lebensmittelpakete und Schreibpapier für »Mein Kampf« ins Gefängnis. Die Wagners wollen Lüdeckes Geldsammelaktivitäten tatkräftig unterstützen und selbst jenseits des Atlantiks nach Spendern suchen. Etwas Besseres kann Lüdecke kaum passieren: Die prominenten Aushängeschilder werden wie ein Sesam-öffne-dich bei potenziellen Finanziers wirken.

In New York, in der Suite der Wagners im »Waldorf«-Hotel schmiedet die kleine Reisegruppe Pläne. »So saß ich hier, mich mit dem Mann unterhaltend, für dessen Genesung das unvergleichliche ›Siegfried-Idyll‹ komponiert worden war – und wir erwähnten kaum Musik!«, erinnert sich Lüdecke. Das Gespräch verläuft viel profaner: »Wir diskutierten über Geld.«[39] Der Nazi-Vertraute schlägt vor, nochmals das Glück bei Henry Ford zu versuchen, für den Lüdecke bereits gearbeitet hatte – und zu dem der verstorbene Hitler-Freund Dietrich Eckart bereits erfolgreich seine Beziehungen gepflegt hatte. Lüdecke bricht mit den Wagners im Zug nach Detroit auf: Das Gelingen der Geldakquise hängt davon ab, »dass Frau Ford sie als ihre Gäste einladen würde. Der Rest des Plots war offensichtlich – ein Wort in Gegenwart Herrn Fords, ein Hinweis, eine Bitte.«

Die Rechnung geht auf: Schon bei der Ankunft im Detroiter »Statler«-Hotel findet der Trupp eine schriftliche Einladung des Autotycoons vor. Gemeinsam besuchen sie am Abend ein Konzert. Am nächsten Tag holt Fords Sekretär Lüdecke zu einer Privataudienz um neun Uhr früh vom Hotel ab und chauffiert ihn in Fords Büro bei dessen antisemitischer Tageszeitung »Dearborn Independent«. Der Deutsche ist aufgeregt: »Ich werde Henry Ford sehen, den Multimillionär. Mit einem Federstrich könnte er das Geldproblem der Nazis lösen. Mehr als das, wenn er genug Vision und guten Willen zeigt, könnte er uns genügend Prestige geben, um unser Programm wie ein Rammbock durchzudrücken. Wie könnte ich diesen Mann mit meinem Anliegen so beeindrucken, dass er einen Bruchteil seines Vermögens Hitler zur Verfügung stellt?«[40]

Der Autokrösus begrüßt Lüdecke freundlich und lädt ihn zu einem Rundgang durch sein Labor ein. Nach einer Weile führt der Firmenchef seinen Besucher in einen freien Raum und schließt die Tür. Ford setzt sich in einen Armlehnstuhl, platziert ein Bein auf dem Schreibtisch und beginnt die Unterhaltung. Der Gast schildert den Stand der Nazi-Bewegung in Deutschland, die Unabwendbarkeit von Hitlers Aufstieg zur Macht und die Notwendigkeit vom Eingreifen einzelner Männer in die Geschichte. Ford nickt beifällig, lässt eine kurze Zwischenbemerkung fallen: »Ich weiß ... ja, die Juden, diese raffinierten Juden ...« Vorsichtig lenkt Lüdecke das Thema auf die Geldnot der Nationalsozialisten und den Wunsch nach einem weitsichtigen Förderer. Mehr noch, wer den deutschen Rechtsradikalen jetzt hilft, handelt auch von einem wirtschaftlichen Standpunkt aus klug: »Wenn Ford uns konkrete Unterstützung zusichert – das ist alles, was wir brauchen, um Deutschland unter Kontrolle zu bringen –, könnte ein verbindliches Übereinkommen arrangiert werden, bei dem große Geschäftskonzessionen garantiert würden, in Deutschland und woanders, sobald Hitler an der Macht ist«, stellt Lüdecke großzügig einen Wechsel auf die Zukunft aus. Nach einer Zeit erhebt sich Ford und führt den Deutschen zu seinem Verlagsmanager: »Besprechen Sie das mit Herrn Cameron.«

Doch die Verhandlungen mit Fords Vertrautem führen zu keinem greifbaren Resultat. Lüdecke muss ohne Scheck wieder nach Deutschland zurückreisen. Umsonst ist der Versuch jedoch nicht: Henry Ford fördert Hitler und die NSDAP. Aber Auslöser wird wohl vor allem der entschiedene Einsatz von

Siegfried und Winifred Wagner für Hitler gewesen sein. Denn die beiden erhalten ebenfalls eine Privateinladung zu einem Abendessen in Fair Lane, Fords 800 Hektar großem Privatanwesen. Ford doziert vor dem Musikerpaar über den wachsenden Einfluss der Juden in Amerika, über die kommunistische Gefahr in Europa und die Herrschaft der Juden über die Presse. Winifred Wagner erinnert sich:»Die Philosophie und Ideen Fords und Hitlers waren sehr ähnlich.« Als sie über Hitler reden, zeigt sich die Wagner-Schwiegertochter erstaunt, dass»Ford sehr gut über alle Vorgänge in Deutschland informiert war. Er wusste alles über die nationalsozialistische Bewegung.«[41] Winifred Wagner lässt durchblicken, dass Hitler jetzt Geld besonders dringend brauche. Ford lächelt und sagt, er sei immer noch bereit, jemanden wie Hitler zu unterstützen, der auf die Befreiung Deutschlands von den Juden hinarbeite.

Lüdecke ist im Mai 1924 wieder in München – vorher hat er noch einen ausgiebigen Zwischenstopp im Spielkasino in Monaco eingelegt. Er beschafft sich eine Besuchserlaubnis für das Gefängnis in Landsberg, wo er seinem Auftraggeber über seine Amerika-Reise berichtet. Hitler trägt eine bayerische Lederhose und eine Tirolerjacke, das Hemd am Hals offen. Der NS-Führer hält sich nicht lange beim Geldthema auf. Während seiner Haft hat sich das politische Klima gedreht, die Inflation ist mit der Einführung der neuen Währung besiegt, die Wirtschaft stabilisiert sich. Auch der Parteiführer hat andere Fragen in den Vordergrund gerückt:»Ich werde hier nicht lange bleiben«, glaubt sich Hitler des Wohlwollens der Behörden sicher,»wenn ich die aktive Arbeit wieder aufnehme, ist es notwendig, eine neue Politik zu verfolgen. Statt die Macht durch einen bewaffneten Staatsstreich zu erlangen, müssen wir uns die Nasen zuhalten und den Reichstag gegen die katholischen und marxistischen Abgeordneten erobern. Mag auch das Überstimmen länger dauern als das Abschießen, die Ergebnisse werden wenigstens von ihrer eigenen Verfassung garantiert!«[42] Überrascht vom Sinneswandel seines Gesprächspartners verlässt Lüdecke Landsberg wieder.

Ohne die Protegierung Hitlers stößt der USA-Heimkehrer auf wenig Widerhall bei den alten Genossen. Das Misstrauen von früher ist immer noch zu spüren. Die NS-Kamarilla ist selbst untereinander zerstritten, der Interims-Parteichef Alfred Rosenberg findet kaum Akzeptanz bei den Mitgliedern. Die Agonie nach dem gescheiterten Putsch und der Verurteilung eines Großteils der Führungsriege durchtränkt die Stimmung, lähmt die Aktivitäten. Das ändert sich erst, als sich Hitlers Prophezeiung erfüllt und er am 20. Dezember 1924 vorzeitig aus dem Landsberger Gefängnis entlassen wird – vier Jahre früher, als das Urteil vom Frühjahr 1924 vorsah. Die heimliche Sympathie der rechten bayerischen Regierung für den Hochverräter schlägt mit diesem Akt in offene Unterstützung um. Die politisch Verantwortlichen setzen sogar noch eins obendrauf: Sie heben Mitte Februar 1925 das Verbot der NSDAP auf, der »Völkische Beobachter« erscheint wieder. Hitler darf sich wieder als die Sonne im rechtsradikalen Planetensystem fühlen.

Ohne Zögern macht sich der wieder auferstandene NSDAP-Führer an den Wiederaufbau und die Reorganisation der Partei. Nach der Beschlagnahme des NS-Vermögens fehlt es vor allem an einem: Geld. Gerade die propagandistische Hauptkampfwaffe, der »Völkische Beobachter«, braucht eine finanzielle Auffrischung. Um das Blatt besser in der Reichshauptstadt präsent zu machen, will er Lüdecke einsetzen. »Sie sind der beste Mann, um den ›Beobachter‹ in Berlin zu verbreiten. Wir müssen in Berlin einmarschieren«, sagt Hitler zu seinem Auslandsvertreter, »das ist eine harte Aufgabe, aber ich weiß, Sie können das. Nebenbei: Ich brauche einen intelligenten Beobachter in der Hauptstadt, dessen Urteil ich trauen kann. Sie können gleichzeitig im Hintergrund als mein Vertreter arbeiten.«[43] Im April 1925 zieht Lüdecke nach Berlin um.

Der frisch gebackene Verlagsmanager und heimliche Hitler-Spion belässt es nicht bei der Arbeit für die Zeitung. Lüdecke geht seiner alten Gewohnheit nach und versucht zu seinem Vorteil engere Kontakte mit anderen Nazi-Größen zu schließen. Er freundet sich mit dem Deutschbalten Arno Schickedanz an, trifft sich regelmäßig mit Erich Röhm und Gregor Strasser, dem Führer des sozialrevolutionären Flügels der NSDAP und einem der Hitler-Opponenten in der Partei. Das bleibt den NS-Funktionären nicht verborgen, Lüdeckes Treiben stößt in der Parteizentrale sauer auf. Wirtschaftlich will es nicht so recht weitergehen mit den Geschäften des »Völkischen Beobachters« in Berlin, das Klima zwischen Lüdecke und seinem formellen Chef Max Amann in München wird immer frostiger.

Schnell erkennt Lüdecke, dass seine Karrierechancen in der Partei in Deutschland gering, seine Tage als Geldbeschaffer gezählt sind. Er bittet Hitler seinen Job niederlegen zu dürfen. Der ehemalige Auslandsrepräsentant will wieder zurück ins Ausland, zurück nach Amerika. »Während meiner langen Abwesenheit bin ich irgendwie dem deutschen Rhythmus entwachsen – nicht genug, um mich hier als Fremder zu fühlen, aber genug, um eine leichte Ungeduld gegenüber typisch deutschen Denkgewohnheiten und Handlungen zu entwickeln«, begründet Lüdecke dem NSDAP-Chef seinen Wunsch. »Es bringt mich zum Kochen, wenn einige Idioten mich indigniert kritisieren, ich könne kein Nazi sein, weil ich mit dem Taxi fahre und eine goldene Armbanduhr trage.«[44] Hitler lässt ihn ziehen. Anfang 1926 reist Lüdecke wieder in die Vereinigten Staaten. Sein Job als diskreter Organisator von Finanzmitteln im Ausland ist damit vorbei. Er entschwindet aus dem politischen Blickfeld der Partei.

Lüdecke hat seinen Teil zum Aufstieg der NS-Bewegung und Hitlers beigetra-

gen, erfolgreich Gelder beschafft und ist dabei immer seinen eigenen Weg gegangen – ein Paradiesvogel unter Geiern. Damit wäre seine Geschichte eigentlich zu Ende. Doch Lüdecke bricht noch einmal auf und glaubt erneut
eine entscheidende Rolle für Nazi-Deutschland spielen zu können. Damit
eröffnet der Weltreisende fatalerweise einen weiteren Akt in diesem Stück,
das jedoch anders ausgehen sollte, als er sich das vorstellt.

In den USA macht der Playboy etwas ganz Ungewöhnliches – er heiratet. In
Detroit lernt er 1927 die Bibliotheksangestellte Mildred kennen. Er führt sie
zu einem Spaziergang aus, sie verbringen zwei Stunden miteinander. Am
vierten Tag kocht er Mulligan Stew für sich und Mildred, zum Nachtisch
gibt's einen Kuss und einen Antrag:»Ich sehe keinen Grund, warum ich dich
nicht heiraten sollte«, meint Lüdecke.»Ja, warum nicht?«, antwortet Mildred.
Drei Tage später sind sie Mann und Frau. Mildreds Eltern ahnen nichts von
der Blitzhochzeit. Der Ehemann beschreibt seine Gattin so:»Sie war nicht
schön, vielleicht nicht einmal hübsch. Aber sie war ästhetisch und anmutig
feminin, intelligent und real.«[45] Was ist der Grund, dass der Lebemann plötzlich zum Hausmann wird? Er erhofft sich durch die Heirat einer Amerikane-
rin die Staatsbürgerschaft in seiner neuen Wahlheimat. Doch sein Kalkül sollte zeit seines Lebens nicht aufgehen: Auf Grund Lüdeckes aktenkundlicher
Vorgeschichte verweigern ihm die US-Behörden die Einbürgerung.

Lange hält es Lüdecke auch nicht in seinem Eheleben aus. Schon wenige Mo-
nate nach der Hochzeit bricht er allein nach New York auf. Auch später lässt
er Mildred bei seinen Reisen immer zu Hause zurück. In Manhattan probiert
sich Lüdecke als Touristikmanager. Ein Kontaktmann informiert ihn über die
Ankunft eines deutschen Ehepaars im»Plaza«-Hotel. Lüdecke wittert Beute.
Er ruft an – und wird prompt zum Mittagessen eingeladen. Die Gastgeber:
Günther Quandt, der reiche Unternehmer, und seine Frau Magda. Besonders
Frau Quandt hat es Lüdecke angetan. Er berichtet von seiner früheren Arbeit:
»Ihre Augen glänzten, als ich ihr über Hitler und die Nazi-Helden erzählte«,
erinnert sich Lüdecke. Zum Abschied erhält er eine Einladung nach Berlin.
Im Sommer 1930 löst er die Einladung ein und trifft sich mit Frau Quandt
privat in deren Heim in Berlin. Nur heißt die Dame jetzt nicht mehr Quandt,
sondern nach ihrer Scheidung und erneuten Heirat Magda Goebbels. Offenbar haben die beiden eine kurze Affäre.[46]

Bei seiner kurzen Deutschland-Reise Ende August, Anfang September 1930
versucht er weitere Nazi-Funktionäre zu besuchen und seine Beziehungen
aufzufrischen – vergebens. Hitler ist nicht zu sprechen. 1932 ziehen die Wahl-
erfolge der NSDAP Lüdecke im Juni abermals nach Deutschland, er erhofft
sich seinen Anteil an den politischen Pfründen, die offenbar bald zu verteilen
sind.

Wieder trifft er sich mit Magda Goebbels, der Frau des Reichspropagandaleiters Joseph Goebbels. Lüdecke nutzt das Vertrauensverhältnis, um über diesen Kontakt gut Wetter bei Hitler zu machen. Mit Erfolg: Der US-Heimkehrer trifft sich mehrmals mit dem Parteidiktator im Hotel »Kaiserhof« in Berlin und in Hitlers Privatwohnung am Prinzregentenplatz in München. Lüdeckes aktuelle Geschäftsidee, zu der Hitler sein Plazet geben soll: Auf Kosten der Partei will Lüdecke eine außenpolitische Vertretung in Washington etablieren, eine NSDAP-Botschaft mit ihm als Chefdiplomat. Der NS-Führer billigt den Plan, verspricht seinem Amerika-Abgesandten die notwendigen Gelder. Und noch etwas erhält Lüdecke: ein weiteres Papier für seine Sammlung von Beglaubigungsschreiben, eine »Vollmacht-Legitimation«, die ihn zur »außenpolitischen Vertretung« der NSDAP in Amerika, Kanada und Mexiko befugt, unterschrieben von Alfred Rosenberg.

Lüdecke hält es nicht lange auf seinem neuen Posten in den USA. Die Meldung der Ernennung Hitlers zum Reichskanzler am 30. Januar 1933 treibt den Wahl-Amerikaner wiederum in die alte Heimat. Jetzt scheint der Augenblick da, um für die vergangenen Dienstleistungen Kasse zu machen und sich einen lukrativen Posten zu sichern. Doch es kommt anders.

Bei einem Treffen in der Reichskanzlei trägt Lüdecke dem Nazi-Kanzler seine Idee vor: einen Posten bei der deutschen Botschaft in Washington, diesmal alles offiziell und echt, nicht nur mit Hilfsdokumenten, sondern einem richtigen Diplomatenpass, der Lüdecke Ansehen und Immunität verschafft. Und natürlich ein ordentliches Gehalt und ein üppiges Spesenkonto. Hitler signalisiert sein Einverständnis, wenn Rosenberg, der NSDAP-Pressechef Walther Funk und Rudolf Heß grünes Licht geben. Sofort arrangiert Lüdecke Treffen mit den Nazi-Granden, versucht Magda Goebbels und ihren Mann für seine Ziele einzuspannen.

Am meisten Eindruck auf Hitler macht Lüdeckes Erfolg beim Geldsammeln unter deutschen Unternehmern und Managern im April 1933 – es sollte Lüdeckes letzter Job in dieser Richtung sein. Sein Freund Rosenberg und er laden zu einem Mittagessen im Hotel »Kaiserhof«, der Residenz Hitlers und seiner Entourage in Berlin. »Hier waren sie – die Elite der bedeutendsten Nichtjuden in Industrie, Handel, Finanzen, Landwirtschaft, Transport und Banken«, so Lüdecke im Rückblick, »ich sah die Ironie bei unserer Bereitwilligkeit, gerade die Kräfte zu mobilisieren, gegen die die sozialistischen Ziele der Nazi-Revolution gerichtet waren. Hier saßen wir und versuchten eine Revolution mit der Hilfe unserer Feinde zu machen!«[47] Rosenberg sitzt an der Spitze des Tisches, flankiert vom weißhaarigen Kanonenkönig Gustav Krupp von Bohlen und Halbach und dem frisch ernannten Reichsbankpräsidenten Hjalmar Schacht, den Rosenberg noch wenige Jahre zuvor als »Exponenten der internationalen Finanzindustrie« und »Kriminellen gegen das deutsche Volk« gebrandmarkt hatte. Zu den Teilnehmern zählen auch Geheimrat Hermann Schmitz, der spätere Vorstandsvorsitzende der IG Farben, und Generalkonsul Kiep von der Hamburg-Amerika-Linie.

Es wird ein schnelles Menü mit mehreren Gängen serviert, Lüdecke sorgt dafür,»dass die Weingläser nicht zu oft nachgefüllt werden«, um die älteren Wirtschaftsmagnaten bei klarem Kopf zu halten für das, was danach folgt. Nach einer Ansprache des Deutschbalten skizziert Lüdecke in einer kurzen Rede die Probleme Deutschlands im Ausland, besonders in den Vereinigten Staaten. Doch für wirksame Gegenpropaganda brauche die NSDAP eine Außenstelle in Amerika – und die koste nun mal Geld, viel Geld.»Ich betonte, dass ihre eigenen materiellen und persönlichen Interessen sofortige, intelligente und weit reichende Aktionen erforderten, ohne Handeln verlören sie alles bei einem Präventionskrieg«, so Lüdecke dramatisch übertreibend. »Freiwillige und großzügige Beiträge würden jetzt nicht nur unserem geliebten Land einen großen Dienst erweisen, sondern auch ihnen persönlich.« Der Redner lässt seine Worte wirken, einzelne Gäste äußern sich zustimmend. Kaffee, Likör und Zigarren machen die Runde. Lüdecke geht mit einer Spendenliste zu Schacht, lässt diesen unterschreiben:»Die Liste begann zu zirkulieren und ich mit ihr, sodass es kein Entrinnen gab. Knapp über eine Million Mark wurden gespendet.«[48]

Mit diesem Coup glaubt Lüdecke, sich seine Fahrkarte erster Klasse in die Vereinigten Staaten gesichert zu haben. Ein Irrtum. Am 9. Mai 1933 erwarten ihn zwei Herren im Foyer des»Kaiserhofs«. Wie sich schnell herausstellt, sind sie von der jüngst gegründeten Geheimen Staatspolizei, der Gestapo. Sie verhaften Lüdecke ohne zu sagen warum, stecken ihn in ein Gefängnis der Schutzpolizei. Erst später erfährt er, dass er auf Anordnung von Hermann Göring in der Zelle sitzt. Die genauen Hintergründe der Verhaftung bleiben unklar, ein Anlass jedenfalls liegt auf dem Tisch: Lüdecke soll einen deutschen Arzt in New York damit erpresst haben, ihn wegen einer Abtreibung anzuzeigen. Pikant dabei: Den Stein ins Rollen bringt sein Parteifreund aus früheren Münchner Tagen, Ernst Hanfstaengl, genannt»Putzi«. Der mutierte mittlerweile zum Intimfeind Lüdeckes, versucht ihn ständig als Hochstapler anzuschwärzen. Das Warum ist vielschichtig: Beide konkurrieren um die Gunst Hitlers, Hanfstaengl, der einige Jahre in Amerika verbracht hat, sieht seine Chancen für einen Auslandsposten durch Lüdeckes USA-Ambitionen bedroht. Jedenfalls gelangt das belastende Material in die Hände Hanfstaengls: Es »wurde pflichtgemäß von mir nach oben weitergegeben«.[49] Damit hofft er seinen Widersacher ein für alle Mal auszuschalten. Um ganz sicher zu gehen, spielt er die Informationen einem amerikanischen Journalisten zu. Der bringt in der»New Yorker Staatszeitung« vom 12. Mai 1933 einen Artikel unter der Überschrift»Lüdecke auf Anklage der Hochstapelei und der Erpressung festgenommen«.

Doch Hitler schützt Lüdecke wieder einmal und ordnet an, dass Göring seinen Gefangenen freilassen und sich persönlich entschuldigen muss. »Oh, Lüdecke, nehmen Sie es mit Humor, nicht so tragisch«, erfüllt Göring seine lästige Pflicht, als er Lüdecke in sein Büro bringen lässt, »Sie sind in Nazi-Kategorien ein ziemlich ungewöhnlicher Typ. Vergessen Sie, was passiert ist.«[50] Doch Lüdecke kann nicht vergessen, sondern sinnt im Gegenteil auf Rache an seinem Opponenten Hanfstaengl. Der Freigelassene engagiert den Berliner Anwalt Alfons Sack, ein NSDAP-Mitglied und SS-Mann, strebt ein Verfahren vor dem Obersten Parteigericht an. Zugleich versucht Lüdecke, sich in seinem Fall Verbündete zu sichern. Er konspiriert mit Rosenberg, Heß und Röhm. Er spricht mit Hitler, doch der reagiert unwirsch und rät Lüdecke, die Angelegenheit sein zu lassen und nach Washington zu verschwinden. Die Entscheidung naht: Ein Gerichtstermin wird für den 15. Juli 1933 angesetzt. Da wird Lüdecke am 5. Juli 1933 um 6.30 Uhr morgens in seiner Wohnung erneut von der Gestapo in »Schutzhaft« genommen – diesmal auf Befehl von Adolf Hitler persönlich.

Der Reichskanzler lässt seinen einstigen Geldbeschaffer ins Gefängnis Plötzensee schaffen, ohne dass der Gefangene die Möglichkeit zu einer Rechtfertigung erhält. Anfang September 1933 wird Lüdecke sogar ins Konzentrationslager Brandenburg verfrachtet. Dort erwartet ihn eine Umgebung, die so ziemlich das Gegenteil von seinem sonst so gewohnten Luxus ist: Wecken um 4.15 Uhr am Morgen, Kaffee mit trockenem Brot zum Frühstück, ein Waschbecken für zehn Häftlinge, Exerzierdrills unter Aufsicht der SS-Wachmannschaft. Die einzige Abwechslung für den angeschlagenen Lebemann sind die Schachpartien mit seinem prominenten Mithäftling Erich Mühsam, dem jüdischen Schriftsteller und im Jahr 1918 Mitglied des revolutionären Münchner Arbeiterrats.

Lüdecke weiß, dass er mit seinen Revanchegelüsten zu weit gegangen ist, und schreibt deshalb einen Entschuldigungsbrief an Hitler, in dem er im devoten Tonfall einräumt, »ohne Absicht gegen Takt und Rhythmus der Bewegung gehandelt« zu haben. Doch eine Antwort erhält der Häftling nicht, stattdessen wird er Anfang 1934 ins KZ Oranienburg verlegt, an den Ort seiner Kindheit – genau am 5. Februar, seinem 44. Geburtstag.

In Oranienburg erhofft sich Lüdecke eine bessere Behandlung. Dabei hat er ein wenig nachgeholfen, mit seiner üblichen Masche: Im KZ Brandenburg simuliert er einen Nervenzusammenbruch, wird in die Krankenstation eingeliefert. Er kann den Lagerkommandanten Grutzeck dazu bringen, ihm eine »Bescheinigung« mit Datum 29. Januar 1934 auszustellen mit folgenden Zeilen: »Der Schutzhäftling Kurt Luedecke ist langjähriges Mitglied der NSDAP und ist durch die Inhaftierung seelisch und mit den Nerven so heruntergekommen, dass er in das Lazarett eingeliefert werden musste, wo er sich bis heute noch befand. Es wäre wünschenswert, wenn Luedecke auch im dortigen Konzentrationslager im Lazarett übernommen wird.«[51] Das hilft. Das NSDAP-Mitglied Lüdecke erhält in Oranienburg eine Vorzugsbehandlung, darf in der Erste-Hilfe-Station bleiben. Besser noch: Er erhält am 19. Februar 1934 einen eintägigen Hafturlaub, den er zu einem Besuch Rosenbergs in Berlin nutzt – immer in Begleitung eines Wachmanns. Den Abend vor seiner Rückkehr ins KZ feiert Lüdecke mit seinem Bewacher im »Zigeunerkeller« am Kurfürstendamm bei Musik, Szegediner Gulasch und Tokaierwein. Bei seinem zweiten Freigang am 1. März 1934 entschließt sich Lüdecke zur Flucht, die Unsicherheit über sein weiteres Schicksal in Oranienburg treibt ihn an. Der KZ-Häftling kann seinen Begleiter in Berlin abschütteln. Lüdecke setzt sich in den nächsten Zug Richtung tschechische Grenze. Die letzten Kilometer lässt er sich von einem Taxi chauffieren – in die Freiheit.

Von Genf aus rührt sich Lüdecke wieder; er sendet am 10. April 1934 einen sechseinhalb Seiten langen Brief an Hitler, verschickt Kopien an Rosenberg, Magda Goebbels und Amann. In dem Schreiben ermahnt er Hitler,»dass gerade Sie mir gegenüber besondere Vorsicht walten lassen müssen, ehe Sie es erlaubten, dass mir ein so grausames Unrecht« zugefügt wurde. Lüdecke lässt gegenüber Hitler einen Seitenhieb auf seinen Widersacher Hanfstaengl los, der »nicht nur gegen mich in unqualifizierbarer und strafbarer Weise hetzte und intrigierte, sondern auch gegen Sie gelegentlich eine sehr bedenkliche Haltung eingenommen hat«. Der Flüchtling fordert seine »völlige Rehabilitierung und Genugtuung«, die er notfalls »erzwingen« werde, wenn in 14 Tagen nichts passiert. In diesem Fall müsse der Reichskanzler »in jeder Beziehung die Konsequenzen ziehen«, so Lüdecke und er bekennt »freimütig, dass ich – alle Eventualitäten abwägend – mich dementsprechend eingerichtet und gesichert habe«.[52]

Es gehört nicht viel Fantasie dazu, diesen geschliffen formulierten Brief als Erpressung aufzufassen. Und so ist er wohl auch gemeint. Der erfolgreiche Geldsammler fühlt sich ungerecht behandelt, gedemütigt, um seinen verdienten Lohn geprellt. Jetzt will er Satisfaktion. Das zeigt sich die folgenden Jahre, nachdem Lüdecke im Juli 1934 wieder in die Vereinigten Staaten zurückgekehrt ist. Es beginnt eine lautlose Schlacht hinter den Kulissen: Die NS-Machthaber überlegen, den widerborstigen Fahnenflüchtigen mit gezielten Veröffentlichungen über seine »kriminelle Vergangenheit« zu diskreditieren. Besonders Hanfstaengl sucht auf eigene Faust weiteres Belastungsmaterial, wird aber von Hitler rüde abgebürstet. Lüdecke seinerseits droht mit Enthüllung aus seinem Wissen vom innersten Machtzirkel. Das nimmt der braune Diktator in Deutschland durchaus ernst – schließlich ist der Weltenbummler als eifriger Informationssammler bekannt. Zumal Lüdecke Ende Dezember dem Reichsbankpräsidenten Hjalmar Schacht einen Packen brisanter Schriftstücke nach Berlin schickt und einen »Vorschlag« macht, der eher wie ein erpresserisches Ultimatum klingt. Danach müsse im »Völkischen Beobachter« eine Entschuldigung veröffentlicht werden, zudem sei eine »Entschädigung von 50 000 Dollar« fällig, davon »mindestens 25 000 Dollar in bar« und der Rest in »erstklassigen Qualitätswaren«. Werden diese Forderungen nicht erfüllt, werde Lüdecke »skrupellos und rücksichtslos mit allen Mitteln vorgehen, um sich an seinen Feinden zu rächen«. Es sei leicht, »in einem großen öffentlichen Prozess seinen ganzen Fall in sensationellster Weise vor das große Publikum zu bringen, was natürlich ein Skandal ersten Ranges werden« und »besonders dem Prestige Hitlers« einen »großen Schaden zufügen« würde. Als persönlichen Schutz warnt der Briefschreiber davor, ihn »auf gewaltsame Weise entfernen oder unschädlich machen zu wollen«, da er vorsorglich »sich in jeder Beziehung gesichert« habe und »auf Grund seines dokumentarischen Beweismaterials mit Fotografien« gute Argumente in den Händen halte.[53]

Hitler erkennt die Brisanz und verordnet umgehend ein Antwortschreiben von Philipp Bouhler, dem Chef der Kanzlei des NS-Führers, an Lüdeckes Mittelsmann. In dem Brief vom 12. Januar 1935 heißt es: »Ich bitte Sie, Herrn Lüdecke mitzuteilen, dass seine Angelegenheit von mir so rasch als möglich bearbeitet werden wird. Sie dürfen versichert sein, dass hier alles getan wird um die Angelegenheit zu bereinigen.«[54] Offensichtlich einigen sich die beiden Parteien, denn Lüdecke hält die nächsten Jahre still. Doch 1937/38 taucht er unerwartet wieder in er Öffentlichkeit auf – mit einem Enthüllungsbuch unter dem Titel »I knew Hitler«. Das Werk löst aber nicht die erhoffte Welle der Empörung aus. Die deutsche Botschaft in Washington schreibt im November 1938 an das Auswärtige Amt in Berlin, dass Lüdecke nach eigenen Angaben »endgültig aus der Politik ausgeschieden sei und in Zukunft beabsichtige, nur für sich selbst zu leben«.[55]

Noch einmal versucht Lüdecke Geld herauszuschlagen: Er macht der Botschaft in Washington den Vorschlag, seine Buchrechte für einen »substanziellen« Betrag zu erwerben, weil es »ein deutsches Interesse« gäbe, »dass die weitere Verbreitung des Buches verhindert wird«.[56] Doch Hitler lässt sich nicht beirren und lehnt alle weiteren Forderungen ab. Damit verschwindet der Playboy und Geldbeschaffer von der Nazi-Bühne – diesmal endgültig.

EMIL KIRDORF

Der Strippenzieher

Es hat sich eine ungewöhnliche Menschenschar versammelt an diesem 16. Juli 1938 in der Gelsenkirchener Kohlenzeche Rheinelbe. Die Arbeit ruht. Statt rußverschmierter Bergwerkskumpels stehen Herren in Anzügen und gestärkten Hemden an der Schachtanlage. Ein Sarg thront in der Mitte, geschmückt mit unzähligen Kränzen. Auf den Fördertürmen wehen die Flaggen auf halbmast, so wie im gesamten rheinisch-westfälischen Bezirk. Das städtische Orchester Bochum spielt den zweiten Satz der Eroica von Ludwig van Beethoven. Der Reichswirtschaftsminister Walther Funk würdigt den Verblichenen in seiner Ansprache als »den ersten nationalsozialistischen Wirtschaftsführer Deutschlands« und »begeisterten Verehrer und treuen Freund unseres Führers Adolf Hitler«. Der Redner weist darauf hin, dass der Tote »nicht nur ein Vorkämpfer für die politischen Ideale des Nationalsozialismus« gewesen ist, »sondern er hat auch die wirtschaftlichen und sozialen Ideale gelebt und gekämpft, die der Führer dem deutschen Volk gegeben hat«. Der Reichskanzler Adolf Hitler tritt vor, legt einen Kranz nieder, verweilt kurz in Andacht. Die Worte des Gauleiters Westfalen-Nord Alfred Meyer schallen über den Platz: »Der Führer und Kanzler des Deutschen Reiches gibt dem toten Gefolgsmann persönlich das letzte Geleit. Das ist wohl die höchste Ehre und Auszeichnung, die einem toten deutschen Manne zuteil werden kann.« Die Singe-Gemeinschaft Rheinelbe trägt Goethes »Über allen Wipfeln ist Ruh« vor, das Deutschlandlied und das Horst-Wessel-Lied erklingen, ein abschließendes »Sieg Heil!« Der Sarg verlässt auf einer Lafette die Zeche.

Die Feierstunde gilt einem Mann, der drei Tage vorher im Alter von 91 Jahren in seinem Haus in Mülheim an der Ruhr gestorben ist: Emil Kirdorf, eine Legende des Ruhrgebiets. Hitler hat den Hinterbliebenen in einem Beileidstelegramm geschrieben: »Die Verdienste, die sich der Verstorbene um die deutsche Wirtschaft und die Wiederaufrichtung unseres Volkes erworben hat, werden mir unvergessen bleiben.«[1] Die Verneigung vor dem Toten hat nicht nur propagandistische Gründe: Emil Kirdorf, der »Schlotbaron«, öffnet dem Nazi-Diktator mehr als alle anderen Unternehmenslenker schon lange vor der Machtübernahme die Türen in die oberste Etage der deutschen Wirtschaftselite, bringt damit das wirklich große Geld in die Reichweite des NSDAP-Chefs. Kirdorf trägt dazu bei, »den künftigen Diktator während seines Aufstiegs zur Macht in den Augen von Millionen Deutscher gesellschaftsfähig zu machen«; durch sein öffentliches Eintreten für die Nazis und seine Unterstützung »half er dem Führer unermesslich«.[2]

Hitler weiß, was er dem betagten Manager zu verdanken hat. Mehrmals besucht der Reichskanzler nach der Machtergreifung den prominenten Wirtschaftsführer zu Hause, sitzt mit der Familie beim Kaffeetisch. Kirdorf, von kleinem Wuchs, mit kahlem Schädel und Vollbart, empfängt den bewunderten Demagogen in der Uniform eines SS-Offiziers – ein Dienstgrad, den ihm Hitler ehrenhalber verliehen hat. Eine seltsame Aufmachung: Der knorrige, streitlustige Manager, der seine Interessen stets rigoros durchsetzt und sich sein Leben lang mit Gegnern aller Art anlegt, degradiert sich freiwillig zum Soldaten von Hitlers Gnaden. Kirdorf spricht selig von »meinem Freund Adolf Hitler, dessen selbstlose nationale Hingebung ich kenne und bewundere«.[3] Der Führer pflegt seinen wertvollen Kontakt: Er überreicht Kirdorf zu dessen 90. Geburtstag den Adlerschild, die höchste zivile Auszeichnung des Dritten Reichs, ebenso wie das goldene Ehrenzeichen der NSDAP, das nur »alte Kämpfer« tragen dürfen. Kirdorf seinerseits, ein Bewunderer Bismarcks, hängt in sein Arbeitszimmer ein Ölgemälde Adolf Hitlers.

Es mutet auf den ersten Blick paradox an, dass der berechnende Nazi-Tyrann einem Greis so viel Aufmerksamkeit schenkt, der fast alle seine Ämter niedergelegt und sich aufs Altenteil zurückgezogen hat. Doch Kirdorf, 42 Jahre älter als Hitler, verfügt über exzellente Verbindungen zu praktisch allen bedeutenden Industriellen des Landes. Das ist von unschätzbarem Nutzen. Über 50 Jahre in der Kohle- und Stahlbranche tätig, hat sich der Manager in dieser Welt ein Geflecht von Verbindungen aufgebaut, das sich trefflich für politische und finanzielle Aktionen einsetzen lässt. Und der Nimbus des Namens Kirdorf tut ein Übriges, selbst bei der jüngeren Generation der Wirtschaftsmagnaten Gehör zu finden. Immerhin gibt es eine Kirdorf-Straße in Essen, sein

Unternehmen prägt eine »Kirdorf-Gedächtnismünze«, eine Schachtanlage wird nach ihm ebenso benannt wie ein Schiff, das für die Stinnes-Reederei fährt. Dabei ist Kirdorf ein Wanderer zwischen zwei Welten. In der neuen Zeit nach dem Ersten Weltkrieg erlebt der Wirtschaftsmann die Umbrüche in Politik, Kultur und Ökonomie. Von seinen Anschauungen und Idealen her liegt seine geistige Heimat aber im späten 19. Jahrhundert, in der Feudalordnung mit Kaiser und dem eisernen Kanzler Bismarck, mit dem hemdsärmeligen Manchester-Kapitalismus der Industrialisierung. Da schreibt der Konzernboss selbst ein Stück deutsche Industriegeschichte.

Emil Kirdorf kommt am 8. April 1847 im bergischen Städtchen Mettmann zur Welt. Es ist der Vorabend der deutschen Revolution, überall machen sich die Zeichen der herannahenden Freiheitsbewegung des Bürgertums bemerkbar. Seinen Vater Martin Kirdorf sollte Emil nie kennen lernen – wenige Monate nach seiner Geburt fällt der Vater und Emils ältester Bruder einer Typhusepidemie zum Opfer. Doch scheint Emil und seinem zweiten Bruder Adolph eine sorgenfreie Zukunft bevorzustehen: Martin Kirdorf hinterlässt eine Weberei, die der Familie bislang ein Leben in Wohlstand ermöglicht hat. Die Mutter Amalie Kirdorf, eine geborene Dickes, von einem Bauernhof bei Mettmann stammend, verlegt den Firmensitz nach Düsseldorf. Sie folgt damit einem Rat von Emil Strohn, dem Geschäftsführer der Firma. Der Junior besucht am neuen Wohnort drei Jahre lang die Krumbachsche Privatschule, wechselt 1856 auf die Realschule. Der ältere Bruder Adolph gilt als talentiert und strebsam, während der Schüler Emil als bequem und für sein Alter zu unselbstständig geschildert wird, außerdem neigt er zu heftigen Gefühlsausbrüchen, ein Charakterzug, der als hervorstechendes Merkmal bleiben sollte.

Die Mutter sieht für ihren Sprössling Emil selbstverständlich eine Karriere in der Textilindustrie vor; er soll einmal in die Fußstapfen seines Vaters steigen und das elterliche Unternehmen führen. Der Junge fügt sich diesem Wunsch: Im Oktober 1863 besucht er die Webeschule in Mülheim am Rhein, ein Jahr später absolviert er eine kaufmännische Lehre im eigenen Betrieb, der Firma Burberg & Kirdorf, danach geht der künftige Fabrikbesitzer für ein Jahr als Handlungsgehilfe in die Export- und Importfirma Eduard Richter in Hamburg. Eine weitere Chance tut sich auf: In Krefeld leben Verwandte, die selbst keine Kinder haben, Emil Kirdorf kann sich deshalb Hoffnungen auf eine Beteiligung an deren Unternehmen machen. Der Lehrling wechselt also nach Krefeld zur Stoffhandlung W. Brüning. Dort lernt der 22-Jährige die 19-jährige Mathilde Kauert kennen, ein Mädchen aus vermögendem Hause, das mit seinen hochgeschlossenen Kleidern, den streng nach hinten frisierten Haaren älter wirkt. Die beiden beschließen zu heiraten.

Doch ein Schockerlebnis zerstört die Hoffnungen der Frischverliebten: Die elterliche Firma Burberg & Kirdorf muss Konkurs anmelden. Geschäftsführer Strohn erschießt sich, da er die Schande nicht ertragen kann. Was war passiert? Der Unternehmensleiter hatte, wie viele mit ihm, schlicht die technische Revolution verschlafen. Der mechanische Webstuhl aus England machte innerhalb kurzer Zeit allen Webereien den Garaus, die auf die gute alte Handarbeit setzten. Denn die maschinelle Produktion stellte die Produkte nun konkurrenzlos günstig her; mag die Qualität auch nicht der handgewebten Ware standhalten, die Kunden greifen lieber zur billigen Offerte. Zu spät erkennt Strohn sein Versäumnis, versucht den Betrieb mit Hilfe von Krediten auf die modernen Maschinen umzurüsten. Die Schulden wachsen. Amalie Kirdorf, in geschäftlichen Dingen wenig bewandert, vertraut auf ihren Angestellten und greift nicht ein. Die Pleite ist nicht mehr aufzuhalten. Die Krise im Hause Kirdorf verschärft sich: Die Gläubiger halten sich an die Mutter, vom Vermögen des einst herrschaftlichen Haushalts bleibt nichts mehr übrig. Sohn Emil, der bereits sein sorgenfreies Leben als reicher Unternehmer der Oberschicht vor sich sah, steht vor dem Nichts.

Schlimmer noch: Sein Bruder Adolph und er müssen nun für den Unterhalt der mittellosen Mutter aufkommen. Und an eine Heirat mit der angebeteten Mathilde ist nun nicht mehr zu denken – nach den strengen gesellschaftlichen Konventionen im 19. Jahrhundert gilt es als ausgeschlossen, dass ein armer Tuchhändler eine Dame aus gutem Hause ehelicht und das Geld für deren Wohlbefinden und Sicherheit fehlt. Für Emil Kirdorf bricht eine Welt zusammen. Der Frust über das Aus der elterlichen Firma sitzt so tief, dass der junge Mann in seinem ganzen Leben nicht mehr selbst als Unternehmer tätig sein will, sondern nur noch als Angestellter – obwohl er mit seinen Fähigkeiten später mühelos als erfolgreicher Produzent und Industrieller geglänzt und sich wohl unter die wirklich reiche Besitzelite des Landes eingereiht hätte. Doch Emil Kirdorf sagt der selbstständigen Existenz für immer ade. In jener Zeit wählt er auch sein Lebensmotto: »Ich komme durch, durch komme ich!« Diesen Spruch lässt er später sogar in Silberbecher eingravieren und verschenkt sie an Freunde.

Ein neuer Job muss her. Als Tuchhändler bei Brüning verdient er zu wenig und, wie gesagt, diese Branche ist zu riskant. Zwei Jahre später, als 24-Jähriger, erhält er ein Angebot, das sein künftiges Leben umkrempelt: Er kann als kaufmännischer Leiter der Bergbau-Gesellschaft Holland in Wattenscheid anfangen. Dass er diesen Arbeitsplatz bekommt, verdankt der junge Kirdorf einem besonderen Talent, das er bewusst einsetzt und von dem er seine Berufskarriere hindurch profitiert: seiner Fähigkeit, Kontakte aufzubauen und Verbindungen zu pflegen – gekoppelt mit einer großen rhetorischen Begabung, wie sie beispielsweise auch der junge Adolf Hitler hat.

Auslöser für die Bergbau-Anstellung ist Emils Bruder Adolph. Der ist bereits technischer Direktor einer Weberei, als er eigentlich das Angebot für die Zeche Holland erhält. Die Geschwister halten zusammen: Adolph verzichtet auf Emils Drängen großmütig auf die Stelle und überlässt sie stattdessen seinem Bruder. Emil, völliger Frischling in Fragen des Bergbaus, schafft es, den Verwaltungsrat der Firma von seinen Fähigkeiten zu überzeugen. Doch dem Engagement steht eine schier unüberwindbare Hürde entgegen – die Zecheneigentümer verlangen eine Kaution von 10 000 Talern, eine abenteuerliche Summe für einen mittellosen Berufsanfänger. Wieder kann Emil Kirdorf einen Bekannten für seine Sache einnehmen. Ein Herr Pelizaeus, Freund der Familie seiner Traumfrau Mathilde Kauert, bürgt für das verlangte Geld. Am 8. November 1871 beginnt Emil Kirdorf seinen Job in der Zeche Holland. Seine Existenz scheint nun gesichert. Er hält um die Hand von Mathilde an. Am 24. Juli 1872 heiraten sie. Aus einer katholischen Familie stammend, aber von der frommen Mutter im evangelischen Glauben erzogen, kann Kirdorf den traditionellen Religionen nicht viel abgewinnen. Er schließt sich vielmehr einer mennonitischen Sekte an, der auch seine Frau angehört. Schon die Hochzeitszeremonie nimmt ein Sektenpastor vor.

Der Sprung vom Textilgeschäft in die Kohlebranche kann kaum gewaltiger sein. Zu jener Zeit gilt der Abbau des »schwarzen Goldes« als boomende Zukunftsindustrie, vergleichbar mit der Herstellung von Siliziumscheiben für Computerchips heutzutage. Denn Kohle ist der Träger des Fortschritts, der Motor, der den Wandel von einer Agrargesellschaft zur Industriegesellschaft beschleunigt. In kurzer Zeit vollzieht sich eine kleine Völkerwanderung vom Land in die Städte und Fabriken. Neue Techniken verändern den Abbau des Energieträgers; die Dampfmaschine löst die Stollenförderung zu Gunsten der Tiefbau-Schachtanlage ab, die Steinkohle ersetzt die jahrhundertelang übliche Holzkohle. 1851 arbeiten im Ruhrgebiet 142 Dampfmaschinen mit insgesamt 9845 PS Leistung, im Jahr 1906 sind bereits 6200 Dampfmaschinen mit über 800 000 PS im Einsatz. Der Kokshochofen ermöglicht zudem die Massenproduktion von Eisen: 1851 werden 77 000 Tonnen Roheisen gewonnen, 1913 sind es 18 Millionen Tonnen Roheisen und zehn Millionen Tonnen Stahl. Kohle und Eisen sorgen in den folgenden Jahrzehnten für den Aufstieg der deutschen Konzerne an die europäische Spitze – eine Entwicklung, die sich bis weit ins 20. Jahrhundert fortsetzen sollte.

Die neuen Industrien ziehen im vorigen Jahrhundert Spekulanten aus dem In- und Ausland an, die mit dem Bergbau schnelles Geld machen wollen – ein Mechanismus, der im 21. Jahrhundert noch genauso funktioniert. Nur heißen die Branchen heute vielleicht Biotechnologie, Software oder Pharma. Banken entstehen, die als Finanziers den Industrien Geld und Kredite zur Verfügung stellen. Die Rechtsform der Aktiengesellschaft erlebt eine Blüte, denn sie erlaubt schnelles und im Zweifelsfall anonymes Wechseln der Eigentümer. Die Kursschwankungen an der Börse zeigen, dass das Phänomen der Aktienzocker bereits früh ausgeprägt ist: Die Vereinigte Bonifacius etwa notiert 1873 bei einem Preis von 151 je Aktie, das Papier stürzt bis 1877 auf 35; die Bergwerksgesellschaft König Wilhelm sackt im gleichen Zeitraum von 127 auf 14.

Die Wildwestmanieren bekommt Emil Kirdorf schnell zu spüren. Sein Direktorentitel zählt wenig, das Kommando führt der holländische Eigentümer der Zeche, der kleinlich über jede Ausgabe wacht und die Angestellten zum gegenseitigen Bespitzeln animiert. Kirdorf umgeht die Schikanen, indem er praktisch alles selbst erledigt – von den Abrechnungen über die Verhandlungen bis zum Briefeschreiben. Doch die Atmosphäre wird immer unerträglicher, der Bergbau-Neuling würde am liebsten wechseln. Doch wie – und wohin?

Kirdorf wendet sich an einen Mann, den er zwischenzeitlich kennen gelernt hat, Heinrich Müller, den Direktor der Horster Eisen- und Stahlwerke. Kirdorf kann den Manager für seine Sache gewinnen. Müller empfiehlt die junge Führungskraft an den Industriegewaltigen Friedrich Grillo weiter, damals die prägende Unternehmerfigur des Ruhrgebiets. Kirdorf macht beim Vorstellungsgespräch Eindruck, genauso wie bei seinen Besuchen beim Verwaltungsratsvorsitzenden Adolph von Hansemann, Chef des Berliner Geldinstituts Discontogesellschaft. Kirdorfs Fähigkeit, andere Menschen von sich einzunehmen, zahlt sich aus. Er erhält im März 1873 eine Anstellung als Vorstand der neu gegründeten Gelsenkirchener Bergwerks-Aktiengesellschaft (GBAG). Der Vertrag mit unbestimmter Laufzeit sieht ein Gehalt von 2000 Talern jährlich vor, plus eine Tantieme von einem halben Prozent des Reingewinns. Grillo hat große Pläne mit der Aktiengesellschaft: Sie soll der Kern seiner vielfältigen Industrieaktivitäten werden und zur Nummer eins aufsteigen. Entsprechend üppig ist das Grundkapital dotiert: 4,5 Millionen Taler. Für den 25-jährigen Kirdorf, der bereits zwei Jahre später an die Spitze des Vorstands rückt, ist das Zusammentreffen mit seinen unternehmungslustigen Arbeitgebern der Beginn einer langen Karriere: Über 50 Jahre lang wird er die Gelsenkirchener Bergwerks-AG führen, sie zur bedeutendsten Gesellschaft der Branche machen – und sein beruflicher Stern strahlt mit den Erfolgen des Konzerns. Vor allem aber schafft es Kirdorf im Deutschen Reich als einer der ersten angestellten Manager, mit den Eigentümern der Firmen auf gleicher Höhe zu stehen und zu verhandeln und nicht länger bloß als Untergebener zu funktionieren. Wenn auch mit Mühen, wie sich Kirdorf erinnert: »Es hat jahrelangen Kampfes gekostet, um mir die Stellung im Bergbau zu erringen, die ich als Vorstandsmitglied der größten Bergbaugesellschaft beanspruchen musste.«[4] Dabei erkennt der Aufsteiger schon früh, welcher Weg

den Einfluss sichert – nämlich die richtigen Leute kennen, ein funktionierendes Netzwerk aufbauen: »Er wusste, dass der freundschaftliche Rat eines Mächtigen mehr Gewicht hat als der eines noch so klugen und wohlmeinenden Schwachen«, schreibt ein Freund, »seine wachsenden Erfolge und die immer größer werdende Hausmacht Gelsenkirchens waren die hauptsächlichen Bahnbrecher auf dem Wege zu seinem Ziel.«[5]
Seine Leistungen der folgenden Jahrzehnte sind unbestritten. Trotz Krisen und Preisverfall bei der Kohle gedeiht Kirdorfs Unternehmen kontinuierlich. Er modernisiert die Technik, kauft weitere Zechen zu. Denn der Manager hängt schon früh der Überzeugung an, je größer ein Unternehmen ist, desto besser verteilen sich die Kosten, umso höher der Profit. Um über eigene Transportmittel zu verfügen, übernimmt er die Mehrheit an dem Reederei- und Kohlenhandelsunternehmen Raab, Karcher & Co., beteiligt sich bei der Gründung des Rheinisch-Westfälischen-Elektrizitätswerks, der heutigen RWE, um den überschüssigen Strom der nicht ausgelasteten firmeneigenen Kraftanlagen zu vermarkten. Selbst die Monokultur Kohle gibt Kirdorf auf, nachdem Konkurrenten mit einem Kohle-Stahl-Verbund bessere Erfolge feiern. Da helfen ihm seine Familienbande: Emil greift sich den Aachener Hüttenverein, den sein Bruder Adolph leitet und der die Fusion begrüßt.
Doch in den neunziger Jahren des 19. Jahrhunderts zieht es ihn in die politische Arena – oder, besser gesagt, er wird hineingezogen. Erster Anlass ist Kirdorfs Herzenswunsch, die konkurrierenden Hüttenunternehmen unter einen Hut zu bringen, um auf diesem Weg nach dem Vorbild der amerikanischen Trusts die harten Preiskämpfe zu beenden und den Wettbewerb auszuschalten – einen Weg, den auch Unternehmensführer in modernen Zeiten bevorzugt wählen, wenn sie nicht die Kartellbehören bremsen. Im Februar 1893 wird das Rheinisch-Westfälische Kohle-Syndikat aus der Taufe gehoben, Kirdorf fungiert als Vorsitzender des Aufsichtsrats und des Beirats. Dieser Angriff auf die freien Marktmechanismen des Kapitalismus ruft sofort wütende Proteste von den Gewerkschaften, Hochschulprofessoren, Politikern und der Presse hervor. Die Kritiker monieren zu Recht, dass mit dem Syndikat zu Lasten der Verbraucher höhere Preise durchgedrückt werden sollen. Der Gelsenkirchener-Chef gerät unter Druck: »Das Kohlesyndikat, entstanden aus rein wirtschaftlichen Erwägungen, wurde bald zum Brennpunkt der innenpolitischen Auseinandersetzungen«, sagt der spätere Konzernaufsichtsratschef Albert Vögler im Rückblick, »man übertreibt nicht, wenn man sagt, dass Regierung und Parlament, von der äußersten Rechten bis zur Linken, Syndikatsgegner waren.«[6] Kirdorf rechtfertigt sich: »Wird aus den Schattenseiten der Syndikate nicht eigentlich immer ein Schreckgespenst gemacht? Sind es vielfach nicht bloß Schlagworte? Eine gewisse Monopolstellung ist notwendig, sonst erfüllt eben das Syndikat seinen Zweck nicht, den Preis zu

regeln.«[7] Der Vorstandschef schafft es dennoch, das Kohlekartell bis 1925 aufrechtzuerhalten.

Ein weiterer Auslöser für Kirdorfs politisches Engagement sind die Arbeiterstreiks des Jahres 1905. Der Konzernvorstandsvorsitzende glaubt an die Philosophie, das Beste für den Angestellten sei ein florierendes Unternehmen, der Chef sorge quasi als Patriarch für seine Mitarbeiter – ansonsten sollten die Lohnempfänger brav arbeiten und nicht aufmucken. Diese Idee sollte sich später fatal mit dem Konstrukt von Hitlers »Betriebsgemeinschaft« decken, das der alte Kirdorf begeistert beklatscht. Doch die Arbeiter denken gar nicht daran, diese antiquierte Einstellung zu übernehmen: Schlechte Arbeitsbedingungen, häufige Unfälle im Bergbau und magere Bezahlung bringen die Angestellten auf die Barrikaden. Sogar ein Gedicht formulieren die Betroffenen:
»Die Herren mit dem eisigen Gewissen,
Der Kirdorf, Stinnes und der Thyssen,
Sind Herren der Ruhr in jedem Bierdorf,
Der Thyssen, Stinnes und der Kirdorf.
Das Notgesetz wird lauten müssen:
Fort mit den Kirdorf, Stinnes, Thyssen!«[8]
Die Streikenden sehen Kirdorf und die Unternehmer August Thyssen und Hugo Stinnes zu Recht als die mächtigsten Industriemagnaten. Der Kohlebaron jedoch feuert wütender als seine Wirtschaftsfreunde gegen die Arbeiter und ihre Verbündeten zurück. Er tobt über »die Hetzarbeit der sozialdemokratischen und christlich-sozialen Verbände«, lehnt Verhandlungen mit den Gewerkschaften kategorisch ab: »Wir wollen lieber geschädigt werden, als einen faulen Frieden eingehen, der immer wieder zu neuen Streiks führen würde« – auch wenn Kirdorf weiß, dass er mit seinem fanatischen Kampf allein steht: »Wir haben alle politischen Parteien gegen uns.«[9] Das Eintreten für soziale Verbesserungen oder eine Arbeitsgesetzgebung sind für den Manager, der ganz in den feudalen Prinzipien des 19. Jahrhunderts gefangen bleibt, ein Teufelswerk, das »unser blühendes wirtschaftliches Leben vernichten« und unser Vaterland dem Umsturz und Verfall der ultramontanen Zwangsherrschaft zuführen wird«.[10]

Der Gelsenkirchen-Chef verdächtigt die Gewerkschaften, in Wirklichkeit dem Marxismus in die Hände zu spielen mit dem Plan, einen »Umsturz und die sozialistische Gesellschaft« herbeizuführen. Die kirchlich betreuten Arbeiter sind noch übler: »Die christliche Organisation kämpft unter dem Mäntelchen christlicher Liebe und Eintracht und steuert schlimmeren Zielen zu.«[11] Da scheint es Kirdorf nur konsequent, sich 1913 ganz vom Christentum abzuwenden. Nach dem Ersten Weltkrieg sympathisiert er mit teutonischen Kulten. Einem Freund schreibt er den Grund für seinen Kirchenaustritt: »Maßgebend dafür war und ist der mich anwidernde zersetzende und schließlich vernichtende Einfluss, den die sich allein selig machend nennende christlich-katholische Kirche auf unser Deutschtum ausübt und dem die protestantischen Bekenntnisse nach meiner Prüfung ein wirksames Gegengewicht nicht zu bieten vermochten.«[12] Doch auch die Politiker verschont Kirdorf nicht mit seinen Tiraden. Seine Worte nehmen über die Jahre an Schärfe zu, oft durchtränkt mit Wut. Sein leicht erregbares Wesen, seine Neigung zum Jähzorn und seine notorische Rechthaberei machen ihn zu einem unangenehmen Gegner. Für seine Familie sammelt er Zitate, die den Hass thematisieren, so wie andere Menschen Briefmarken. Auslöser für die Verachtung der Politikerkaste ist seine Enttäuschung über die Entlassung Fürst Otto von Bismarcks durch Kaiser Wilhelm II. im Jahr 1890. Das lässt Kirdorf an seinen Weltbild verzweifeln. Bestärkt in seinen Ressentiments wird er durch einen Besuch beim ehemaligen Reichskanzler in dessen Heim »Friedrichsruh« bei Hamburg im März 1891. Kirdorf kommt zum Abendessen mit Fleischbrühe, Kabeljau, Schwarzwurzeln und Hammelrippen, der Fürst plaudert über Politik, den Kaiser, über Hunde und über Rheinwein. »Befangen und gefesselt von der Erscheinung des großen Mannes und wiederholt vom Strahl seines Auges getroffen«, schwärmt Kirdorf über den pensionierten Politiker, so wie heute Teenager ihr Popidol anhimmeln. Zum Abschied sagt Bismarck zu dem Bergbau-Manager: »Wir haben uns nun mal ausgesprochen, aber helfen kann ich Ihnen nicht.«[13] Für Kirdorf bleibt es das einschneidende Erlebnis. Im Garten seines Wohnhauses platziert er eine Bismarck-Büste, an deren Seite er später eine Büste Adolf Hitlers stellt. Als er 1921 anlässlich eines Jubiläums einen alten Schlapphut des verstorbenen Fürsten geschenkt bekommt, präsentiert er das angegammelte Stück wie eine Heiligenreliquie in seinem Heim.

Aus Kirdorfs politischer Sicht geht es seit dem Rückzug Bismarcks nur abwärts, das Deutsche Reich scheint für immer verloren. Diese Auffassung lässt in dem Wirtschaftsmann eine weitere Wesensart reifen: »Ich bin als Pessimist groß geworden und heute überzeugt, dass ich als solcher sterben werde.«[14] Nach dem verlorenen Weltkrieg meint er resigniert: »An eine Gesundung und den Wiederaufbau des Reiches glaube ich nicht mehr.«[15] Selbst als er bewundernd zu Hitler aufschaut, meint er zu dem braunen Diktator griesgrämig, er dürfe nicht von ihm verlangen, dass er an das Gelingen des Kampfes glauben solle.[16]

Bis Kirdorf beim NS-Führer seine Leitfigur finden sollte, haut er munter auf die Persönlichkeiten des öffentlichen Lebens ein: In erster Linie kritisiert er den Kaiser, der Bismarck entlassen hat. Kirdorf weigert sich, bei Veranstaltungen aufzutreten, bei denen Wilhelm II. anwesend ist, lehnt die Verleihung eines Adelstitels ab, schreibt über den Regenten: »Das deutsche Volk muss die Strafe dafür tragen, dass es die Herrschaft eines unfähigen, unwürdigen Monarchen jahrelang erduldete, ja vielfach bejubelte und den Verrat an dem Schöpfer eines deutschen Kaisertums ungerügt hinnahm.«[17] Freunde versuchen die Ausfälle des Cholerikers Kirdorf zu dämpfen – wohl nur sein prominenter Name schützt ihn vor Strafverfolgung. Damit nicht genug: Er beschimpft während des Ersten Weltkriegs den Reichskanzler Theobald von Bethmann-Hollweg als »undeutsch« und »feige«, spricht ihm »Siegeswillen« ab. Zugleich mahnt Kirdorf heftigere Angriffe gegen England an, er fordert die Eroberung weiterer Landstriche im Ausland sowie die Akquisition weiterer Übersee-Kolonien. Statt Bethmann solle Feldmarschall Hindenburg zum Kanzler ernannt werden. Kirdorfs Nationalismus und Kompromisslosigkeit steigern sich gar noch nach dem Krieg, er unterstützt als Mitglied den ultrarechten Alldeutschen Verband.

Parallel mit Kirdorfs zunehmender politischer Aktivität geht sein Rückzug aus seinem Beruf einher. Bereits 1905 gibt er einige seiner unzähligen Ämter ab, beispielsweise als zweiter Vorsitzender des Bergbaulichen Vereins, als Mitglied der Bochumer Handelskammer und des Provinzialausschusses. Seinen Vorstandsvorsitz bei der Gelsenkirchener Bergwerks-AG legt er jedoch erst 1926 nieder. Sein Unternehmen geht in den frisch gegründeten Vereinigten Stahlwerken auf, genauso wie die Thyssen-Betriebe und die Rheinischen Stahlwerke. Damit ist ein neuer Montanriese geboren, der mächtigste fusionierte Konzern in Europa, geleitet nun von Albert Vögler. Kirdorf ist bei seiner Pensionierung 79 Jahre alt – knapp 54 Jahre stand er an der Spitze seines Bergbau-Unternehmens. Das zeigt, wie sehr die Eigentümer selbst den betagten Manager schätzen – oder, wie es eine Berliner Finanzzeitschrift formuliert: »Er beherrscht die Kapitalisten und ist ihnen nicht untertan.«[18] Bis zu seinem Tod behält er immer noch Posten und Ehrenämter. Und was wichtiger ist: Seine persönlichen Verbindungen wirken auch ohne formelle Funktion.

Das zeigt sich, als er 1917 diskret die finanzielle Unterstützung der Vaterlandspartei in die Wege leitet, eine Neugründung der ultrarechten Aktivisten Alfred von Tirpitz und Wolfgang Kapp, des späteren Putschisten. Als Geldquelle dient das Kohlesyndikat, dessen Geschäftsausschuss Kirdorf als Vorsitzender leitet. Das überlieferte Sitzungsprotokoll gibt einen aufschlussreichen Einblick in die Methoden der industriellen verdeckten Parteienfinanzierung jener Zeit:

»Wenn ich allein zu bestimmen hätte, würde ich sagen, dass wir aus unserem Verband der Vaterlandspartei mit Geldmitteln kräftig unter die Arme greifen. Aber das kann nur geschehen, wenn kein Widerspruch erfolgt.

Kleymanns: Ich bin unbedingt dafür. (Ruf: Es wird kein Widerspruch erfolgen!)

Schäfer: Ich beantrage, es in der nächsten Zechenbesitzerversammlung vorzubringen. (Widerspruch.)

Vorsitzender: Es ist deshalb nicht praktisch, es in einer so großen Versammlung zu tun, weil sonst die Bewegung geschädigt wird; dann heißt es: Die Schwerindustrie hat das Geld dafür gegeben. Das kann man nur machen, indem man es im kleineren Kreise beschließt. (Zuruf: Aufsichtsrat!)

Stinnes: Wollen Sie nicht feststellen, ob ein einstimmiger Beschluss des Aufsichtsrats herbeizuführen ist? Wenn er nicht einstimmig ist, ist es ausgeschlossen.

Vorsitzender: Würden die Herren vom Aufsichtsrat, die hier sind, dem alle zustimmen?

Thyssen: Er hat keine Bedenken.

Vorsitzender: Dann können wir die Sache machen.

Stinnes: Dann muss es aber gründlich geschehen.

Vorsitzender: Zunächst 100000 Mark.

Stinnes: Eine Million. Geben Sie den Leuten eine Million Mark, dann hilft es.

Vorsitzender: Er muss für die nächste Zeit viel Geld haben, um seine Sachen weit zu verbreiten.

Stinnes: Was nützt es, ob wir auf dem Standpunkt stehen. Das kann nur dadurch geschehen, dass die große Masse in Bewegung gesetzt wird.

Jacob: Wir dürfen es wegen der Lohnbewegungen nicht öffentlich behandeln, sonst kriegen wir die ganzen Bergarbeiter auf den Hals.

Vorsitzender: Keiner darf drüber sprechen.

...

Vorsitzender: Es freut mich, dass das beschlossen ist.«[19]

Ein seltenes Dokument aus dem Innenleben des Verbands. Es lässt sich unschwer nachvollziehen, wie solche Gespräche bei der späteren Unterstützung Hitlers ablaufen.

Die Zeit ändert auch Kirdorfs Privatleben. Zermürbt von den Kämpfen mit Gewerkschaftlern und Regierenden, vereinsamt nach dem Verlust von Kollegen, verbringt er einen Großteil seiner freien Zeit in seinem Refugium in den Wäldern von Mülheim, das er sinnigerweise »Streithof« tauft. Das Domizil im Stil eines bäuerlichen Anwesens mit Innenhof, Haupthaus und Wirtschaftsgebäuden liegt umgeben vom Broich-Speldorfer Wald, als prominente Nachbarn wohnen Fritz Thyssen und Hugo Stinnes nebenan. Hier kann Kirdorf seiner Leidenschaft, dem Reiten, nachgehen. Dazu engagiert er sogar einen Pferdepfleger für seinen Halbblüter Pascha und seinen Vollblüter Halbgott. Ansonsten ordnet er seine Bildersammlung mit Werken von Lenbach (Bismarck-Porträt), Corinth, Menzel, Achenbach, Leistikow und Böcklin. Seine Frau Mathilde erleidet während des Kriegs einen Schlaganfall, an deren Folgen sie im Dezember 1919 stirbt. Die Töchter Jenny, Lilly und Marie hat der Vater versorgt; den Schwiegersöhnen verschafft er Jobs in seinem Konzern. Für seine Gattin findet der Senior schnell Ersatz: Im Februar 1923 heiratet der 74-jährige Patriarch Olga Wessel, geborene Gayen,»die als Hausgast bei mir weilende langjährige Freundin«.

Im gleichen Jahr reist Kirdorf mit Olga während der Sommermonate nach Bayern – sie verbringen dort eine Art Flitterwochen. Das Paar macht Station in München, besucht Kirdorfs Bruder Adolph. Ein letztes schicksalhaftes Treffen: Adolph erkrankt plötzlich und stirbt in Anwesenheit seiner Verwandten. In der bayerischen Landeshauptstadt besucht er eine NSDAP-Veranstaltung, bei der Hitler als Redner angekündigt ist. Doch der Parteichef tritt nicht selbst auf; enttäuscht macht sich der Nationalist Kirdorf auf den Weg zum Kurort Reichenhall. Drei Jahre später jedoch bietet sich die Gelegenheit, den NS-Führer kennen zu lernen. Hitler ist mittlerweile über die Grenzen Bayerns hinaus eine Berühmtheit, sein fehlgeschlagener Putsch bringt ihn landesweit in die Schlagzeilen. Der demagogische Österreicher sucht im Jahr 1926 Kontakt zu Industriellenkreisen. Der Grund dafür sind nicht die wenigen Wählerstimmen dieser Gruppe, sondern vielmehr der versteckte Einfluss. Und was am wichtigsten ist: Die Kapitalisten verfügen reichlich über Finanzmittel. Schon eine einzige Spende, die für Wirtschaftsführer nur ein Taschengeld bedeutet, kann der daniederliegenden Nazi-Partei flugs wieder auf die Beine helfen, nachdem das zeitweilige NSDAP-Verbot die Quellen hat versiegen lassen.

Hitler tritt im Herbst in mehreren privaten Zirkeln vor Wirtschaftsführern auf und erläutert seine Ziele. Bei einem dieser Treffen in Essen hört Kirdorf den Propagandisten zum ersten Mal, besucht bald darauf eine weitere Veranstaltung. Der alte Mann lauscht ergriffen den Phrasen Hitlers,»dessen Vortrag mir einen gewaltigen Eindruck machte, sodass ich ihm nach Schluss des Vortrags die Hand drückte«, erinnert sich der Manager im Ruhestand.»Meinen Namen erfuhr er später, Freunde von ihm traten an mich heran, dadurch kam ich zu ihm in persönliche Beziehungen und zu einer stundenlangen Aussprache in München.«[20] Den Besuch in München arrangierte Elsa Bruckmann, die Frau des Kunst- und Buchverlegers Hugo Bruckmann. Elsa, eine gebürtige rumänische Prinzessin Cantacuzène, hat sich Hitler schon früh angenommen und lädt ihn regelmäßig zu Abendsalons in ihre Villa am Karolinenplatz, bei denen früher Friedrich Nietzsche und Rainer Maria Rilke verkehrten. Elsa Bruckmann himmelt den linkisch wirkenden Parteivorsitzenden an, sie bringt ihm Manieren für den Umgang mit der besseren Gesellschaft bei, zahlt zeitweise seine Miete, überlässt ihm Möbel und eine Uhr, kauft ihm einen Trenchcoat. Wie Helene Bechstein, ihre Konkurrentin um die Gunst des Nazi-Mannes, schenkt sie Hitler eine Hundepeitsche, für sie ein Symbol für Männlichkeit und Macht. In den silbernen Knauf lässt sie ihre Initialen einprägen. Der junge NSDAP-Chef wirkt für die Gäste der Bruckmanns mit seinem Dandyhut, seiner Peitsche, seiner offen getragenen Pistole und mit seiner heiseren, sich oft überschlagenden Stimme wie ein Exot – und ist ein Amüsement für den Abend. Doch Elsa Bruckmann geht es nicht um oberflächliche Belustigung. Sie trägt die Mission des Nazis weiter, macht es sich zur Aufgabe, ihm nach oben zu helfen. Auf Empfehlung des gemeinsamen Bekannten Karl zu Löwenstein schickt sie Emil Kirdorf einen Brief an dessen Urlaubsort Bad Gastein, »sie habe als begeisterte Anhängerin des Führers es sich zur Lebensaufgabe gestellt, diesen mit den leitenden Männern der Schwerindustrie in Verbindung zu bringen, um auch diesen Kreisen den Boden für den Nationalsozialismus zu bereiten«[21], berichtet der Senior später. Am 4. Juli 1927 findet die Begegnung im Hause der Bruckmanns statt. Kirdorf protokolliert im August begeistert die Worte Hitlers während des Gesprächs: »Zunächst gilt demnach sein Kampf dem zersetzenden Einfluss der Gewerkschaften und in erster Linie der sozialdemokratischen vaterlandslosen Gewerkschaften. Mein Einwurf, dass die christlich-sozialen, vom Zentrum gestützten Gewerkschaften nach meiner Ansicht die gefährlichsten seien, weil sie unter falscher Flagge kämpften, widerlegte er bezüglich seiner Aufgabe mit der richtigen Bemerkung, dass er nicht gegen zwei Fronten kämpfen könne. Ohne Zweifel, darin muss ich ihm Recht geben – heißt es heute zunächst die zersetzende marxistische Lehre zu bekämpfen, die Arbeiter von deren Irrtum zu überzeugen und sie zur Vaterlandsliebe zurückzuführen.«[22] Die Äußerungen zeigen, wie geschickt Hitler die Sorgen und Themen Kirdorfs aufnimmt und ihn mit Versprechungen gewogen macht. Das mehrstündige Gespräch zeigt Wirkung bei dem alten Bergbau-Krösus: »Nach jedem Lichtblick, jedem Hoffnungsstrahl für Deutschlands Rettung haschend, möchte ich in Adolf Hitler den Mann gefunden haben, der das Werk deutscher nationaler Gesinnung und Rettung leisten kann. Den Beruf dazu fühlt er in sich, womit er eine starke Waffe in der Hand hat. Ich habe es eingeleitet, dass ich ihn in dem nächsten Monat mit einigen führenden Personen diesseitiger Industrie zusammenbringe. Gelingt es mir, ihm in diesen Kreisen Anhänger zu gewinnen, so wird meine Hoffnung auf Rettung des Vaterlandes eine Stärkung erfahren.«[23] Kirdorf tut erst mal das Nächstliegende: Er wird im August 1927 NSDAP-Parteigenosse mit der Mitgliedsnummer 71 032. Damit ist er der erste Repräsentant der Großindustrie, der nicht bloß mit den Nazis sympathisiert, sondern der Bewegung auch formell angehört. Dieser Schritt entfremdet ihn jedoch zunehmend von seinen Freunden.

Aber auch seine private Geldschatulle öffnet er. Einmal springt er in letzter Sekunde für seinen obersten Parteichef ein, wie Hitler theatralisch schildert: »Ich hatte für die Partei einen Wechsel über 40000 Mark unterschrieben. Gelder, die ich erwartete, blieben aus, die Parteikasse war leer und der Fälligkeitstermin rückte immer näher, ohne dass ich Hoffnung hatte, das Geld noch zusammenzubringen. Ich erwog bereits den Gedanken, mich zu erschießen, denn mir blieb kein anderer Ausweg. Vier Tage vor dem Fälligkeitstermin erzählte ich Frau Geheimrat Bruckmann von meiner misslichen Lage, die sofort die Sache in die Hand nahm, Geheimrat Kirdorf anrief und mich veranlasste, zu ihm zu fahren. Kirdorf erzählte ich von meinen Plänen und gewann ihn sofort für mich. Er stellte mir das Geld zur Verfügung und so konnte ich den Wechsel noch rechtzeitig einlösen.«[24] Mit seiner Finanzspritze dämpft Kirdorf die akuten Geldsorgen der Partei; insgesamt spendet er privat 100 000 Mark.[25]

Viel wichtiger noch als die persönlichen finanziellen Zuwendungen sind für Hitler die Dienste des Kohlemagnaten als Türöffner in die obersten Etagen der deutschen Wirtschaftselite. Kirdorf bittet den NSDAP-Chef seine Gedanken zu Ökonomie und Unternehmertum niederzuschreiben. Der ehemalige Vorstandsvorsitzende will den Aufsatz drucken lassen und diskret unter seinen Freunden und Bekannten verteilen. Das ist eine einmalige Chance für den Parteidiktator: Nie könnte er allein durch seine Redeauftritte oder private Gespräche die wichtigsten Unternehmer des Landes erreichen; viele besuchen solche Veranstaltungen einfach nicht und zeigen überdies kein Interesse, den aufstrebenden Nationalsozialisten näher kennen zu lernen – die oberen 100 verkehren in der Regel nur unter ihresgleichen und würden es unter normalen Umständen als niveaulos empfinden, mit einem österreichischen Gefreiten zu sprechen. Ganz anders liegt die Situation, wenn ein berühmter Manager quasi als Trojanisches Pferd die rechtsradikalen Botschaften transportiert und persönlich einen guten Leumund für den Autor abgibt. Deshalb macht sich Hitler schnell ans Werk und liefert im August 1927 mehrere Seiten seiner Philosophie. In seinem Begleitbrief schreibt er:

»Sehr verehrter Herr Geheimrat!

Mit aufrichtiger Freude komme ich Ihrem Wunsche nach und überreiche Ihnen nachstehend die Niederschrift meiner Gedanken über die gegenwärtige Lage Deutschlands und der Hoffnungen, die ich trotz allem für einen Wiederaufstieg unseres Volkes hege. Lehrt mich doch die freudige Zustimmung von Tausenden meiner Zuhörer immer wieder, dass, wo unsere Rasse und Art sich rein erhalten hat, auch der Sinn lebendig blieb für das große deutsche Erbgut, das uns anvertraut ist und das uns alle verpflichtet. Mit diesem Sinn lebt auch der Wille fort, sich einzusetzen für den inneren und äußeren Wiederaufstieg unseres Volkes. Nach meinen Kräften will ich versuchen, im Dunkel dieser Tage diesem Willen den Weg zu bahnen, und werde glücklich sein, wenn Sie, sehr verehrter Geheimrat, helfen wollen, diese Gedanken in Ihren Kreisen zu verbreiten. Denn ich glaube an ihren Sieg.

Mit deutschem Gruß Ihr ergebener Adolf Hitler«[26]

Der 80-Jährige ist von dem Pamphlet begeistert. Er lässt den Text als Bro-

Hitler und der Industrielle Kirdorf

schüre bei Hugo Bruckmann in München drucken mit dem Titel »Adolf Hitler: Der Weg zum Wiederaufstieg – überreicht von Emil Kirdorf«. Er verschickt das Heftchen, steckt es persönlich seinen Geschäftskollegen und Freunden zu – alles unter größter Geheimhaltung. Der Aufsatz bleibt deshalb lange Zeit in der Öffentlichkeit unentdeckt, erst im Frühjahr 1966 taucht ein erhalten gebliebenes Exemplar wieder auf. Die Zurückhaltung macht Sinn: Die Thesen, die Hitler darin ausbreitet, unterscheiden sich stark von seinen Ausfällen gegenüber der Wirtschaft in »Mein Kampf« und dem 25-Punkte-Programm der Partei vom Februar 1920, wo die »Brechung der Zinsknechtschaft« und eine Teilverstaatlichung gefordert wird. Würden die Veränderungen seiner niedergeschriebenen Anschauungen publik, sähe sich der Parteichef einer heftigen Konfrontation mit dem linken Flügel der NSDAP um Otto Strasser ausgesetzt, der Verstaatlichung begrüßt.

Darüber hinaus ist das Manuskript, historisch gesehen, ein seltenes Dokument eines schriftlich fixierten Grundsatzreferats Hitlers, die zweite derartige Publikation nach »Mein Kampf« – auch wenn die Broschüre Normalsterbliche nie zu Gesicht bekamen. Die Ausführungen zeigen, mit welchen Argumenten der Volksverhetzer die gebildete Wirtschaftsschicht für sich gewinnen will. Um den Unternehmern zu gefallen, hat Hitler Kreide gefressen. Er schlägt moderate Töne an, versucht sich wie ein Staatsmann in der Analyse von Wirtschaftsproblemen. Das Thema Juden findet sich nur an einer einzigen Stelle – und dort auch nur in Form des »internationalen Judens« und im Zusammenhang mit dem Marxismus. Diese Zurückhaltung zielt ebenfalls auf Hitlers besonderen Leserkreis, der meist wenig Verständnis für einen hetzerischen Antisemitismus aufbringt. Auch von Enteignung und ähnlichen Horrorvokabeln für Unternehmer ist nicht die Rede.

Hitler bestreitet in seinem Aufsatz, dass trotz der florierenden Konjunktur zu jener Zeit die Lage stabil sei – eine »bewusste Lüge«.[27] Die Wirtschaft verliere schleichend ihre Unabhängigkeit, die Arbeitslosigkeit nehme zu: »Eine Armee von Menschen, zwei bis drei Mal so groß als unser altes Friedensheer, die durch jahrelange Entwöhnung von jeder Arbeit eines Tages die Entwöhnung als Gewohnheit empfindet, nichtsdestoweniger aber das Recht zum Leben innerhalb der Nation auf Kosten der Gesamtheit in Anspruch nimmt« – eine Kritik, wie sie auch heute noch zu hören ist. Die deutsche Wirtschaft sei auf Exporte angewiesen, um die notwendigen Einfuhren bezahlen zu können. Darauf folgt eine Globalisierungskritik: »Die letzte Entscheidung in Wirtschaftskämpfen lag in dieser Welt noch niemals in der mehr oder minder bedeutenden Tüchtigkeit des einzelnen Konkurrenten als vielmehr in der Kraft des Schwertes, das sie für ihr Geschäft und damit für ihr Leben in die Waagschale zu werfen hatten.« Die eigentliche Ursache für die Misere liegt für Hitler tiefer, denn »das deutsche Volk zerfällt immer stärker in zwei sich todfeindlich gegenüberstehende Lager«, nämlich den Marxismus einerseits und die Volksgemeinschaft andererseits. Das Volk »braucht zur Entfaltung seines eigenen Ichs den nötigen Raum auf dieser Welt«, propagiert der Autor, deshalb sei es Aufgabe der Politik, »diesem natürlichen Imperialismus die ebenso natürliche Befriedigung zu geben«. Diese Nonsens-Philosophie wird später direkt in den Zweiten Weltkrieg münden; der Überfall auf die östlichen Nachbarn sollte diesen so genannten Lebensraum schaffen. Der NS-Führer prangert die angeblichen Gründe des Verfalls an: »An Stelle des Volks- und Rassenwertes huldigen Millionen von Menschen unseres Volkes heute dem Gedanken der Internationalität. Anstatt der Kraft und Genialität der Persönlichkeit setzt man, nach dem Wesen einer widersinnigen Demokratie, die Majorität der Zahl, also tatsächlich Schwäche und Dummheit. Und anstatt die Notwendigkeit des Kampfes zu erkennen und zu bejahen, predigt man die Theorie des Pazifismus, der Völkerversöhnung und des ewigen Weltfriedens.«

Hitler spricht der Wirtschaft eine herausgehobene Stellung bei der Veränderung der gesellschaftlichen Verhältnisse ab, die Ökonomie allein garantiere nicht die Zukunft Deutschlands. Die NS-Bewegung »sieht in ihr nur eine notwendige Dienerin im Leben eines Volkskörpers und Volkstums. Sie empfindet eine unabhängige nationale Wirtschaft als eine Notwendigkeit, jedoch sie sieht in ihr nicht das Primäre, sondern umgekehrt: Der starke nationalistische Staat allein kann einer solchen Wirtschaft Schutz und die Freiheit des Bestehens und der Entwicklung geben.« Alles in allem bleibt der Nazi-Führer bei Themen der Wirtschaft unklar und schwammig, er verharrt meist auf dem Feld der Politik, sein Argumentationsstrang folgt den bekannten Stichwörtern Marxismus, Rasse und Volk, Blut und Boden – nur sind die Worte in Watte gepackt und ätzen weniger als bei seinen öffentlichen Auftritten.

Kirdorf glaubt einen neuen Bismarck gefunden zu haben. Er fördert den braunen Aufsteiger, der sein Sohn oder gar sein Enkel sein könnte, nach Kräften. Dabei belässt es der Senior nicht bei Privatdiskussionen mit Bekannten oder beim Verteilen seines Druckwerks. Vielmehr nutzt der pensionierte Bergbauchef seinen Nimbus und gibt Hitler mehrmals Gelegenheit, vor einem ausgesiebten Unternehmerkreis zu Hause bei sich im »Streithof« seine radikalen Thesen zu erläutern, und organisiert deshalb »mehrere Zusammenkünfte mit leitenden Persönlichkeiten der Industriereviere«[28], so Kirdorf. Am 26. Oktober 1927 treffen 14 deutsche Wirtschaftsbosse in seinem weitläufigen Anwesen »Streithof« ein. Adolf Hitler, für den die luxuriöse Umgebung des Bergbau-Managers ungewont ist, findet nun das gewünschte exklusive Publikum für seine Werbetour. »Der Erfolg der fast dreistündigen Ausführungen Hitlers schien meinen Erwartungen in vollem Umfang zu entsprechen«, klopft sich Kirdorf später selbst auf die Schulter, »denn unbestritten waren alle Teilnehmer von seinen packenden Darlegungen tief ergriffen.«[29] Der NSDAP-Chef kann ungefiltert seine Botschaften direkt an den Mann bringen und sich selbst ins rechte Licht rücken. Unter der Schirmherrschaft Kirdorfs scheint Hitlers Agitation zu wirken: Wilhelm Tengelmann beispielsweise, Manager bei der Essener Steinkohlenbergwerke AG, erklärt nach dem Krieg, Kirdorfs Einfluss und die Treffen mit Hitler im »Streithof« hätten eine wichtige Rolle bei seiner Entscheidung, der NSDAP beizutreten, gespielt.[30]

Aber längst nicht alle Industriellen sind von den Auftritten des Nazi-Diktators in Kirdorfs Haus begeistert. Ernst Poensgen etwa, Direktor der Vereinigten Stahlwerke, fasst seine Eindrücke so zusammen: »Mich hat der Mann vollkommen kalt gelassen.«[31] Die Euphorie des alten Bergwerkmagnaten stößt einige seiner langjährigen Wegbegleiter vor den Kopf – sie gehen auf Distanz. So schreibt der jüdische Bankier Arthur Salomonsohn, Direktor der Berliner Discontogesellschaft und früher im Aufsichtsrat der Gelsenkirchener Bergwerks-AG, in einem Brief vom 31. Dezember 1927 an das frisch gebackene NSDAP-Mitglied Kirdorf, »wie tief schmerzlich mich diese Vorgänge berührt haben«. Der Finanzmanager kann nicht glauben, dass der Senior plötzlich die menschenverachtenden antisemitischen Forderungen Hitlers bejubelt. »Wie ist es da nun möglich, dass ein Mann wie Sie, der doch Juden zu seinen Verehrern und Freunden zählt und der weiß, wie viele Tausende von Juden mutig und aufopferungswillig in den Krieg gezogen und dort ihr Leben fürs Vaterland gelassen haben, diese Rechtloserklärung aller Juden ohne Unterschied gutheißen und propagieren kann?«[32] Das kann der alte Herr nicht auf sich sitzen lassen. Drei Tage später antwortet er seinem Freund Salomonsohn. Kirdorf räumt zwar ein, dass sein Engagement »nicht ohne Gewissenskonflikte« erfolgt ist, aber nur durch die schroffe Juden-Hetze Hitlers seien »die breiten Massen für eine nationale Bewegung zu gewinnen«. Denn Kirdorf ist der Antisemitismus fremd. Er hasst Marxisten und Sozialdemokraten, die Kirchen, die Gewerkschaften mit ihrem »vernichtenden Einfluss der fortwährenden Lohnsteigerung und Verkürzungen der Arbeitszeit« – aber Juden hasst er nicht. So scharf er verbal auf seine Gegner eindrischt und sich damit immer mehr isoliert, antisemitische Tiraden lässt er nicht erklingen.

Dennoch wird Kirdorf klar sein, dass seine Unterstützung Hitlers damit indirekt auch dessen Antisemitismus hoffähig macht. Die gute Stimmung des eigenwilligen Alten ist bald verflogen, als NS-Funktionäre gegen den rechten Stahlhelm-Verband Front machen, in der Zeitung »Die neue Front« ein böser Artikel gegen das Rheinisch-Westfälische Kohlesyndikat erscheint, den Verband, den sich Kirdorf als seinen größten Lebenserfolg anrechnet. Der 90-Jährige ist von der Bewegung enttäuscht – und tief beleidigt. Im August 1928 erklärt er zornig in einem Schreiben an die NSDAP seinen Parteiaustritt, »trotz aller Sympathie und Freundschaft für Herrn Adolf Hitler«. Nun wendet er sich seinem langjährigen Freund Alfred Hugenberg und dessen Deutschnationaler Volkspartei zu. Trotz der scheinbaren Distanz zur NSDAP gibt Kirdorf seine enge Beziehung zu Hitler in den Folgejahren keineswegs auf.

Im Gegenteil, trotz der offen zur Schau getragenen Sympathie für Hugenberg unterstützt der ehemalige Bergbau-Baron den NSDAP-Chef die nächsten Jahre. Kirdorf stellt Hitler weiterhin sein Haus für vertrauliche Zirkel mit Wirtschaftschefs zur Verfügung. Das gipfelt in der publizierten Forderung des Seniors, Hugenberg und Hitler sollten gemeinsam einen »nationalen Block« bilden, der die zersplitterten Rechtsparteien zusammenfasst und die künftige Regierung stellen soll. Dabei kann Kirdorf auf die Unterstützung Hugenbergs zählen. Denn der ist dem alten Strippenzieher von früher verpflichtet: Kirdorf half bei der diskreten Finanzierung von Hugenbergs Imperium.

Der Chef der Gelsenkirchener Bergwerks-AG kennt Hugenberg aus dessen Zeit als Mitglied des Bergbauvereins, des Ruhrzechenverbands, des Centralverbands Deutscher Industrieller und als Vorsitzenden des Direktoriums des Stahlkonzerns Fried. Krupp AG. Von 1909 bis 1918 leitet Hugenberg die Firma, bis ihn ein besseres Geschäft umsteigen lässt: Er kauft reihenweise Provinzzeitungen auf, erwirbt Nachrichtenagenturen, die Universum Film AG (Ufa) sowie Buch- und Zeitschriftenverlage. Damit schafft er das bis dahin größte Presseimperium Deutschlands, das gewaltigste Machtinstrument zur Lenkung der öffentlichen Meinung. Und Hugenberg nutzt seinen Einfluss ausgiebig zu Gunsten rechtsradikaler und nationalistischer Strömungen – ganz nebenbei verschafft er sich damit ein üppiges Vermögen. Auch in der Politik zeigt Hugenberg Flagge. Seit 1919 sitzt er im Reichstag als Abgeordneter für die Deutschnationale Volkspartei, im Oktober 1928 schwingt er sich zum Parteivorsitzenden auf und bleibt es bis zur Machtübernahme Hitlers 1933. Dass aber der angestellte Manager Hugenberg überhaupt finanziell in der Lage ist, im großen Stil eine Einkaufstour in der Presselandschaft zu starten, verdankt er grauen Eminenzen wie Kirdorf.

Bereits 1913 nämlich tun sich Kirdorf, Hugenberg und Stinnes zu einem »Dreierausschuss« zusammen, um den Wahlkampffonds des Centralverbands Deutscher Industrieller zur Unterstützung politisch genehmer Kandidaten anzuzapfen. Andere Industrielle schließen sich bald an. Die Wirtschaftsmagnaten beklagen zudem, dass ihre Ansichten und Forderungen in der deutschen Presse kaum Gehör finden. Was tun? Die Antwort ist nahe liegend: solche Zeitungen zu unterstützen, die wirtschaftsfreundlich berichten – oder gleich eine eigene Zeitung kaufen. Das erste Übernahmeobjekt ist 1913/1914 »Die Post« in Berlin. Hugenberg soll die Gelder treuhänderisch verwalten, mit Rückendeckung Kirdorfs und Stinnes'. Mit Konzerngeldern sammelt der Krupp-Manager während des Ersten Weltkriegs Beteiligungen an Presseunternehmen ein, das Fundament des späteren Hugenberg-Konzerns. Denn Hugenberg versteht es meisterhaft, von den fremden Geldern einiges für sich abzuzweigen und die besten Deals zum eigenen Vorteil und auf eigene Rechnung abzuschließen, ohne dass diese verdeckten Operationen ruchbar werden – auch wenn wohl Kirdorf und Stinnes zumindest in groben Zügen Bescheid wissen.[33] Dabei stehen weitere geheime Geldquellen zur Verfügung: Kirdorf, Stinnes und Hugenberg gründen 1919 die Wirtschaftsvereinigung zur Förderung der geistigen Wiederaufbaukräfte, die sich aus insgesamt »zwölf nationalen Männern« der Industrie zusammensetzt. Der Trupp disponiert über das so genannte »nationale Zweckvermögen«, das im Wesentlichen aus dem Bergbaulichen Verein stammt und das Hugenberg für diffuse »nationale Zwecke« zu verwalten hat. Hugenberg managt auch die Finanzen der Mutuum Darlehens-AG und der Alterum Kredit-AG, die während der Inflationszeit gegründet werden. Sie sollen kränkelnden Blättern helfen, die der Deutschen Volkspartei und dem rechten Spektrum nahe stehen. Doch Henry Bernhard, Gustav Stresemanns Sekretär, beklagt 1926, Hugenberg habe die Parteipresse selbst an sich gerissen, als er zum Treuhänder ernannt wurde, statt sich um die Gesundung der Zeitungen zu kümmern.[34] Hugenberg, als Chef der Deutschnationalen Volkspartei ein Konkurrent der NSDAP im Ringen um die Macht im Reichstag, schwenkt jedoch mit Billigung und Drängen seines Freundes Kirdorf auf einen Pro-Nazi-Kurs ein: Anlässlich des Volksbegehrens gegen den Young-Plan 1929 unterstützt Hugenberg Hitlers Partei. Die wettert ebenfalls gegen die Absicht einer Expertenkommission unter Vorsitz des Bankiers Owen D. Young, die Reparationszahlungen für den verlorenen Ersten Weltkrieg neu zu regeln. Die Hugenberg-Zeitungen trompeten in der Folge für Hitler und seine NSDAP. Auch wenn das Volksbegehren scheitert, die kostenlose Propaganda in vielen deutschen Blättern ist für den Nazi-Chef eine unbezahlbare Hilfe, seine Partei landesweit besser bekannt zu machen. Die Ernte fährt Hitler in der Reichstagswahl im September 1930 ein, die unter dem Zeichen der Weltwirtschaftskrise steht: Die NSDAP gewinnt 6,4 Millionen Stimmen und 107 Sitze und wird zur zweitstärksten Fraktion hinter den Sozialdemokraten – der erste Durchbruch bei Wahlen. Zwei Jahre vorher hatte Hitler nur 810 000 Stimmen und zwölf Parlamentssitze ergattern können. Damit rückt die radikale Nazi-Partei auch ins Blickfeld größerer Kreise der Wirtschaft, die sich plötzlich mit einer neuen, ernst zu nehmenden politischen Kraft konfrontiert sehen. In der Folge öffnen weit mehr Unternehmer als bisher ihre Kassen für Hitler.

Aber Hugenbergs Unterstützung beschränkt sich nicht nur auf publizistische Präsenz. Bei einem Treffen in Berlin verspricht der Medien-Zampano dem NSDAP-Führer auch einen Teil der Fondsgelder, die Hugenberg bei der Industrie abgreift und treuhänderisch für politische Zwecke ausgibt.[35] Der Industrielle Fritz Thyssen schätzt, dass Hugenberg rund ein Fünftel der von ihm kontrollierten Finanzmittel in den Jahren vor 1933 an Hitler weitergeleitet hat; der jährliche Betrag für die NSDAP betrage zwei Millionen Mark.[36] Dabei sei in dieser Summe nur ein Teil der gesamten Spenden enthalten.

Später dankt der braune Diktator dem Förderer Hugenberg mit dem Posten des Reichswirtschafts- und Reichsernährungsministers im ersten Kabinett 1933. Auch wenn Hugenberg schon wenige Monate danach seinen Hut nehmen und im Dritten Reich sein Presseimperium an die Nazis abtreten muss, kassiert er dennoch bedeutende Pakete an Aktiengesellschaften als Abfindung. Bis zu seinem Tod 1951 bleibt er unbehelligt und kann sein Vermögen behalten. Die gemeinsame Hugenberg-Hitler-Front gegen den Young-Plan begleitet Kirdorf persönlich mit zahlreichen Aktionen. In Gesprächen und Briefen versucht der Ruheständler Bekannte zu mobilisieren. So schreibt er beispielsweise:»Ein Gerücht kam mir zu Ohren und zwingt mich als Ihren ältesten und vielleicht besten Freund, als alten Mann, dessen politisches Urteil, weil tief nationalem Gefühl entsprossen, nie falsch gegangen ist, Ihnen ein mahnendes Wort zuzurufen: Wer beim jetzigen Volksbegehren ablehnend versagt, hat nach meiner inneren Überzeugung das Recht verspielt, sich ferner noch ›Deutscher‹ zu nennen.«[37] Wie verbohrt Kirdorf reagiert, zeigt ein anderes Schreiben:»Mit allen, die ihr Deutschtum verleugneten, habe ich keine innere Beziehung mehr. Danach regelt sich mein inneres Verhältnis zu allen Familienangehörigen und bisherigen Freunden, selbst wenn das äußere Verhältnis aus gebotenen Rücksichten aufrechterhalten scheint.« Und ähnlich zu einem Geschäftspartner:»Danach regeln sich auch leider die Beziehungen, die mich seit einem Menschengedenken mit Ihrem Haus und Ihnen verbanden. Sie müssen verstehen, dass hiernach eine weitere Erörterung der nationalen Frage nur zur weiteren Entfremdung führen kann, diese sich also nur darauf beschränken muss, wann und wo mein Austritt aus Ihrem Aufsichtsrat erfolgen soll.« Solche Tiraden treiben den Alten endgültig in die Isolation. Als das Volksbegehren scheitert, verfällt Kirdorf wieder in seinen Pessimismus, sieht Verrat und die»Versklavung« der Nation; ein Trost bleibt ihm:»Der einzige Lichtblick ist die mutige und unentwegte Arbeit im vaterländischen Dienst meiner Freunde Hugenberg und Hitler.«

Tatsächlich pflegt Kirdorf trotz seines Eintretens für die Deutschnationale Volkspartei seine Beziehungen zum Nazi-Führer. Sie treffen sich regelmäßig, Hitler schickt ihm mehrmals Neujahrsgrüße, der Bergbau-Krösus schreibt zurück:»Ihre freundlichen Wünsche zum Jahreswechsel erwidern meine Frau und ich herzlich dankend.« Und obwohl Kirdorf der NSDAP nicht mehr angehört, nimmt er geschmeichelt eine Einladung Hitlers als Ehrengast zum Parteitag im August 1929 in Nürnberg an. Neben Kirdorf zeigt sich Winifred Wagner, die Schwiegertochter des Komponisten, auf der Tribüne. Der organisierte Aufmarsch der braunen Horden wird zum eindrucksvollen Spektakel: 40 000 Teilnehmer strömen nach Nürnberg; in 35 Sonderzügen rücken 25 000 SS- und SA-Männer und 1300 Mitglieder der Hitlerjugend an. Die NSDAP demonstriert ihre Macht und unterstreicht damit ihren Anspruch als die führende Massenpartei des rechten Spektrums. Gleich nach seiner Rückkehr schreibt Kirdorf einen überschwänglichen Dankesbrief, in dem er»das helle Licht der erlebten Tage« und die»erhebenden Eindrücke« der Veranstaltung lobt:»Unvergesslich wird uns sein, wie überwältigt wir waren bei der Teilnahme an der Gedenkfeier für die Toten des Weltkriegs und an der Standartenweihe im Luitpoldhain und an dem Vorbeimarsch Ihrer Truppen auf dem Hauptmarkt, durch den Anblick auf die Tausende und Abertausende Ihrer Anhänger, denen Begeisterung aus den Augen leuchtete, die an Ihren Lippen hingen und Ihnen zujubelten.«[38] Da ist die frühere Skepsis des Bergbau-Managers gegenüber der NSDAP wie weggeblasen:»Wer in dieser Zeit der brutalen Herrschaft der Vaterlandslosigkeit eine solche Schar national gesinnter und zu jedem Opfer bereiter Volksgenossen zusammenfassen und an sich fesseln konnte, darf dieses Vertrauen haben. Stolz dürfen Sie sein auf die Ihnen dargebrachten Ehrungen und Huldigungen, wie sie in gleicher Weise kaum einem gekrönten Herrscher zuteil geworden sind. Meine Frau und ich sind glücklich, dass wir deren Zeuge sein konnten.« Auf Anordnung Hitlers schickt Rudolf Heß einige Fotos vom Parteitag an Kirdorf; als der postwendend weitere Vergrößerungen bestellt, wird ihm der Wunsch schleunigst erfüllt. Für den NS-Chef ist der öffentliche Auftritt der Bergbau-Legende ein wertvolles Propaganda-Geschenk, demonstriert er doch dem staunenden Publikum, welche respektablen Persönlichkeiten den Nazis ihre Aufwartung machen, wie hoffähig die Partei in Wirtschaftskreisen mittlerweile geworden ist. Entsprechend schlachtet Hitler Kirdorfs Erscheinen aus, mit Billigung des Seniors lässt er dessen Dankesbrief im»Völkischen Beobachter« drucken. Tatsächlich mischt der Senior weiterhin im Hintergrund mit. Als beispielsweise Otto Fürst zu Salm-Horstmar, ein Vertrauter von Heinrich Class, dem Führer des radikalen Alldeutschen Verbands, im Oktober 1931 verzweifelt nach jemandem sucht, der eine vertrauliche Botschaft an den NSDAP-Chef überbringen kann, fällt automatisch der Name des ehemaligen Gelsenkirchen-Vorstandsvorsitzenden:»Wer hat Einfluss auf Hitler? Wäre vielleicht der alte Kirdorf, der Hitler sehr liebt und ihn öfters bei sich zu Gast gehabt hat, der Mann, der ihn einladen und zur Vernunft bringen könnte?«[39] Kirdorf erfüllt den Wunsch und trifft sich mit dem NS-Chef, aber Hitler will sich nicht von den Alldeutschen in seine Politik dreinreden lassen. Und im entscheidenden Monat Januar 1933, als die Weichen für die Kanzlerschaft Hitlers gestellt werden, wird Kirdorf als einer der wenigen Wirtschaftsführer vorab über die Ergebnisse der vertraulichen Gespräche mit dem früheren Reichskanzler Franz von Papen informiert. Das zeigt, wie selbstverständlich die Unternehmer Kirdorf als Anhänger Hitlers sehen und wie stark der Pensionär hinter den Kulissen immer noch die Fäden zieht – obwohl er sich aus den meisten Ämtern längst zurückgezogen hat.

Nach wie vor dient ihm und anderen Nazi-Sympathisanten dabei der Bergbauliche Verein als Hebel, einer der zentralen Nervenknoten im Machtbereich der Ruhrindustrie. Die Interessengemeinschaft verfügt über üppige Kassen, um Politiker und Parteien zu beeinflussen. Der von der Bergbau- und Stahlindustrie finanzierte August Heinrichsbauer, Chefredakteur des Rheinisch-Westfälischen Wirtschaftsdienstes, Public-Relations-Arbeiter für seine Auftraggeber und Verbindungsmann zu den Nazis, tritt offen für eine Diktatur à la Hitler ein:»Ich bin fest davon überzeugt, dass das ganze System des anonymen, demokratischen Parlamentarismus im Laufe der Zeit von einem neuen System abgelöst wird, das auf die Führerverantwortlichkeit und auf die Gefolgschaftsverbundenheit abgestellt ist und das erhebliche Anklänge an den italienischen Faschismus haben wird, ohne ihn natürlich bis ins Einzelne kopieren zu brauchen.«[40] Heinrichsbauer, mit den Interna der Industrievereinigungen bestens vertraut, nennt später exakte Beträge, die an einzelne Nationalsozialisten nach dem erfolgreichen Abschneiden der NSDAP bei den Wahlen 1930 überwiesen werden.»Bei diesen Zahlungen ging der Bergbau von der Erwägung aus, dass man unbedingt in engere Verbindung mit der Partei kommen und bleiben müsse, was am besten durch laufende Zuschüsse gewährleistet sei.«[41] Als ein Zielobjekt machen die Geldverteiler den NSDAP-Reichsorganisationsleiter Gregor Strasser aus, einen Mann, der über»einen klaren Blick für die nüchternen Realitäten«verfügt. Strasser erhält aus dem Bergbaufonds ab Frühjahr 1931 einen»laufenden Monatsbetrag von 10 000 Reichsmark«.[42] Walther Funk, einer der wirtschaftspolitischen Berater Hitlers und ehemals Chefredakteur der»Berliner Börsenzeitung«, bekommt für seine Publikation»Wirtschaftspolitischer Dienst« 1000 Mark im Monat.»Die Bergbaugelder, die in den Jahren 1930 bis Anfang 1933 an die NSDAP gezahlt worden sind, haben einschließlich der an Strasser und Funk geleisteten Beträge insgesamt die Summe von 500 000 bis 600 000 Reichsmark kaum überschritten«, zieht Heinrichsbauer ein Resümee,»außer den hier genannten Summen ist wahrscheinlich auch noch von den einzelnen Werken oder Personen der Schwerindustrie der eine oder andere Beitrag für mehr lokale beziehungsweise regionale Zwecke gezahlt worden«[43] – dafür sind nochmals 50 000 bis 60 000 Reichsmark anzusetzen. Ein erklecklicher Batzen Geld für eine Partei in finanziellen Nöten, und das in den entscheidenden Jahren vor der Machtübernahme. Kirdorf gelingt es überdies, einem Vertrauten einen Job bei den Nationalsozialisten zu verschaffen. Er kann den arbeitslosen Josef Terboven, einen ehemaligen Bankangestellten, beim NSDAP-Funktionär Otto Strasser unterbringen. Strasser erinnert sich:»Er war ein ziemlich fleißiger Parteigenosse, der immer eine Menge Geld bei sich zu haben schien. Da die meisten unserer Mitglieder arm waren, blieben seine häufigen kleinen Geschenke an sie nicht ohne Wirkung – und bei der ersten Wahl wurde er Bezirksleiter für Essen. In dieser neuen Stellung als einer der Führer der Nazi-Partei trug Terboven viel dazu bei, Hitler und Industrielle zusammenzubringen.«[44] Der rührige Gauleiter ist ganz nach Kirdorfs Geschmack. Der Senior lässt ihm durch seinen Schwiegersohn Herbert Kauert, der als Vorstand in der Gelsenkirchener Bergwerks-AG in den Verbänden arbeitet, Geld zukommen. Darauf bezieht sich später Ernst Brandi, Vorsitzender des Bergbauvereins, der in einem Brief an Kauert um Vermittlung bittet:»Herr Terboven musste wissen, dass in all den für ihn schweren letzten Jahren der Bergbauverein und sein Vorsitzender ihn unentwegt unterstützt hat; das ging ja namentlich anfangs durch Ihre Hand und Sie könnten ihm erklären, dass Sie mit Ihren Wünschen gerade für Herrn Terboven schon vor Jahren bei mir immer Verständnis und Hilfe gefunden haben.«[45] Die ungenierten Zahlungen der Bergbaugenossen Kirdorf & Co. verfehlen ihre Wirkung nicht: Der industriefreundliche Terboven macht im Dritten Reich Karriere, Hitler ernennt ihn zum Reichskommissar für Norwegen. Doch diesen Aufstieg seines Schützlings sollte Kirdorf nicht mehr erleben.

Dafür gibt der Alte seine Reserviertheit gegenüber der NSDAP nach der Machtübernahme 1933 schnell wieder auf. Der Diktator, der mit eiserner Hand regiert, findet seine ganze Zustimmung. Anfang 1934 bittet er um Wiederaufnahme in die Partei. Rudolf Heß lässt zum 1. April 1934 den neuen Parteiausweis ausstellen. Der 87-Jährige ist entsetzt, als er das Papier in Händen hält: Ihm wurde nun die hohe Mitgliedsnummer 1999172 zugeteilt. Diese Nummer hält Kirdorf nun für einen Makel, er will seine alte Nummer 71032 zurück, die ihn als einen frühen Parteigenossen ausweist. Er wendet sich an Hitler; im Juni 1934 ordnet Heß auf Befehl des NSDAP-Chefs an, dass Kirdorf seine Originalnummer behalten darf und dass seine Mitgliedschaft ununterbrochen gilt. Dafür werden sogar die Parteibücher frisiert. Hitler nutzt den Vorgang zur Werbung, preist Kirdorf als »alten Kämpfer« und verleiht ihm das goldene Ehrenabzeichen. Fortan kann der Diktator den greisen Bergbau-Magnaten als Propagandawerkzeug gebrauchen, der einst streitbare Kirdorf ordnet sich willig den Wünschen des NS-Führers unter, bezahlt einen hohen Preis für seine Devotheit: Freunde und Bekannte haben sich von ihm abgewendet, er steht in seinen letzten Lebensjahren allein und einsam da.

Nach dem Tod Kirdorfs steht dessen »Streithof« einige Zeit leer, das Anwesen wird nach dem Krieg geplündert, dient als Offiziersunterkunft. 1951 richtet das Rote Kreuz ein Altenheim ein, von 1973 bis 1999 wird daraus eine Fachklinik für Suchtkranke. Seine Zeche Rheinelbe ist längst nicht mehr in Betrieb, sie wird nach dem Zweiten Weltkrieg in einen Park umgewandelt. Der Kohlebergbau, Kirdorfs Lebenswerk, erlebt in der Bundesrepublik in den fünfziger Jahren eine letzte Blüte: 1957 erreicht die Steinkohleförderung mit 150 Millionen Tonnen ihren Höhepunkt, die Kohle deckt 95 Prozent des deutschen Energieverbrauchs ab. Die Konkurrenz von Gas, Erdöl und ausländischen Billigangeboten führt zu einem schleichenden Niedergang. Die deutschen Ruhrkonzerne fusionieren ihre Bergbau-Aktivitäten in die Deutsche Steinkohle AG, heute ein Teil der RAG. Derzeit sind 99 Prozent der deutschen Kohleförderung unter diesem Dach konzentriert – ein lupenreines Monopol, so wie es sich Emil Kirdorf vor 100 Jahren mit seinem Kohlesyndikat immer gewünscht hat.

FRITZ THYSSEN

Der Großunternehmer

Das Glück wirkt vollkommen. Im einem feierlichen Akt ernennt der frisch gebackene Reichsminister und preußische Innenminister Hermann Göring in Berlin seinen Freund Fritz Thyssen zum preußischen Staatsrat auf Lebenszeit. Seit der Machtübernahme der Nazis im Januar 1933 sind erst wenige Monate vergangen. Hitler selbst hat die Beförderung veranlasst. Damit nicht genug: Auf Anordnung des braunen Diktators zieht Thyssen als NSDAP-Abgeordneter für Düsseldorf-Ost in den Reichstag ein, wird in den neuen Generalrat der Wirtschaft berufen, er darf zudem in Düsseldorf ein »Institut zur Erforschung der Ständischen Wirtschaftsordnung« gründen. Damit will der Industrielle seine romantische Idee einer strukturierten Gesellschaft wie im Mittelalter verwirklichen, wo jeder glücklich innerhalb seiner Kaste leben, aber möglichst nicht daraus ausbrechen soll.

Fritz Thyssen steht auf dem Gipfel der Macht. Seine Posten verschaffen ihm Einfluss und Ansehen in NS-Kreisen. Stolz trägt der hoch gewachsene Mann mit dem freundlichen Lächeln und den geschliffenen Manieren sein Parteiabzeichen. Er ist nun Politiker und Industrieller zugleich. In einem Zeitungsbeitrag schildert er seine Ziele: Er habe die Pflicht und Verantwortung übernommen, dem Staat beim Neugestalten der ökonomischen Verhältnisse zu helfen. Diese Verantwortung könne er nur erfüllen, wenn die ruhige Entwicklung der gesetzlichen Neuordnung von keiner Seite gestört werde, etwa durch »liberalistische Überbleibsel«[1] oder Unruhe an der Tariffront. Ein Leiter einer

der vier Thyssen unterstellten Gaue schreibt Mitte Juli 1933 Ergebenheits-
briefe an den Industriellen: »Sie sind für unser Gauwirtschaftsgebiet wirtschaftspolitisch die oberste staatliche Autorität geworden. Demgemäß habe
ich alle meine Dienststellen angewiesen, sich in allen Fragen der Wirtschaftspolitik mit Ausnahme der agrarpolitischen Fragen ausschließlich an Sie zu
wenden und Ihre Entscheidung als bindend anzusehen.«[2] Für Hitler ist die
Ämterpatronage ein kluger Schachzug: Sie kostet nichts, schmeichelt der Eitelkeit Thyssens und demonstriert zugleich seine Dankbarkeit für die jahrelange politische und finanzielle Unterstützung des Unternehmers: »Thyssens
Verdienste für die Nazi-Bewegung spielten im frühen Stadium ihres Ringens
um die politische Macht unzweifelhaft eine sehr bedeutende Rolle. Zu einem
Zeitpunkt, da in der Partei jeder Pfennig zählte, gab ihr Thyssen mit vollen
Händen. Er machte Hitler mit einflussreichen Männern der Industrie bekannt.«[3] Außerdem bildet Thyssen das perfekte Aushängeschild für die NSDAP:
Er ist einer der bekanntesten und reichsten Männer des deutschen Reichs.
Sein Name gilt als Inbegriff der Schwerindustrie. Wer solche Persönlichkeiten
zu seinem Lager zählt, hat sich in der Wirtschaft den Ritterschlag für Glaub-
würdigkeit verdient.

Auch für den Vertreter der berühmten Stahldynastie lohnt sich die öffentliche
Verbrüderung mit den Nazis: »Dass Fritz Thyssen einer der größten Revoluti-
onsgewinner der nationalen Revolution von 1933 sein würde, hatte bereits
wenige Wochen nach Hitlers Machtantritt jedermann gewusst«, schreibt ein
Historiker in jener Zeit, »wer ohne Ideologie nicht leben konnte, mochte sich
damit trösten, dass mindestens vorläufig eben auch in der Wirtschaft das reine Führerprinzip ohne irgendeinen demokratischen Apparat galt und dass
der Führer im Kerngebiet der deutschen Industrie nun einmal Hitlers alter
Geldgeber Thyssen war.«[4] Denn der Unternehmer verdrängt flugs andere aus
ihren Positionen: Thyssen wird noch 1933 Vorsitzender des so genannten
Langnamvereins, einer der mächtigsten Interessenvertretungen der Wirtschaft, und Chef des einflussreichen Arbeitgeberverbands Nordwest. Das ze-
mentiert seine Stellung zusätzlich.

Schärfer ist der Kontrast in Nazi-Deutschland kaum vorstellbar: Auf der einen Seite der skrupellose Emporkömmling Hitler, aus einfachen Verhältnissen stammend, Prolet und erfolgreicher Massenverführer. Auf der anderen
Seite der Unternehmerssohn, reich geboren, mit distinguiertem Geschmack
und aristokratischem Habitus – zwei entgegengesetzte Welten. Und doch verfällt Fritz Thyssen der Person des NS-Diktators bereits zu einer Zeit, wo andere noch angewidert die Nase rümpfen. Wie kann das passieren?

Die Erklärung des Phänomens ist in der Familie zu finden, genauer gesagt im
Verhältnis Vater – Sohn. Sein halbes Leben schlägt sich Fritz Thyssen mit einer Hassliebe zu seinem Vater herum. Dieser geradezu klassische Konflikt

entlädt sich in ständigen Kämpfen, prägt den Sohn. Erst nach dem Tod des Vaters 1926 kann sich der Junior frei fühlen – Fritz Thyssen ist bereits 52 Jahre alt, als er sein Erbe in der Firma antritt. Der Vater August Thyssen entpuppt sich wahrlich als kein einfacher Charakter. Er ist der eigentliche Begründer des Hauses Thyssen, mit Ellbogen und Talent steigt er fulminant vom Mittelständler zum Großkonzernbesitzer auf. Dabei steht schon die Geburt von August Thyssen im Jahr 1842 unter einem schlechten Stern: Er entstammt der Ehe zwischen Verwandten – sein Vater heiratet eine Cousine ersten Grades. Das soll mit ein Grund sein – wie die Familie später einräumt – für die psychischen und körperlichen Defekte in den folgenden Generationen. 1871 gründet August Thyssen die Kommanditgesellschaft Thyssen & Co. in Mülheim an der Ruhr – die Wiege des Imperiums. Die Finanzen stellen kein Problem dar, August verfügt selbst über 32 000 Taler, später beteiligen sich seine Schwester Balbina und sein Bruder Josef mit ansehnlichen Summen an der Firma.

Schon ein Jahr danach führt der 30-jährige August Hedwig Pelzer zum Traualtar. Ein seltsames Paar gibt sich dort das Jawort: August ist mit seinem kleinen Wuchs und einer seltsam hohen Fistelstimme nicht gerade der Traumprinz für die 24-Jährige, die aus einer alteingesessenen protestantischen Unternehmerfamilie stammt, deren Vater eine gut gehende Gerberei besitzt. Liegt im Geld der eigentliche Heiratsgrund verborgen? Tatsache ist, dass Hedwig mehr Mitgift in die Ehe einbringt, als August an Vermögen in seiner Firma stecken hat. Und für die Expansion braucht der Jungunternehmer dringend frische Finanzen. Wie verschieden die Mentalitäten und Wünsche der beiden Eheleute sind, sollte sich bald zeigen. Rasch hintereinander werden vier Kinder geboren, Fritz, der Älteste, August, der »kleine August«, Heinrich und Hedwig, genannt Hede. Der Nachwuchs kann die Probleme der Eltern nicht dämpfen: Immer öfter bricht Streit aus, die beiden entfremden sich zusehends. Der kleine Fritz Thyssen erlebt hautnah mit, wie kühl und abweisend sich der Papa zeigt – wenn er überhaupt mal Zeit für die Kinder findet. Ganz im Gegensatz dazu widmet sich das Familienoberhaupt intensiv seinen Geschäften und, was für den eigenen Nachwuchs wohl noch schlimmer mit anzusehen ist, kümmert sich fürsorglich um seine Geschwister und sonstigen Verwandten. Die lebenslustige Mutter leidet unter der Kälte von Fritz' Vater. Aber das ist nicht der einzige Grund für das Zerwürfnis: August Thyssen pflegt einen fast sprichwörtlichen Geiz, gönnt seiner Familie nur wenig Zerstreuung, denn alles kostet und kostet. Der Clan wohnt in der »Villa Froschteich«, einem Haus auf dem Fabrikgelände, wo der Lärm und Gestank von der Produktion täglich herüberwehen. Die Unternehmersgattin Hedwig erwartet für sich und ihre Kinder ein standesgemäßes Leben in Luxus, träumt sogar von der Erhebung in den Adelsstand. August denkt gar nicht daran, ihr solch teure Wünsche zu erfüllen – falls er ihr überhaupt zuhört. Die frustrierte Frau flüchtet. Und zwar dorthin, wo sich die feine Gesellschaft trifft, wo sie andere Luft atmet. Sie reist allein in exklusive Badeorte, vor allem nach Wiesbaden. Wie das Kuraufenthalte so mit sich bringen: Hedwig lernt andere Männer kennen – so den 18 Jahre älteren Georg Carl Freiherr von Rotsmann, Major der Kavallerie und Großherzoglicher Badekommissar zu Nauheim. Solche Ausflüge wirken harmlos, August ist mit den Alleingängen seiner Frau einverstanden. Da trifft unerwartet ein Blitzschlag die Fassade ihrer Ehe: Anfang der achtziger Jahre wird Hedwig schwanger, erleidet eine Fehlgeburt. August ist entsetzt und wütend – das Kind konnte nicht von ihm sein. Ein Skandal kündigt sich an. Der Ehemann bestreitet die Vaterschaft und reicht die Scheidung ein. Am 2. Dezember 1885, Fritz ist gerade zwölf Jahre alt geworden, trennt das Oberlandesgericht Hamm die Ehe.[5] Hedwig ehelicht knapp zwei Jahre später ihren Liebhaber Carl von Rotsmann, der stirbt jedoch vier Jahre später. Sie heiratet noch zweimal, einen Capitaine-Commandant und einen General, was ihr Zutritt zu den höheren Gesellschaftsschichten verschafft. Hedwig stirbt 1940. Ihr geschiedener Ehemann August Thyssen bleibt bis zu seinem Tod 1926 solo.

Die Scheidung wirbelt nicht nur das Familienleben der Thyssens durcheinander, sie ist auch der Keim für den jahrelangen Streit der Sprösslinge mit dem Vater. Hedwig hat beträchtliche Gelder in die Ehe eingebracht, die in der Firma stecken und das Wachstum erst ermöglicht haben. Deshalb willigt sie nur gegen Zahlung eines jährlichen Unterhalts von 6000 Goldmark in die Scheidung ein. Wichtiger noch ist eine zweite Abmachung, die per Vertrag besiegelt wird: August muss das gesamte Vermögen auf seine Kinder übertragen. Die Mutter versucht auf diesem Wege, die minderjährigen Nachkommen gegenüber dem Vater zu schützen, der als gewitzter Geschäftsmann seine Kinder übers Ohr hauen könnte. Zudem will Hedwig mit dieser Regelung den Einfluss der anderen Familienmitglieder auf das Management der Firma verhindern. Richtig vertrackt wird die Situation aber durch eine weitere Klausel: Darin willigt August Thyssen nur in die Übergabe des Unternehmens ein, wenn er den Zeitpunkt selbst bestimmen kann und bis dahin alleiniger Eigentümer bleibt. Tatsächlich denkt August bis zu seinem Tod gar nicht daran, den Konzern auf seine Kinder zu überschreiben. Die wiederum sehen sich als rechtmäßige Besitzer der Firma und fordern in den Folgejahren die Firmenanteile von ihrem Vater – zumindest aber großzügige regelmäßige Ausgleichszahlungen. Da beißen die Kinder auf Granit: August Thyssen lässt 1907 sogar ein Rechtsgutachten anfertigen, das besagt, der Vertrag zwischen ihm und seiner geschiedenen Frau sei eine reine Absichtserklärung ohne rechtliche Bindung.

Als Ersatz für die Mutter engagiert der Vater die Betreuerin Minna Schlömann. Doch Fritz und seine Geschwister akzeptieren diese Frau nicht. Verwandte berichten von häufigen Streitereien der Kinder mit der Erzieherin, die Halbwüchsigen hängen der Mama nach, mit dem Familienoberhaupt dagegen kommen sie nicht klar.[6] Denn August Thyssen fordert als Familienoberhaupt unbedingten Gehorsam, wer nicht spurt, erlebt die Strenge des Patriarchen. August Thyssens Selbstsucht und Nummer-eins-Anspruch zeigt sich zu Hause wie im Unternehmen. Cläre Stinnes, Frau des Unternehmers und Thyssen-Konkurrenten Hugo Stinnes, notiert in ihrem Tagebuch über den streitsüchtigen Stahlmagnaten: »Wie selten können doch Menschen ihr eigenes Interesse dem Allgemein-Interesse unterordnen und wie besonders traurig empfindet man solche großen Schwächen bei einem sonst so ungewöhnlich klugen, ja genialen Menschen wie Thyssen.«[7]

Das bekommen besonders Fritz' jüngere Brüder August und Heinrich Thyssen zu spüren. Die beiden wollen sich nicht mit dem schlichten Lebensstil des Vaters abfinden, sie wünschen sich eine stilvollere Umgebung zum Wohnen und mehr Engagement des Papas, vom König in den Adelsstand erhoben zu werden. August junior, der Liebling des Vaters, geht deshalb heimlich seine eigenen Wege: Als das Oberhaupt dem 24-jährigen Sprössling 1898 die Zeichnungsvollmacht für Geschäfte überträgt und ihm einen Posten im Berliner Thyssen-Büro verschafft, meldet sich der Junior ohne Wissen zu der Leibschwadron der Gardehusaren in Potsdam, einer von Adeligen dominierten Truppe. Zugleich bewirbt sich der kleine August – in Aussehen und von der Stimme her dem Vater ähnlich – um Mitgliedschaft in den adeligen »Unions-Club« und erwirbt das Rittergut Rüdersdorf, um so Aufnahme in den erlauchten Kreisen zu finden. Thyssen senior ist schockiert über Augusts »devotes Wesen gegen hoch gestellte Leute, seine Neigung für den Adel« sowie über dessen wechselnde Heiratskandidatinnen – bei denen natürlich blaues Blut in den Adern fließt: »Ich fühle mich so unglücklich wie nie zuvor in meinem Leben.«[8]

Zur schlechten Laune des Alten trägt auch bei, dass Sohn August den Druck auf seinen Vater erhöht. Der Junior verlangt ultimativ weitere Zahlungen, will in den Vorstand der Zeche Deutscher Kaiser aufgenommen werden. Auch vor unsauberen Mitteln schreckt der Sohn nicht zurück: Er streut Gerüchte an der Berliner Börse über Thyssen, schreibt den Hausbanken seines Vaters. Später wird er in seinem Kampf von seinen Brüdern Fritz und Heinrich unterstützt. Das erbost August senior noch mehr: »Ich sehe alle meine Hoffnungen vernichtet, weil meine Kinder von meinen Errungenschaften den unwürdigsten und unglaublichsten Gebrauch machen wollen und werden.« Im Jahr 1904 eskaliert der Streit – der Vater versucht seinen Sohn August in Berlin entmündigen und in eine Nervenheilanstalt einweisen zu lassen. Der Sohn kann sich dagegen wehren; die Ärzte finden keine Geisteskrankheiten bei ihm.

Die Rache der Kinder lässt nicht lange auf sich warten. Sie beschließen bei einem Treffen 1906 in Hamburg eine neue Attacke. Die Geschwister leihen sich bei einer holländischen Bank Geld und bürgen gegenseitig für die Kredite – Basis ist der Vertrag ihrer Mutter über die vorzeitige Übertragung der Firma. Damit wollen die Thyssen-Nachkommen die Bank animieren, zum Begleichen der Schulden auf die Vermögenswerte des Unternehmens zuzugreifen und damit den Senior auszuhebeln. Der Plan funktioniert nicht, die Kinder müssen ihre Kredite selbst bedienen. August junior übernimmt sich: Über sein Vermögen wird 1910 ein Konkursverfahren in Berlin eingeleitet – der Vater sieht ungerührt zu, zumindest am Anfang. Denn seine Berater warnen, »stirbt nun Herr Thyssen sen. vor Erledigung dieses Streites«, dann würden die Verwalter der Thyssen'schen Konkursmasse oder die Schuldner oder die späteren Gläubiger des Herrn Thyssen jr. Schritte unternehmen, »die die Geschäftsführung und den Kredit der Firma Thyssen & Co. AG lahm legen«.[9] Als Gegenmanöver beantragt die Thyssen & Co. AG eine Ministergenehmigung, um die Firmenteile unter einem neuen Dach zu verschmelzen. August junior gibt danach auf und verbringt viel Zeit mit Reisen. Den begehrten Adelstitel sollte er nie erhalten – anders als seine Geschwister Hede und Heinrich. Hede ehelicht Baron Ferdinand von Neufforge und darf sich damit zur feudalen Gesellschaft zählen. Heinrich heiratet die ungarische Baronin Margit Bornemisza, sein Schwiegervater adoptiert ihn 1907, Kaiser Franz Joseph erlaubt, den Namen Thyssen-Bornemisza führen zu dürfen.

Fritz Thyssen trägt seine Gefechte mit dem Vater aus, ist aber der Einzige, der es über die Jahre in der Firma des gestrengen August aushält. Er arbeitet mit ihm im Unternehmen. Dabei teilt er das Los vieler mit dominanten Vätern: Er ist von Beruf Sohn. Fritz geht in Mülheim aufs evangelische Gymnasium, wechselt aufs katholische Gymnasium in Düsseldorf. Nach seinem Schulabschluss arbeitet er ein Jahr lang als Lehrling im Betrieb, wobei der Vater darauf achtet, dass seinem Sprössling keine Privilegien eingeräumt werden. In Lüttich, in London und Berlin studiert Fritz Ingenieurwesen. Als der älteste Sohn im Jahr 1900 die 23-jährige Amelie Zur Helle aus Köln heiraten will, mischt sich der Vater ein. August Thyssen passt die Schwiegertochter nicht, er verlangt die Heirat abzublasen. Seine abenteuerliche Begründung: In der Familie Zur Helle gebe es Erbkrankheiten, die könnten den eigenen Stammbaum infizieren. Das Thyssen-Oberhaupt versucht zu intrigieren und den Brauteltern das Vorhaben auszureden – vergebens. Die Ehe der beiden hält bis zum Tod von Fritz Thyssen. Erst neun Jahre nach der Hochzeit kommt ihr einziges Kind zur Welt, Tochter Anita, die spätere Gräfin Anita Zichy-Thyssen.

Das Paar zieht 1905 in das Wohnhaus »Froschteich« der Eltern, nachdem der Senior dem Drängen der Familie nach mehr standesgemäßer Repräsentation

nachgibt und sich das Schloss Landsberg in den Hügeln bei Essen als neues Domizil kauft und umbaut. Eine Besucherin schildert den ersten Eindruck in August Thyssens Anwesen:»Wir sind nur im kleinen Kreis, wie wir hier auch angenommen hatten. Das Schloss ist schön, teilweise sehr schön, die Reize der alten Burg und die natürliche Schönheit der idyllischen Lage sind sehr vorteilhaft ausgenutzt worden, selbst verbessert zur Hebung des Ganzen. Die Einrichtung ist vornehm geschmackvoll, ohne durch Überfülle und Prunk zu verletzen. Am schönsten und behaglichsten fand ich Thyssens Arbeitszimmer, dessen braungoldener Ton überaus ruhig und fein wirkt. Thyssen führte mich mit unverkennbarem Stolz durch sein Heim; heute spricht er bereits von seinem ›Schloss‹, vor Monaten nur von ›Landsberg‹.«[10] Der Schlossherr erwartet Fritz und die anderen Familienmitglieder zu regelmäßigen Besuchen an Wochenenden, um wenigstens den Anschein eines trauten Familienlebens aufrechtzuerhalten – nicht immer zur Freude der Gäste, wie beispielsweise Cläre Stinnes notiert:»Leider ist uns kein stilles Leben heute gegönnt. Wir müssen bei Thyssen ein Abendessen mitmachen, das fein und anregend verläuft, von dem man aber auch keinen besonderen Gewinn hereinbringt. Ich werde nie die offiziellen Festlichkeiten lieben lernen, wo mehr oder weniger nur oberflächliches Gerede geführt wird und die Toiletten der Damen kritisiert werden.«[11]
Fritz und Amelie eifern bald dem Vater nach und lassen sich eine noblere Herberge bauen in der Nachbarschaft des Kohlekönigs Emil Kirdorf. Das »Landhaus« im englischen Stil der jungen Thyssens im Wald südwestlich von Mülheim zeigt sich als mondänes Anwesen, mit Haupt- und Nebengebäuden, einem Torwächterhaus, mit korinthischen Säulen und holzvertäfelten Wänden, mit Springbrunnen und Wasserbassin im Park. Der ständige Kontakt zum Vater lässt sich trotz des standesgemäßen Eigenheims nicht vermeiden: August Thyssen verschafft seinem Sohn mehrere Posten im Unternehmen, setzt nun alle seine Hoffnungen auf Fritz als künftigen Leiter des Konzerns. Doch die Ironie will, dass es dazu nicht kommt. Fritz Thyssen muss sich immer mit Aufgaben in der zweiten Reihe begnügen, schon bei seinem ersten bedeutenden Job, als Grubenvorstand der Zeche Deutscher Kaiser, hat er sich das Büro mit dem Generaldirektor zu teilen. Auch die Mitgliedschaft in Aufsichtsräten, wie bei der Aktiengesellschaft für Hüttenbetrieb oder beim Stahlwerk Hagendingen, ist nichts, wo man Managerqualitäten beweisen kann. Doch der Vater verharrt eisern auf den wichtigsten Stühlen, sei es als Vorstandsvorsitzender beim Deutschen Kaiser oder als Oberkontrolleur der verschiedenen Familienfirmen. Und nach dem Tod August Thyssens die Familie einen Großteil ihres Geschäfts in die neu gegründeten Vereinigten Stahlwerke einbringt und mit 26 Prozent Anteil größter Einzelaktionär wird, da verzichtet Fritz Thyssen auf seinen Führungsanspruch bei der Gesellschaft

und damit auf die Chance, an der Spitze des bedeutendsten deutschen Schwerindustrie-Konzerns zu stehen – der 53-Jährige überlässt den Chefsessel Albert Vögler und begnügt sich selbst mit dem Amt des Aufsichtsratsvorsitzenden. Fritz Thyssen fehlt offensichtlich der Genius und der Durchsetzungswille des Alten, wie es ein Freund 1927 vorsichtig formuliert:»Er ist ein Fünfziger. Aber August Thyssen, sein Vater, begann erst an der Schwelle des sechsten Lebensjahrzehnts die größten seiner weithin wirkenden Aktivitäten. Fritz Thyssen ist eine gesammelte und ganz und gar unverbrauchte Kraft, deren eigentliche Leistung gewiss noch in der Zukunft liegt.«[12]

Die Verschmelzung der Thyssen-Aktiva auf das neue Konglomerat Vereinigte Stahlwerke, in der Konsequenz die Aufgabe der Selbstständigkeit, führt überdies zum Streit mit dem Bruder Heinrich. Der schreibt an Fritz Thyssen:»Ich bin nicht für diesen Trust. Dieser Trust zerschlägt ein groß angelegtes und ausgebautes Familienunternehmen. Die mir anvertrauten Werke und Unternehmungen haben den Trust nicht nötig. Selbst in krisenhaften Zeiten sind diese Werke und Unternehmungen ohne nennenswerte fremde Hilfe durchgekommen und hoffen in der Zukunft gleichfalls in derselben Weise durchzukommen. Falls die Lage der August-Thyssen-Hütte eine solche ist, dass sie Anschluss an den Trust suchen muss, so muss der Grubenvorstand und die dazu Befugten dafür die ausschließliche Verantwortung übernehmen. Ich übernehme eine solche Verantwortung nicht. Meine Warnungen wurden seit Jahren nicht beachtet. Meinen Vorstellungen wurde keine Rechnung getragen.«[13] In der Folge führt der Zwist zur Entfremdung zwischen den beiden Brüdern, Heinrich Thyssen-Bornemisza nimmt eine Realteilung vor und sichert sich Stücke des Familienvermögens wie Exportfirmen und Werften.

Noch weist nichts im Leben Fritz Thyssens auf politische Ambitionen oder eine rechte Gesinnung, die zu Hitler führen sollte. Bei Beginn des Ersten Weltkriegs meldet er sich als Freiwilliger, kehrt 1916 in das Familienunternehmen zurück, auf»dringliches Ersuchen«[14] des Vaters, der ihn wieder in der Firma haben wollte. Die Räterepublik 1918/1919 erlebt er als passiver Beobachter mit – bis auf eine Episode. Die sollte erstmals seine Sympathien für rechte Gruppierungen stärken. Denn am 7. Dezember 1918 verhaften kommunistische Arbeiterräte Fritz Thyssen, verfrachten ihn in einen ungeheizten Eisenbahnwagon dritter Klasse und bringen ihn nach Berlin. Der Vorwurf: Landesverrat – darauf steht die Todesstrafe. Für Fritz Thyssen, der bisher nur den Luxus mit Dienstboten, einem behaglichen Heim und reichlich Geld kennt, sind die Gefängniszelle, die rüde Behandlung der linken Revolutionäre eine Erfahrung der besonderen Art. Nach vier Tagen verpufft die Aufregung: Er wird wieder freigelassen, die Verhaftung als Missständnis erklärt. Aber den Zusammenstoß mit den Marxisten vergisst Fritz Thyssen sein Leben lang nicht.

Die Ereignisse des Jahres 1923 bringen ihn ins Rampenlicht der Politik. Als die Franzosen das Ruhrgebiet besetzen, um die deutschen Reparationsleistungen nach dem verlorenen Weltkrieg einzutreiben, wagt Fritz Thyssen den Widerstand: Als Sprecher der Zechenbesitzer unterstützt er den passiven Widerstand der Bevölkerung, verweigert sich offen den Anordnungen der Besatzungsmacht. Die Folgen lassen nicht lange auf sich warten – Fritz Thyssen wird verhaftet und in Mainz vor ein französisches Militärgericht gestellt. Seine Verteidigung mündet in dem Satz:»Ich bin ein Deutscher und ich weigere mich, französischen Befehlen auf deutschem Boden zu gehorchen.«[15] Das Gericht entlässt ihn mit einer milden Geldstrafe. Die Rückkehr gerät zur Jubelfeier, die Presse macht Thyssen schlagartig als Widerstandshelden im ganzen Reich bekannt, die Universität Freiburg verleiht dem Industriellen»wegen seiner Verdienste um die Erhaltung des deutschen Rechts während des Ruhrkampfes« die Ehrendoktorwürde.

Im Jahr 1923 ereignet sich für den Konzernerben aber noch etwas Bewegenderes: das Treffen mit der bayerischen Lokalgröße Adolf Hitler. Im Oktober reist Thyssen nach München, um General Erich Ludendorff zu besuchen, den er während des Ersten Weltkriegs auf Schloss Landsberg getroffen hat.»Es gibt nur eine Hoffnung«, erklärt Ludendorff dem Stahlmagnaten während des Gesprächs,»und diese Hoffnung verkörpert sich in den nationalistischen Gruppen und deren Drang nach neuer Stärke.«[16] Der General empfiehlt Adolf Hitler kennen zu lernen, den er stark bewundert:»Er ist der einzige Mann, der politisches Gefühl hat.« Thyssen besucht einige Nazi-Veranstaltungen in München, hört den NSDAP-Führer sprechen.»Ich erkannte seine Rednergabe und seine Fähigkeit, die Massen zu führen«, erinnert sich der Unternehmer,»was mich aber am meisten beeindruckte, war die Ordnung, die bei seinen Auftritten herrschte, die beinahe militärische Disziplin seiner Anhänger.«[17] Einige Tage später trifft Thyssen den NS-Diktator persönlich in der Wohnung des Deutschbalten Max Erwin von Scheubner-Richter, des Vertrauten von Hitler und Ludendorff. Sie besprechen politische Themen, reden übers Geld. Thyssen ist so beeindruckt, dass er 100 000 Goldmark spendet, eine Riesensumme in den Zeiten der Hyperinflation:»Das war mein erster Beitrag an die Nationalsozialistische Partei.«[18] Ludendorff nimmt das Geld in Empfang, Scheubner-Richter sorgt dafür, dass sein Freund Adolf Hitler davon profitiert.[19]

Damit ist Thyssen der erste deutsche Großunternchmer, der die Nazi-Bewegung aktiv fördert. Dennoch sollte es mehrere Jahre dauern, bis er wieder näher an Hitler heranrückt und sich zu seinem unentbehrlichen Helfer in Wirtschaftskreisen macht. Ende 1928 nimmt Rudolf Heß nach Anordnung Hitlers Kontakt mit dem Konzernbesitzer auf. Der Grund für den Besuch ist – Geldmangel. Hitler plant den Kauf eines neuen Anwesens in München, das er als pompöse Parteizentrale nutzen will. Doch wie so häufig fehlen für die hochtrabenden Pläne des NS-Diktators die nötigen Finanzmittel. Für solche Projekte wirken die Mitgliedsbeiträge der Genossen wie Taschengeld. Also muss ein Spender her, jemand der reich ist, wirklich reich. Hitler denkt zuerst an Emil Kirdorf, doch der verweist ihn an seinen Nachbarn Fritz Thyssen. Wieder greift der Industrielle den Nazis großzügig unter die Arme: Er organisiert einen Kredit bei der holländischen Bank Voor Handel en Scheepvaart N. V. in Rotterdam über die gewünschte Summe, für die er bürgt. Für den Umweg über das Ausland nennt Fritz Thyssen folgenden Grund: »Ich wählte eine holländische Bank, weil ich in meiner Position nicht mit deutschen Banken zu tun haben wollte und weil ich glaubte auf diese Weise die Nazis etwas mehr in der Hand zu haben.«[20] Nach seinen Angaben vom Jahr 1945 beläuft sich der Betrag auf »300 000 bis 400 000 Mark«; davon habe die NSDAP nichts zurückgezahlt.[21] Tatsächlich also sind die geliehenen Finanzmittel ein Geschenk – was dem Konzernerben angesichts Hitlers notorischer Geldnot klar gewesen sein dürfte. Wiederum erstaunt auf den ersten Blick, wie spendabel sich der Stahlunternehmer gegenüber der NSDAP zeigt – ist er doch zu jener Zeit Mitglied der Deutschnationalen Volkspartei. Sein Verhalten offenbart, dass er längst mit der Nazi-Bewegung sympathisiert, auch wenn er den offiziellen Schritt, den Eintritt in die NSDAP, erst später vollziehen sollte. Die Hinwendung zu Hitler ist Thyssens wichtigster eigenständiger Schritt auf dem politischen Parkett – die erste große Entscheidung, die er ohne seinen Übervater August trifft – und wohl trotzig gegen den Geist des Seniors gerichtet: Der würde sich sicher vor Wut im Grabe umdrehen, wenn er die verschwenderischen Allüren seines Sohnes für einen dubiosen Parteivorsitzenden sähe.

Ohne Thyssens Geld wäre die Finanzierung der Nazi-Parteizentrale gescheitert. Hitler will im typischen Größenwahn das imposanteste Hauptquartier aller deutschen Parteien. Seine bisherige Residenz in der Schellingstraße genügt seinen Ansprüchen nicht mehr. Die Gesamtkosten für das Projekt belaufen sich nach Schätzungen auf 800 000 Mark. Als Immobilie erwirbt der NSDAP-Chef das Barlow-Palais an der Brienner Straße, in der Nähe des Königsplatzes: eine exklusive Wohnlage, die in der Nachbarschaft den Verleger Bruckmann beherbergt. Hitler kann hier zum ersten Mal seine Obsessionen als verhinderter Architekt ausleben, einen Beruf, den er in seiner Wiener Zeit neben der Malerei – vergeblich – anstrebte. Der verkannte Künstler kniet sich mit Feuereifer in die Pläne, er holt den prominenten Architekten Paul Ludwig Troost zur Unterstützung, zeichnet selbst Vorlagen für Möbel und Türen und lässt das alte Gemäuer nach seinen Entwürfen komplett umbauen. Das Ergebnis, unter dem Namen »Braunes Haus« bekannt, strahlt das Imponiergehabe vergangener Zeiten aus: »Nur die Hakenkreuzfahne auf dem Dach überzeugte mich davon, dass dies nicht der Palast eines Kardinals oder die Luxus-residenz eines jüdischen Bankiers war«[22], beschreibt ein Nazi seine ersten Eindrücke. Der Bau ist drei Stockwerke hoch, ein Vordergarten und ein Zaun grenzen ihn von der Straße ab. Hitler lässt Zwischenstockwerke einziehen und Wände aufmauern, die aus den Sälen kleinere Räume machen. Zum Betreten des Hauses passieren die Gäste zwei Bronzeportale mit den Namen der Gefallenen des Putsches vom November 1923. Vor dem Eingang halten zwei SA-Männer in Uniform Wache. Die Empfangshalle schmücken NS-Standarten, eine breite Treppe weist den Weg in den ersten Stock, wo Hitler und seine Vertrauten in ihren Büros arbeiten. In Hitlers Eckzimmer ein wuchtiger Schreibtisch, mit einer Mussolini-Büste, Schlachtengemälden und einem Öl-porträt Friedrichs des Großen. Daneben der »Senatssaal«, in dem sich 60 Sessel aus rotem Leder um einen hufeisenförmigen Tisch gruppieren. Ein eigenes Restaurant im Keller mit Koch komplettiert die Münchner Nazi-Schaltzentrale. Hat der NSDAP-Führer von dem Thyssen-Geld auch etwas für sich privat abgezwackt? Auffällig ist jedenfalls, dass Hitler zur selben Zeit sein Zimmer zur Untermiete in der Thierschstraße aufgibt und eine Neun-Zimmer-Wohnung im zweiten Stock in der Prinzregentenstraße 16 bezieht. Dazu leistet er sich zwei Haushälterinnen, einen Chauffeur, einen Leibwächter und nimmt seine Nichte Geli Raubal in die Wohnung auf.

Fritz Thyssen bleibt seit dieser Zeit in Kontakt mit Hitler, besucht den Partei-chef in München. Dem Konzernerben imponiert die Zielstrebigkeit und Rücksichtslosigkeit Hitlers, Eigenschaften, über die Thyssen nicht verfügt. Äußere Klammer ist das Volksbegehren gegen die Reparationsforderungen des Young-Plans. In dieser gemeinsamen Abwehrfront verbünden sich nicht nur Hugenberg und Hitler, sondern auch Managerpersönlichkeiten wie Emil Kirdorf – und Thyssen. »Ich wandte mich der Nationalsozialisten-Partei zu, nachdem ich mich überzeugt hatte, dass der Kampf gegen den Young-Plan unvermeidlich war, um den vollständigen Zusammenbruch Deutschlands zu vermeiden«[23], erklärt der Industrielle im Nachhinein sein Engagement für die Radikalen um Hitler. Zugleich hofft er auf ein Bündnis der rechten Gruppen, um das Zersplittern der Parteien zu verhindern. Doch solche Pläne sind zum Scheitern verurteilt; der NS-Diktator nutzt das Bündnis taktisch geschickt für seine eigenen Zwecke, zur Profilierung der NSDAP auf Kosten anderer. Hitler registriert zufrieden »den sehr großen Umschwung« in der Aufmerksamkeit der Bevölkerung für seine Bewegung und findet es »staunenswert, wie sich hier die vor wenigen Jahren noch selbstverständliche arrogante, hochnäsige oder dumme Ablehnung der Partei in eine erwartungsvolle Haltung verwandelt hat«.[24] Thyssen kniet sich mit Verve in seine neue Aufgabe: Er tritt bei politischen Veranstaltungen auf, versucht andere Wirtschaftsmagnaten in kleiner Runde zu überzeugen, stellt Geld und seinen prominenten Namen für das Volksbegehren zur Verfügung. Jahre später muss auch er eingestehen, »dass die radikale Agitation gegen den Young-Plan es Hitler ermöglicht hat, seiner Partei die nötige Schwungkraft für den Aufstieg zur Macht zu geben«.[25] Eine weitere Nazi-Größe profitiert von der Kasse des Industriellen: Hermann Göring. Den Kontakt stellt Wilhelm Tengelmann her, selbst überzeugter Nazi und Direktor bei der Essener Steinkohlenbergwerke AG. Der Manager empfiehlt Thyssen einen gewissen Herrn Göring in Berlin. Der versucht beständig, »zum Wohl des deutschen Volkes zu wirken, aber er findet sehr wenig Ermutigung von Seiten der deutschen Industriellen. Möchten Sie ihn nicht einmal kennen lernen?«[26] Der Ruhr-Magnat besucht den Nazi in der Reichshauptstadt. Die beiden verstehen sich von Anfang an gut: Göring wirkt wie das krasse Gegenstück zu Hitler, allein schon Görings Bauchumfang beweist dessen Leidenschaft für gute Weine und exquisites Essen. Er kann gepflegt über Kunst und Malerei plaudern, zeigt Begeisterung für das Theater, ein Mann mit Geschmack und Kultur – so etwas findet sich kaum in Hitlers Entourage. Göring wird 1893 im bayerischen Rosenheim als Sohn eines Juristen geboren. Im Ersten Weltkrieg macht er Karriere als letzter Chef des Jagdgeschwaders Richthofen. Angeblich hat er 22 Abschüsse erzielt, wofür er sowohl das Eiserne Kreuz als auch den Pour le Mérite erhält und sich damit den Ruf als erfolgreicher Pilot und Kriegsheld erwirbt. 1922 heiratet er die Schwedin Karin Freiin von Kantzow, geborene Fock, im selben Jahr macht ihn Hitler zum Kommandeur der SA.

Görings Hang zur Aristokratie, er bezeichnet sich als »den letzten Renaissancemenschen«, ist auch Fritz Thyssen nicht fremd. Dumm nur, dass dem NS-Funktionär für einen fürstlichen Lebensstil das nötige Kleingeld fehlt. Aber der Stahlerbe zeigt Verständnis: »Er lebte damals in einer sehr kleinen Wohnung und war sehr darauf aus, sie zu vergrößern, um einen besseren Eindruck zu machen«, erinnert sich Thyssen, »ich trug die Kosten dafür. Damals erschien mir Göring als sehr angenehmer Mensch. In politischen Fragen war er sehr vernünftig. Ich lernte auch seine erste Frau kennen, Karin, eine geborene schwedische Gräfin. Sie war eine äußerst charmante Frau.«[27] Thyssen schenkt Göring dreimal je 50 000 Mark.[28] Nach Aussagen von Mitarbeitern des Industriellen finden die Geldübergaben wie in schlechten Mafia Fil men statt: Einmal lässt sich Thyssen die Summe in bar in das Restaurant eines seiner Hüttenwerke transportieren, wo er und Göring speisen. Diskret reicht Thyssen die Banknotenbündel weiter. Ein anderes Mal hinterlegt der Konzernerbe die Geldscheine im Schließfach einer Bank. Dort fährt Göring später hin, öffnet das Fach mit seinem Zweitschlüssel und packt die Summe in einen mitgebrachten Koffer. Göring erklärt später, einen Teil des Geldes Hitler weitergereicht zu haben.

Das offenherzige und spendable Verhalten Thyssens gegenüber der Nazi-Be-

Reichsminister Goebbels im Gespräch mit Fritz Thyssen

wegung zeigt exemplarisch, dass die Größen der deutschen Geldelite keine formellen NSDAP-Mitglied sein mussten, um Hitler und seine Truppen aktiv zu unterstützen. Das zeigt sich vor allem in den entscheidenden Monaten der Machtergreifung im Jahr 1933. Thyssen jedenfalls gehört noch der Deutschnationalen Volkspartei an, als er längst den NS-Diktator fördert. Dabei betreibt der Industrielle ein Verwirrspiel um seine Parteimitgliedschaft. Bereits seit etwa 1930 gilt er wegen seiner öffentlichen Stellungnahmen für die Nazis als Hitler-Fan. Er selbst verbreitet, im Dezember 1931 der NSDAP beigetreten zu sein. Nach der Zentralkartei der Partei zählt Thyssen aber erst seit 1. März 1933 offiziell zu den Nazis, er erhält die Mitgliedsnummer 2 917 299. Seine zweite Frau Amelie, Mitgliedsnummer 522 386, ist bereits im März 1931 Nationalsozialistin.

Doch das sind für Thyssen Formalien. Er fühlt sich bereits lange vor der Kanzlerschaft Hitlers mit Leib und Seele als Nazi. Jetzt hat er eine Aufgabe, die ihn ausfüllt. Sein Misstrauen gegenüber Marxismus, gegenüber der Weimarer Demokratie und sein Hang zu autoritären Staatsformen schimmert bereits im Gründungsaufruf des »Bundes zur Erneuerung des Reiches« vom

6. Januar 1928 durch, den Thyssen unterschreibt; mit ihm Albert Vögler, Carl Bergman von der Deutschen Bank, Gustav Krupp von Bohlen und Halbach, Carl Friedrich von Siemens und Robert Bosch. »Tritt so an Stelle von Kampf und Reibungen Klarheit und Einigkeit, dann werden für deutsche Gesamtaufgaben politische Kräfte frei, die heute im Innern gebunden sind und aufgezehrt werden«, heißt es in dem Dokument, »überall im deutschen Volke muss der Wille aufflammen zur Überwindung von Streit und Vielregiererei. Das Dritte Reich gilt es zu zimmern, das die ganze Nation in gesunder Gliederung zusammenschließt nach dem Worte des Freiherrn von Stein: »Ich habe nur ein Vaterland, das heißt Deutschland!«[29]

Auf dem Feld der Wirtschaft fühlt sich Thyssen bei seiner politischen Aktivität am sichersten, dort setzt er mit seiner Arbeit an. Um den Nationalsozialisten mehr Verständnis für die Ökonomie einzubläuen und zugleich die rechten Ideen bei den Wirtschaftsführern populär zu machen, unterstützt Thyssen den Journalisten Walther Funk, dem bereits der Bergbauverband regelmäßig eine kleine Summe zukommen lässt. Der Sohn eines Bauunternehmers studierte Jura, Wirtschaftswissenschaften und Philosophie, arbeitet seit 1916 in der Redaktion der rechtsorientierten »Berliner Börsenzeitung«. 1922 übernimmt Funk die Chefredaktion. Anfang der dreißiger Jahre schließt er sich der Nazi-Bewegung an und avanciert zu Hitlers persönlichem Wirtschaftsberater und Verbindungsmann zu den Unternehmern. Funk formuliert das »Wirtschaftliche Aufbauprogramm der NSDAP«, eine eigene Publikation, den »Wirtschaftspolitischen Dienst«, nutzt er als Propaganda-Instrument für die Nazis. Thyssen sieht in dem Wirtschaftsredakteur eine gemäßigte Kraft innerhalb der NSDAP, die die linken Nazis dämpfen und lenken soll. »Nicht weniger wichtig als das, was Funk auf programmatischem Gebiet in den Jahren 1931 und 1932 geleistet hat, war seine damalige Tätigkeit als Mittelsmann des Führers zu den leitenden Männern der deutschen Wirtschaft in Industrie, Gewerbe, Handel und Finanz«, stellt eine Jubelbiografie Funks fest, erschienen im Nazi-eigenen Eher-Verlag. »Seine persönlichen Beziehungen zu den deutschen Wirtschaftsführern waren auf Grund seiner bisherigen Arbeit groß und weitreichend. Er konnte sie jetzt in den Dienst Adolf Hitlers stellen und so manchem nicht nur authentisch Rede und Antwort stehen, sondern ihn auch überzeugen und zum Förderer der Partei werben. Das war damals eine ungeheuer wertvolle Arbeit.«[30] Bei seinen Vernehmungen nach dem Zweiten Weltkrieg definiert Funk seine Aufgabe vorsichtiger: »Durch persönliche Einwirkung auf den Führer und die Parteiführung im Ganzen« wollte er Gutes tun. »Der Führer selbst betonte in Gesprächen mit mir und den Wirtschaftsführern, die ich mit ihm bekannt gemacht habe, immer wieder, dass er ein Feind der Staatswirtschaft und der so genannten Planwirtschaft sei.«[31] Genutzt hat dem späteren NS-Wirtschaftsminister dieser Versuch, sich reinzuwaschen, nichts – er wird 1946 als Kriegsverbrecher zu lebenslanger Haft verurteilt, 1958 aber vorzeitig entlassen.

Für Thyssen erscheint Funk in den Jahren vor der Machtergreifung der ideale Transmissionsriemen. Denn der NS-Wirtschaftsideologe verfügt über Kontakte zur Geldelite. Das zeigt beispielsweise ein Brief des Flick-Managers Otto Steinbrinck an Funk, datiert vom Dezember 1931: »Herr Baron Kurt von Schröder, Mitinhaber des Bankhauses J. H. Stein in Köln und Vetter des bekannten Londoner Bankiers, ist heute und morgen in Berlin und hätte gerne Sie kurz gesprochen. Er steht seit mehreren Jahren der ganzen Bewegung nahe und hat infolgedessen besonderes Verständnis dafür gehabt, als ich ihm von Ihren neuen Ideen über die Auslandsaufklärung berichtete. Da Herr Baron von Schröder selber über sehr weitgehende Auslandsverbindungen verfügt und durch die engen freundschaftlichen und verwandtschaftlichen Beziehungen mit dem Londoner Welthaus häufig auch mit fremden Bankiers zusammenkommt, beschäftigt ihn naturgemäß die Stellungnahme der Partei zur Frage der Auslandsverschuldung.«[32]

Als der Journalist deshalb für seine Arbeit um den Betrag von 100 000 Mark bittet, sagt Thyssen sofort ja. Er veranlasst Ludwig Grauert, Geschäftsführer der Nordwestlichen Gruppe des Arbeitgeberverbands der Deutschen Eisen- und Stahlindustrie, das Geld aus der Kasse des Verbands zu nehmen und Funk zu übergeben. Das führt zu einem Eklat: Verbandschef Ernst Poensgen, Manager der Vereinigten Stahlwerke, erfährt von der heimlichen Geldentnahme und protestiert dagegen; Grauert soll entlassen werden. Thyssen rettet dem Geschäftsführer den Hals, indem er sagt, das Geld sei nur als Darlehen gedacht gewesen und er habe die 100 000 Mark selbst bezahlt.[33]

Leider geht der Beschenkte nicht so mit dem Geld um, wie Thyssen sich das vorstellt. Das zeigt sich bei einer München-Reise Funks: Zusammen mit seinem NS-Vorgesetzten Otto Wagener stürzt er sich in das Nachtleben der bayerischen Landeshauptstadt. Zuerst tankt Funk in einem Speiselokal reichlich Alkohol. Dann überredet er das Orchester, für ihn ein Lied zu spielen, das er singen wollte. Dem Kapellmeister steckt er dafür 100 Mark zu; das ist mehr Geld, als ein Arbeitsloser im Monat zum Leben hat. Als sich die anderen Gäste über die Karaoke-Einlage beschweren, wirft der Geschäftsführer des Restaurants Funk hinaus. Danach besucht der Nazi-Ökonom eine Nachtbar, er ordert lautstark Champagner. Funk trinkt ein paar Schluck, verschwindet in der Damentoilette, kommt wieder zurück, die Klofrau an der Hand, schiebt mit der verdutzten Dame einige Runden übers Tanzparkett und steckt ihr als Belohnung einen Hundertmarkschein zu. Die Folge: Funk fliegt auch aus dem Nachtklub. Im Hinausgehen ruft er den Stammgästen zu: »Das ist Nationalsozialismus!«[34]

Bei Thyssen geht es um größere Dinge. Das zeigt sich bei seinem Eintreten für

die Nationalsozialisten in der so genannten Ruhrlade – der geheimnisvollsten Industriellenorganisation in der Weimarer Republik. Schon der Name »Lade« signalisiert Versteckspiel und eine verschworene Brüderschaft. In der Tat lenkt dieses Gremium im Verborgenen die Geschicke ganzer Branchen, versucht in das Rad der Politik einzugreifen. Die Idee dieser Geheimorganisation entwickelt 1927 Paul Reusch, Chef der Gutehoffnungshütte. Er schreibt eine Satzung für diesen nicht eingetragenen Verein, verschickt das Dokument an Gustav Krupp von Bohlen und Halbach, Oberkontrolleur der Fried. Krupp AG – und an Fritz Thyssen. Das Trio trifft sich am 19. November 1927 und bespricht die Details ihres neuen Babys: Sie feilen an der Satzung, besprechen Ziel und Zweck dieser Ruhrlade und beschließen, dass der Zirkel auf zwölf Männer beschränkt bleibt. An die übrigen neun Persönlichkeiten der Schwerindustrie schicken sie Einladungen zur Mitgliedschaft, alle neun Wirtschaftsmagnaten nehmen sofort an. Der Elitekreis, der bis Ende 1932 unverändert bleibt, umfasst folgende Namen: Neben Reusch, Krupp und Thyssen Generaldirektor Erich Fickler von der Harpener Bergbau AG, Peter Klöckner, Gründer der Klöckner-Werke, Arthur Klotzbach, Direktor bei Krupp, Karl Haniel, Miteigentümer und Aufsichtsratsvorsitzender der Gutehoffnungshütte, Ernst Poensgen, Direktor der Vereinigten Stahlwerke, Albert Vögler, Vorstandschef der Vereinigten Stahlwerke, Fritz Springorum, Generaldirektor der Hoesch AG, Fritz Winkhaus, Generaldirektor des Köln-Neuessener Bergwerkvereins, und Paul Silverberg, Aufsichtsratchef der Rheinischen AG für Braunkohlenbergbau und Brikettenfabrikation.[35]
Diese Creme der Ruhr-Wirtschaft reist am Abend des 9. Januar 1928 zur Villa Hügel bei Essen, dem Refugium der Familie Krupp, einem wuchtigen Neubau im Stil eines Palastes. Alle zwölf Personen, die meisten zwischen 50 und 60 Jahre alt, erscheinen im schwarzen Smoking, dem feierlichen Anlass angemessen. Nach einer kurzen Diskussion nimmt der Trupp die Satzung einstimmig an. Das Regelwerk sieht vor, dass sich der lose Verband monatlich trifft, und zwar am ersten Montag jeden Monats. Es dürfen nie mehr als zwölf Mitglieder werden, noch sind Gäste oder Stellvertreter zugelassen. Jeder der zwölf ehrenwerten Herren kann wieder aus dem Klub ausscheiden, die Nachwahl eines neuen Mitglieds erfordert Einstimmigkeit in geheimer Abstimmung. Für Satzungsänderungen braucht es eine Dreiviertelmehrheit, zur endgültigen Auflösung des Gremiums reicht die einfache Mehrheit.
Für Thyssen wie für seine Kollegen ist diese Schattenregierung der Kohle- und Stahlindustrie das ideale Vehikel, aktiv Interessenpolitik zu betreiben. Die Ergebnisse dieser informellen Treffen dringen nicht nach außen. Da am Tisch die einflussreichsten Männer der Branche versammelt sind, besteht auch keine Gefahr, dass jemand die Beschlüsse nicht umsetzen kann. Die Ruhrlade dient verschiedensten Zwecken: Sie schlichtet Streitigkeiten unter

den Konzernen im Vorfeld, sie entwirft Pläne für eine gemeinsame Haltung bei Lohnverhandlungen und bei der Abwehr von Arbeiterstreiks. Besonders schätzen die Mitglieder Preisabsprachen und Festlegung von Produktionsquoten, ohne deswegen gleich ein offizielles Kartell gründen zu müssen. Die zwölf Verschworenen intensivieren Kontakte zu anderen Wirtschaftszweigen wie der Elektrobranche oder dem Agrarsektor. Und ganz nebenbei dient die Ruhrlade zur Befriedigung der Eitelkeiten: Die Mitglieder veranstalten gemeinsame Jagden und Ausflüge, sie laden sich gegenseitig ein, um mit Besitzerstolz ihre prätentiösen Domizile vorzuführen.

Die wichtigsten Zwecke der Ruhrlade aber heißen Politik und Geld. Die Industriellen versuchen auf die Regierung und die Parteien Einfluss auszuüben um die Kräfte zu fördern, die im Sinne der Wirtschaft agieren. Dazu setzen die Konzernmagnaten ihre persönlichen Beziehungen ein und machen in vertraulichen Gesprächen mit Politikern Druck. Rückenwind bringt dabei die Tatsache, dass alle Mitglieder Ämter in unterschiedlichsten Firmen und Verbänden innehaben. Krupp beispielsweise wird 1931 Vorsitzender des Reichsverbands der deutschen Industrie, Springorum ist seit 1930 Vorsitzender des Langnamvereins, einer mächtigen regionalen Interessenvertretung. Persönliche Überzeugungsarbeit allein reicht nicht. Thyssen, Krupp und die anderen Ruhrlade-Mitglieder beschließen einen politischen Fonds aufzulegen, aus dem Parteien und einzelne Politiker alimentiert werden. Die Summen sind beträchtlich, sie schwanken zwischen 1,2 und 1,5 Millionen Mark jährlich.[36] Die Gelder werden intern unter dem Decknamen »Konto Wirtschaftshilfe« geführt.

Mit unterschiedlichen Beträgen finanziert die Ruhrlade anfangs die bürgerlichen und rechten Parteien mit, zahlt Zuschüsse zu wirtschaftsfreundlichen Zeitungen. Doch der Wahlerfolg der NSDAP im September 1930 und Fritz Thyssens offene Sympathie für die Nazi-Bewegung bringen Streit in den Zwölfer-Klub. Thyssen drängt darauf, auch Hitler und seine Partei finanziell zu unterstützen. Er betreibt sogar selbst Propaganda und schickt einen Packen Nazi-Broschüren an Paul Reusch mit dem Wunsch, das Material an die übrigen Ruhrlade-Mitglieder zu verteilen. Reusch gehorcht, er, der Hitlers außenpolitische Wirkung »nicht als unerwünschte Erscheinung« apostrophiert. Thyssen gelingt es in einem ersten Schritt, in der Runde eine finanzielle Förderung seines Schützlings Walther Funk durchzusetzen. Springorum plädiert dafür, den »vernünftigen« Nationalsozialisten unter die Arme zu greifen, indem die Ruhrlade die NSDAP von den Wirtschaftsspenden abhängig macht – daraufhin fließen offensichtlich Gelder.[37] Ermutigt von Thyssen, startet Reusch zudem einen Versuch, Hitler von der Notwendigkeit einer Koalition mit der Bayerischen Volkspartei zu überzeugen. Er reist deshalb zum NS-Diktator nach München. Als Lockmittel bietet der Chef der Gutehoffnungshütte das Wohlverhalten der Zeitungen »Münchener Neueste Nachrichten« und »Fränkischer Kurier« gegenüber Hitler – denn Reusch hält über seinen Konzern maßgebliche Beteiligungen an beiden Blättern. Der NSDAP-Chef geht scheinbar auf das Angebot ein, doch schon kurze Zeit später prügelt er wieder auf den politischen Gegner Volkspartei ein.

Thyssens Arbeit für die Nationalsozialisten innerhalb der Ruhrlade trägt weitere Früchte: Paul Silverberg, getaufter Protestant, von den Nazis als »Nicht-Arier« verdächtigt, probiert ebenfalls eine Annäherung an Hitler. Dazu benutzt er als Verbindungsperson Werner von Alvensleben, Sekretär des rechtsgerichteten »Herrenclubs« in Berlin. Nach einem Treffen mit Silverberg schickt Alvensleben ein Protokoll des Gesprächs an Hitler. Danach sieht Silverberg die NSDAP geteilt in eine sozialistische und eine gemäßigte Fraktion, er wolle die nicht radikalen Kräfte stärken und die NSDAP akzeptieren, wenn die Wirtschaft bessere Resonanz finde. Alvensleben schickt zwei weitere Briefe an Hitler, bittet, Otto Meynen, den Privatsekretär des »Juden-Abkömmlings« Silverberg, zu empfangen. Der Besuch des Vertrauten bei Hitler findet schließlich in dessen Suite im Hotel »Kaiserhof« in Berlin statt, jedoch ohne greifbare Ergebnisse. Bei einem anderen prominenten Nazi hat Silverberg mehr Erfolg: Otto Strasser. Dem lässt der Konzernchef über seinen Sekretär Meynen Geld zukommen.[38]

Kontinuierlich intensiviert Thyssen seine Werbung für die braunen Truppen. Das gefällt selbst dem Chefpropagandisten Joseph Goebbels: »Thyssen von ganz altem Schlage. Knorke«, notiert der Nazi, »ein Kapitalist, aber solche Wirtschaftsführer lässt man sich schon gefallen. Seine Frau sehr nett und angenehm.«[39] Dabei fädelt Thyssen einen besonderen Coup ein: Hitler, der bislang nur im kleineren Zirkel von Unternehmern und Managern sprach, soll nun vor einem bedeutenden Kreis von Wirtschaftspersönlichkeiten auftreten. Anlass ist die Diskussion um die geplante Einladung des »Industrieklubs« in Düsseldorf – sie wollen einen prominenten Politiker zu einem Vortrag bitten. Dem »Industrieklub« gehören nicht nur die Ruhr-Barone an, sondern auch Bankiers, Verleger und Wirtschaftsjuristen. Thyssen schlägt den Nationalsozialisten vor, beredet den Fall mit Hitler, als er sein NS-Idol in Berlin trifft. Der greift sofort zu und verkündet, er wolle persönlich in Düsseldorf reden. Nach der Einladung des Klubvorsitzenden Karl Haniel schreibt der NS-Führer zurück, er freue sich auf die Chance, »vor einer größeren Zahl namhafter Wirtschaftler meine Gedanken vortragen zu können«. So ruft der Präsident seine erlauchten Mitglieder schriftlich zu einem Abend mit »Herrn Adolf Hitler, München« auf. Ein Thema wird nicht genannt.

Der Abend des 27. Januar 1932 gerät zu einem besonderen Ereignis in Düsseldorf. Ruhr-Prominente wie Krupp fragen nach Eintrittskarten. Vorsitzender Haniel schreibt an Gustav Krupp von Bohlen und Halbach: »Der Andrang der Klub-Mitglieder zum Hitler-Vortrag übersteigt meine kühnsten Erwartungen und der größte Saal im Parkhotel ist leider nicht größer zu machen, als er nun einmal ist. Ich habe deshalb alle ähnlichen Wünsche, Nichtmitglieder zuzulassen, aus Gerechtigkeitsgründen ablehnen müssen. Aber Ihr Fall ist, wie ich einsehe, besonders gelagert. Wenn Sie persönlich kämen, würden Sie naturgemäß Ihren Platz erhalten, und als Inhaber der Firma Krupp und außerdem Vorsitzender des Reichsverbandes der deutschen Industrie haben Sie ein berechtigtes Interesse, von allen wirtschaftspolitischen Fragen genaueste Kenntnis zu erhalten.«[40] Nach Zeitungsberichten drängen sich rund 600 Personen in den »Industrieklub«. Da die normalen Räume nicht reichen, weicht die Versammlung in den Großen Ballsaal des »Parkhotels« aus. Unter den Zuhörern sitzen neben Haniel die Industriellen Albert Vögler, Ernst Poensgen und Ernst Brandi. Nachdem das Erscheinen des Bürgerschrecks vorab bekannt geworden war, versammelt sich vor dem Gebäude eine Menschenmenge, meist linke Demonstranten, die Besucher mit Gejohle und Schimpfkanonaden empfängt, Flugblätter verteilt und sich mit Polizei und SA-Leuten Prügeleien liefert. Aus Angst vor Steinewerfern ordnet das Hotelmanagement an, im Erdgeschoss und im ersten Stock die Rollläden herunterzulassen. Hitler fährt kurz vor sechs Uhr abends in einer Limousine beim Seiteneingang vor. Der Ehrengast trägt statt der Braunhemdenuniform mit Koppel und Armbinde ein weißes Hemd und einen schwarzen Anzug ohne Parteiabzeichen. Hermann Göring begleitet ihn. Als Hitler den Saal betritt, brüllt jemand: »Alles aufstehen!« Tatsächlich erheben sich einige Personen von ihren Stühlen. Nicht der Vereinsvorsitzende, wie üblich, begrüßt die Gäste, sondern Robert Lehr, Oberbürgermeister von Düsseldorf. Der Referent bleibt während der Rede auf einer Balustrade, stützt sich auf das gusseiserne Geländer. Über zwei Stunden prasseln Hitlers Ergüsse wie ein Platzregen auf das Publikum nieder. Der NSDAP-Chef fängt langsam an, lässt seine Worte fließen, steigert sich in seiner Mimik und Gestik. Die anfängliche Skepsis der Anwesenden weicht. Nach dem Redeprotokoll erhebt sich am Ende »stürmischer, lang anhaltender Beifall«. Buhrufe oder gar Pfiffe registrieren die Pressebeobachter nicht. Hitlers Pressechef Otto Dietrich schildert die Reaktionen des Publikums so: »Die Köpfe beginnen sich zu röten, die Augen hängen an die Lippen des Führers, man fühlt, wie sich die Herzen erwärmen. Sie folgen innerlich, sind in der Tiefe gefasst. Zuerst rühren sich zaghaft die Hände, dann brausen Beifallssalven.«[41] Fritz Thyssen, als schlechter Redner bekannt, liest danach acht Minuten lang holprig und haspelnd ein Statement ab und will mit einem programmatischen »Heil Hitler!« schließen, bringt in der Aufregung aber nur ein »Heil, Herr Hitler!« heraus. Thyssens »befreiendes Bekenntnis« ist, so Dietrich, »dass nur die nationalsozialistische Bewegung und der Geist ihres Führers Deutschlands Schicksal wenden könne«. Beim an-

schließenden Abendessen – es gibt kalte Platte für 2,20 Mark – ist der Naziführer bereits wieder verschwunden; er folgt einer Einladung Thyssens zum
Diner. Hitlers Pressechef ist zufrieden:»Das Eis war gebrochen, der nationalsozialistische Gedanke hatte in wichtigen und einflussreichen Kreisen des Sys-
tems fruchtbaren Boden gefunden.« Thyssen selbst gibt später zu Protokoll:
»Die Rede machte auf die versammelten Industriellen einen tiefen Eindruck
und in der Folge floss eine Reihe großer Beiträge aus den Quellen der Schwerindustrie in die Kassen der Nationalsozialistischen Partei.«[42]
Hitlers Rede vor dem Düsseldorfer»Industrieklub« wird berühmt. Nicht nur
weil so viele Wirtschaftsmagnaten wie nie zuvor seinen verqueren Argumenten gelauscht haben oder weil die Zeitungen dafür sorgten, dieses Ereignis in
die Öffentlichkeit zu tragen. Sondern weil das öffentliche Bekenntnis der
Ruhr-Ikone Fritz Thyssen für die Nazis allen verdeutlicht, dass sich der Wind
dreht. Das hat Signalcharakter: Die Wirtschaftselite Deutschlands lässt die
braunen Rabauken nicht länger in der Ecke stehen. Bedeutsam ist der Abend
auch deshalb, weil der NSDAP-Chef erstmals eine Grundsatzrede über seine
ökonomischen Ideen hält. Gerade weil linke Nationalsozialisten wie Otto
Strasser oder Gottfried Feder immer wieder Dinge fordern, die in den Ohren
der Unternehmer wie Teufelsbeschwörungen klingen, etwa das Diktat des
Staates über die Firmen oder die Enteignung einzelner Wirtschaftszweige.
Deshalb sind die Düsseldorfer Gäste und Medien neugierig, was der oberste
Chef selbst dazu meint. Und Hitler hat tatsächlich Kreide gefressen: Geschickt geht er auf die Sorgen und Nöte der Firmenlenker ein, vermeidet
peinlichst den Eindruck eines Radikalen oder politischen Eiferers.
Hitler räumt ein, dass»heute die nationalsozialistische Bewegung in weiten
Kreisen Deutschlands als antiwirtschaftlich eingeteilt wird«[43], um gleich an-
zufügen, das wirke nur so. Äußere Umstände für die Probleme einer Nation
lässt der oberste Ideologe nicht gelten:»Ich bin der Meinung, dass es keinen
durch menschliches Wollen veranlassten Vorgang gibt, der nicht auch wieder
durch ein anderes menschliches Wesen zu ändern wäre.« Dabei geht Hitler
auf die Politiker ein und bringt seine eigene Definition, was er unter verant-
wortlichem Regierungshandeln versteht:»Die Politik ist nichts anderes und
kann nichts anderes sein als die Wahrnehmung der Lebensinteressen eines
Volkes und die praktische Durchführung seines Lebenskampfes mit allen
Mitteln.« Die Ökonomie hat sich diesem Primat unterzuordnen:»Natürlich
wird ein Volk, um leben zu können, einer Wirtschaft bedürfen«, ruft Hitler
aus.»Allein diese Wirtschaft ist auch nur eine der Funktionen dieses Volkskörpers, um existieren zu können.« Auffällig bleibt, dass der NSDAP-Vorsitzende bei diesem Thema die sonst üblichen Ausfälle gegenüber die Juden
unterlässt. Diese Taktik zielt auf seine elitären Zuhörer im Düsseldorfer»Industrieklub« – vielen ist der militante Antisemitismus ein Gräuel.

Dafür verknüpft Hitler die Rassenfrage mit der Demokratie, die er »als die Verneinung der Verschiedenartigkeit der Veranlagung, der Leistung der einzelnen Völker« darstellt, die er statt mit Volksherrschaft mit »Herrschaft der Dummheit« übersetzt. Sein endlos variiertes »Kampf- und Leistungsprinzip« eines Volkes übersetzt der Nazi-Propagandist raffiniert in die Gedankenwelt seines Publikums; wer vielleicht vorher bei Hitlers Wortschwall eingenickt ist, wird jetzt hellwach: »Sie haben die Auffassung, meine Herren, dass die deutsche Wirtschaft aufgebaut sein müsse auf dem Gedanken des Privateigentums. Nun können Sie einen solchen Gedanken des Privateigentums praktisch nur dann aufrechterhalten, wenn er irgendwie auch logisch fundiert erscheint. Dieser Gedanke muss seine ethische Begründung aus der Einsicht in die naturgegebene Notwendigkeit ziehen. Er kann nicht etwa damit allein motiviert werden, dass man sagt: Es war bisher so, also muss es auch weiter so sein.« Das sind die Themen, die bei den Unternehmern wie Thyssen den Blutdruck steigen lassen, wo sie die Missgunst der Arbeiterschaft wittern, wo die Angst vor den Marxisten auflodert. Rhetorisch geschickt zieht Hitler in seiner Rede Analogien zum Führerprinzip in der Politik. Er setzt voraus, dass die Leistungen der Menschen unterschiedlich sind, demnach auch die Ergebnisse dieser Leistungen; das erzwinge Wertunterschiede in der Ökonomie. »Es ist ein Widersinn, wirtschaftlich das Leben auf dem Gedanken der Leistung, des Persönlichkeitswertes, damit praktisch auf der Autorität der Persönlichkeit aufzubauen, politisch aber diese Autorität der Persönlichkeit zu leugnen und das Gesetz der größeren Zahl, die Demokratie, an dessen Stelle zu schieben«, schlussfolgert Hitler und fährt mit seinen schiefen Argumenten fort: »Der politischen Demokratie analog ist auf wirtschaftlichem Gebiet aber der Kommunismus. Wir befinden uns heute in einer Periode, in der diese beiden Grundprinzipien in allen Grenzgebieten miteinander ringen und auch bereits in die Wirtschaft eindringen.« Demokratie als Synonym für Kommunismus – starker Tobak für die Gäste in Düsseldorf. Der unausgesprochene Gedanke drängt sich auf: Nur die Herrschaft, die Diktatur eines einzelnen starken Führers, so wie das Leitungsprinzip in den Unternehmen, wird alles zum Besten wenden.

Auch in einer Analyse der Weltwirtschaft versucht sich Hitler vor dem versammelten Wirtschaftssachverstand, wieder verknüpft mit Warnungen vor der Gefahr des Marxismus. »Die Rationalisierung der Wirtschaft führt, vom Beginn der Rationalisierung der Grundwirtschaft angefangen, zu einer Einsparung der menschlichen Arbeitskraft, eine Einsparung, die nur dann nützlich ist, wenn die eingesparten Kräfte ohne weiteres wieder in neue Wirtschaftszweige übergeführt werden können.« Für den NSDAP-Chef laufen die Arbeitslosen direkt in die Arme der Marxisten. Damit schreckt er die Manager auf: »Glauben Sie, wenn sieben oder acht Millionen Menschen erst zehn oder zwanzig Jahre aus dem nationalen Produktionsprozess ausgeschaltet sind, dass für diese Menschenmassen der Bolschewismus noch etwas anderes sein könnte als die logische weltanschauliche Ergänzung ihrer tatsächlichen praktischen wirtschaftlichen Situation?«, ruft Hitler in den Saal, »glauben Sie wirklich, dass man die rein geistige Seite dieser Katastrophe übersehen kann, ohne dass sie sich eines Tages als böser Fluch der bösen Tat auch in die Wirtschaft umsetzt?« Nach diesen aufrüttelnden Worten macht Hitler den Industriellen klar, dass natürlich nur eine Gruppe bei den Missständen aufräumen kann: die Nationalsozialisten, die Freunde der Unternehmer.

Da Hitler wegen seiner »Industrieklub«-Rede schon mal im Ruhrgebiet Station macht, nutzt Thyssen die Gunst der Stunde, um für ihn Kontakte bei weiteren Industriellen anzubahnen. Am Tag nach dem Düsseldorfer Auftritt des NS-Führers lädt Thyssen zu einer Privatzusammenkunft auf Schloss Landsberg. Als Gäste treffen Albert Vögler und Ernst Poensgen ein, die Vorstände der Vereinigten Stahlwerke, sowie Hitler, Göring und Ernst Röhm. Die Manager versuchen mit dem NSDAP-Chef wirtschaftliche Fragen zu diskutieren. Der lässt sich nicht auf konkrete Aussagen festlegen und philosophiert endlos über politische Allgemeinplätze. Göring fragt die Manager nach geeigneten Kandidaten für den Posten des Reichsarbeitsministers – wobei Anfang Januar 1932 eine NS-Machtübernahme noch utopisch klingt. Deshalb schütteln die Stahlvorstände über Görings Avancen nur den Kopf. Ohne brauchbares Ergebnis geht die Gruppe auseinander. Thyssen lässt nicht locker. Regelmäßig in den kommenden Monaten bis zum Regierungswechsel im Januar 1933 arrangiert er vertrauliche Treffen mit führenden Nationalsozialisten, etwa im September 1932: »Ich lud eine Anzahl von Herren in mein Haus, damit sie Fragen an Hitler stellen können«, so Thyssen später, »Hitler beantwortete alle Fragen, die an ihn gerichtet waren, zur vollsten Zufriedenheit aller Anwesenden.«[44] Im Herbst verschickt er beispielsweise förmliche Einladungsbriefe für eine »Aussprache« mit Hitler am 21. Oktober auf Schloss Landsberg. Auch Albert Vögler und Emil Kirdorf nehmen teil. Die Gruppe diskutiert die Finanzierung der klammen NSDAP bei den nächsten Reichstagswahlen. Resultate dringen nicht nach außen. Für linke Blätter eine Verschwörung der Großindustrie mit den Nazis: »Geheimkonferenz« bezeichnet die »Freiheit« am 23. Oktober die Veranstaltung; »Hitler bei Thyssen« meldet am 25. Oktober die »Rote Fahne«.

Zu dieser Zeit wähnt sich die NSDAP auf ihrem Höhepunkt: 230 Mandate erzielte sie bei der letzten Reichstagswahl am 1. Juli, sie wird damit stärkste Fraktion im Parlament, noch vor der SPD, die 133 Sitze erhält. Doch schon die nächste Wahl am 6. November bringt eine kalte Dusche für die Nazis: Statt weiterer Stimmenzuwächse knickt die Partei in der Wählergunst ein und verbucht nur noch 196 Sitze. »Als die NSDAP am 6. November 1932 ihren ersten Rückschlag erlitt und somit also ihren Höhepunkt überschritten hatte, wurde eine Unterstützung durch die deutsche Wirtschaft besonders dringend«[45], sagt der Bankier Kurt von Schröder nach dem Zweiten Weltkrieg aus. Auch Thyssen mischt sich nun aktiver ein in die Diskussion seiner Unternehmerkollegen um die richtige Politik. Einige bevorzugen die Deutschnationale Volkspartei Alfred Hugenbergs, andere wollen Hitler bewegen, als Juniorpartner bei einer Koalitionsregierung mitzumachen. Besonders irritiert den Konzernerben der Versuch von Wirtschaftskreisen, den als kontrollierbar geltenden Nazi-Funktionär Gregor Strasser am NSDAP-Chef vorbei in eine Regierung zu hieven. Thyssen hat sich zu dieser Zeit längst auf eine Person festgelegt: Adolf Hitler. Das macht der Industrielle in einem Schreiben vom 11. November an Max Schlenker klar, den Geschäftsführer des Vereins zur Wahrung der gemeinsamen wirtschaftlichen Interessen in Rheinland und Westfalen, des so genannten Langnamvereins. Der Brief kommt fast einem Glaubensbekenntnis von Fritz Thyssen gleich:

»Der Nationalsozialismus kennt nur einen Führer, dessen Gedankengut das Fundament der Bewegung darstellt und der allein berufen ist, über alle Kompromisse und Hindernisse hinweg Deutschland die Staatsform zu geben, die nach menschlichem Ermessen allein im Stande ist, dem Umsturz und der Vernichtung der europäischen Zivilisation die Stirn zu bieten. Täuschen wir uns darüber nicht, die Ereignisse sind zu weit vorangeschritten, als ob es noch Möglichkeiten für Kompromisse grundsätzlicher Art gäbe. Das wahre Gedankengut des Nationalsozialismus in die Tat umzusetzen vermag nur Adolf Hitler. Der letzte Wahlkampf hat bewiesen, welchen Gefahren eine von so hochidealen Motiven getragene Bewegung ausgesetzt ist, wenn die Erörterung der Ziele Gemeingut einer großen Masse wird. Es ist meiner Ansicht nach ganz unverantwortlich, dass man eine solche Bewegung solchen Gefährnissen aussetzt, die dadurch nur, wie es bei der Reformation geschah, aus ihrem geraden, eindeutigen Wege herausgedrängt werden kann. Einigt man sich auf Hitler als Kanzler – eine andere Lösung würde für seine Anhänger untragbar sein –, so glaube ich, rein persönlich gesprochen, dass man sich über die Ziele seiner Politik, wobei meiner Ansicht nach nur die wirtschaftliche Seite einige Schwierigkeiten bietet, einigen könnte.«[46]

Thyssen schickt eine Kopie des Briefes an den NSDAP-Granden Rudolf Heß, um seine politische Position zu verdeutlichen. Der Repräsentant der deutschen Wirtschaftselite weist sich damit ein weiteres Mal als begeisterter Hitler-Jünger aus. Da ist es nur konsequent, dass Fritz Thyssen nur wenige Tage später noch einen Schritt weitergeht: Er setzt als prominentester Ruhr-Industrieller seine Unterschrift unter eine Eingabe an den Reichspräsidenten Paul von Hindenburg, in der das Staatsoberhaupt aufgefordert wird, Hitler zum Kanzler zu ernennen.

Nach seinen Gesprächen mit dem NS-Chef glaubt sich Thyssen sicher, seine Ideen eines Ständestaates im kommenden Dritten Reich umsetzen zu dürfen. Diese Philosophie einer klar strukturierten Gesellschaft, in der jeder Mensch seinen definierten Platz vorfindet, speist sich aus verschiedenen Quellen. Thyssen lässt sich als praktizierender Katholik von den Soziallehren Papst Leos XIII. und Papst Pius' XI. anregen, er besucht Zusammenkünfte des katholischen Akademikerbunds in Maria Laach. Dort lernt der Konzernerbe den Wiener Professor Othmar Spann und dessen Theorien zum sozialen Ausgleich in Form des Korporatismus kennen – als Alternative zur Demokratie. Das lässt Thyssen nicht mehr los: Jeder Bürger soll sich künftig für das Gemeinwohl innerhalb seiner soziologischen Gruppe bewegen, diese Grenzen aber tunlichst nicht verlassen. 1933 erlaubt ihm Hitler sein Stände-Institut in Düsseldorf ins Leben zu rufen. Erstaunlich ist die Naivität Thyssens, zu glauben, solche abstrusen, mit monarchistischen Elementen durchmischten Vorstellungen unter einer Nazi-Herrschaft verwirklichen zu können. Die Desillusionierung sollte nicht lange auf sich warten lassen.

Nach der Ernennung Hitlers zum Reichskanzler zeigt sich Fritz Thyssen wie verwandelt – die anbrechende Nazi-Herrschaft wirkt bei ihm wie ein Vitaminstoß. Zu Recht darf sich der Industrielle unter dem Schutzschirm der Nationalsozialisten als die Nummer eins der Wirtschaft fühlen. Die anderen Unternehmer bekommen das bereits am 23. März 1933 zu spüren, dem Tag, an dem das Parlament das berüchtigte Ermächtigungsgesetz verabschiedet. Bei der Tagung des Reichsverbands der deutschen Industrie, der obersten Wirtschaftsvereinigung, rechnet Thyssen gnadenlos mit den Kollegen ab, die den Nazis skeptisch gegenüberstanden sind. »Die nationale Revolution sei noch nicht beendet, sie sei nicht über den Kommunismus gestolpert und werde auch nicht über den Strohhalm des Reichsverbandes stolpern«, so Thyssen, »es müsse dafür gesorgt werden, dass es in Zukunft ausgeschlossen sei, dass eine Gegenströmung gegen die nationale Bewegung in Deutschland entstehen könne.«[47] Der Hitler-Gefolgsmann erklärt die Phase des Liberalismus für beendet. Es müsse nun ein »neuer Geist« in den Reichsverband einkehren. Er fordert deshalb alle Mitglieder des Verbandspräsidiums ultimativ auf zurückzutreten, um für neue Kräfte Platz zu machen, sie seien »Schleppenträger« der Weimarer Republik.

Besonders wurmen Thyssen die Demütigungen der Vergangenheit: Er erinnert daran, wie er wegen seines Eintretens für die nationale Bewegung ausgepfiffen wurde, wie er den Spott der Kollegen ertragen musste, als er Treffen zwischen Hitler und die Industrie anbahnte. Besonders der Vorsitzende Gustav Krupp wird zur Zielscheibe von Thyssens Kritik, weil der sich weigerte, im Herbst 1932 zu dem Abend mit Hitler auf Schloss Landsberg zu kommen. Thyssen regt sich darüber auf, dass die Vorstände des Reichsverbands noch

*Fotomontage von John Heartfield für das Titelblatt der kommunistischen
Zeitschrift »Arbeiter Illustrierte Zeitung«*

vor kurzem anordneten, die nationalsozialistische Fahne wieder vom Dach
zu nehmen, die einige Angestellte gehisst hatten. Stattdessen lobt der Konzernerbe die Männer der SA, die sich mit Gewalt Zutritt zum Gebäude verschafften und die Fahne erneut aufzogen. Ohne Zweifel: Dieser 23. März ist
der Tag von Fritz Thyssen, der den versammelten Industriellen seine neue
Macht demonstriert, der zeigt, dass er auch ohne seinen Vater zu Spitzenleistungen fähig ist – als Nazi-Funktionär.
Es ist eine Macht von Hitlers Gnaden. Der Diktator ist seinem berühmten
Helfer zu Dank verpflichtet: Kein anderer Industrieller tat vor der Machtübernahme so viel für ihn. Welche Summen hat Fritz Thyssen nun insgesamt
in sein Projekt Nationalsozialismus gesteckt? Die Angaben schwanken, Thyssen selbst macht nach dem Krieg widersprüchliche Aussagen. »Ich persönlich
habe der Nationalsozialistischen Partei zusammen eine Million Mark gege-

ben«[48], sagt Thyssen während des Dritten Reichs – ein Betrag, der der Wahrheit am nächsten liegen dürfte. Nicht in Geld zu beziffern ist aber der immaterielle Wert, den das frühe öffentliche Eintreten des berühmten Kapitalisten für die Machtergreifung Hitlers hat.

Thyssens Glück mit dem braunen Diktator dauert nicht lange. Wann genau sich die ersten Risse abzeichnen, ist nicht mehr festzustellen. Ein Schockerlebnis bringt für den Nationalsozialisten Thyssen das Jahr 1936: Da lässt Hitler sein Institut für Ständewesen schließen. Solche rückwärts gewandten Flausen passen nicht in das Nazi-Konzept der »Volksgemeinschaft«. Die Gleichschaltung aller bedeutenden wirtschaftlichen Verbände unter der Knute der NSDAP ist praktisch abgeschlossen. Thyssen erkrankt schwer, anderthalb Jahre lang kann er kaum arbeiten. Von den Machthabern ist er längst isoliert; zu seinem 65. Geburtstag im November 1938 schickt von seinen früheren Geldempfängern nur der Reichswirtschaftsminister Walther Funk ein Glückwunschtelegramm, Hitler und Göring lassen nichts von sich hören.

Der erste Höhepunkt der Juden-Verfolgung im November 1938 führt dazu, dass der Politiker Carl-Christian Schmid wegen seiner jüdischen Frau bedroht und aus dem Amt gejagt wird. Das entsetzt Thyssen, wütend legt er in einem Schreiben an Göring vom 17. November sein Amt nieder: »Angesichts der Vorkommnisse der letzten Zeit, die u. a. zur Vertreibung meines Freundes, des Regierungspräsidenten von Düsseldorf, Herrn Schmid, eines besonders bewährten Staatsbeamten, führten, wodurch die Staatsautorität m. E. schwerstens verletzt wurde, bitte ich, mich von meinem Posten als Staatsrat zu entbinden.«[49] Göring reagiert nicht auf den Brief.

Noch bleibt Thyssen Mitglied des Reichstags – auch wenn das Parlament längst zur Alibiveranstaltung für die Nazis degeneriert ist. Im Laufe des Jahres 1939 zeichnet sich immer deutlicher ab, dass Hitler Deutschland in den Krieg treibt. Thyssen macht unter Freunden und Bekannten keinen Hehl aus seiner Ablehnung dieser Politik. Der Überfall auf Polen steht unmittelbar bevor, als Thyssen am 31. August 1939 ein Telegramm in seinem Aufenthaltsort Bad Gastein erhält, wo er sich wegen seiner angeschlagenen Gesundheit zur Kur zurückgezogen hat. Inhalt der Depesche: Reichstagsabgeordneter Thyssen möge unverzüglich nach Berlin reisen, um in der Parlamentssitzung vom 1. September den Einmarsch in Polen zu befürworten. Noch am selben Tag schickt Thyssen ein Telegramm an den Reichstagspräsidenten Göring zurück: »Erhalte von Gauleitung Essen Aufforderung, mich zum Fluge nach Berlin bereitzuhalten. Ich kann dieser Aufforderung wegen unbefriedigenden Gesundheitszustandes nicht Folge leisten. Nach meiner Meinung sollte eine Art Waffenstillstand möglich sein, um Zeit zum Verhandeln zu gewinnen. Ich bin gegen den Krieg. Durch einen Krieg wird Deutschland auch in Abhängigkeit von Russland auf dem Gebiet der Rohstoffe gelangen und dadurch Stellung als Weltmacht verlieren.«[50] Das ist zweifellos eine mutige Tat von Fritz Thyssen – und eine gefährliche. Denn Hitler denkt natürlich nicht im Geringsten daran, sich von einem Einzelnen von seinen Eroberungsgelüsten abbringen zu lassen. Vielmehr muss jeder zu seinem Feind werden, der versucht, sich ihm in den Weg zu stellen, oder der die Gefolgschaft verweigert. Das macht der Diktator auch in seiner Reichstagsrede klar: »Wer aber glaubt, sich diesem nationalen Gebot, sei es direkt oder indirekt, widersetzen zu können, der fällt! Verräter haben nichts mit uns zu tun!«[51] Das weiß auch Thyssen. Er schwebt in Lebensgefahr. Seine Geschwister bedrängen ihn, sofort das Land zu verlassen. Mit seiner Frau Amelie reist er am 2. September 1939 in die neutrale Schweiz. Seine Tochter und sein Schwiegersohn folgen kurze Zeit später. Die Familie ist in Sicherheit.

Von seinem Zufluchtsort aus schickt Thyssen mehrmals Briefe an Göring und Hitler. Der Flüchtling erhält das Angebot, straffrei nach Hause zurückkehren zu dürfen – die Machthaber sind nervös und wissen, wie gefährlich ein solch prominenter Wirtschaftler in Presseberichten werden kann. Thyssen knüpft seine Rückkehr an die Zusage der Nazis, »dass die deutsche Öffentlichkeit darüber aufgeklärt wird, dass ich als Reichstagsabgeordneter gegen den Krieg gestimmt habe. Sollten noch andere Abgeordnete ebenso gestimmt haben, so soll ihr Votum auch bekannt gegeben werden.«[52] Das ist ein Affront gegen Hitler und seine Schergen. Thyssen legt nach und fordert in einem Brief an Göring vom 1. Oktober 1939 die Rückkehr Deutschlands zu verfassungsmäßigen Zuständen, nennt sich selbst einen politischen Gegner des Nationalsozialismus.

Die Reaktion folgt diesmal umgehend: Der Diktator veranlasst im November 1939 den Parteiausschluss Thyssens, im Februar 1940 verliert das Ehepaar die deutsche Staatsbürgerschaft. Auch das Vermögen der Thyssens holt sich der Diktator, im Dezember 1939 beschlagnahmt das Reich alle Wertgegenstände – Fritz Thyssen gehören bis dahin drei Fünftel am Grundkapital der Thyssen & Co. AG, jetzt geht alles in das Eigentum des Landes Preußen über. Ein geschicktes Manöver Görings: Damit sichert er sich persönlichen Zugriff auf die Kunstwerke seines langjährigen Gönners Fritz Thyssen. Der schreibt seinem einstigen Idol Anfang 1940 enttäuscht einen Brief, in dem der enteignete Konzernerbe feststellt, es sei sein »einziger Irrtum« gewesen, »dass ich an Sie, den Führer Adolf Hitler, und die von Ihnen geleitete Bewegung glaubte«.[53] Goebbels notiert wutentbrannt in sein Tagebuch: »Thyssen hat an den Führer einen landesverräterischen Brief geschickt mit der Drohung, ihn zu veröffentlichen. Unsere korrupte Wirtschaft! Ein Schweinestück!«[54] Tatsächlich übergibt Thyssen kurze Zeit später der internationalen Presse in Paris seinen Schriftwechsel mit Hitler und Göring; die amerikanische Zeitschrift »Life« druckt Auszüge. Das Pflaster wird Thyssen nach diesen Aktionen zu heiß, er bereitet seinen Umzug nach Argentinien vor, ein Land, das er von seinen früheren Auslandsreisen gut kennt. Zudem macht die Schweiz klar, den renitenten Flüchtling nicht als Dauergast im Land beherbergen zu wollen. Doch ein Ereignis wirft Thyssen vorübergehend aus dem Gleis: Seine Mutter Hedwig liegt im Sterben. Im April 1940 reist er überstürzt nach Brüssel. Es kommt noch schlimmer: Seine Frau Amelie erleidet einen Zusammenbruch, an eine Übersiedlung nach Südamerika ist deshalb vorläufig nicht zu denken. Das Paar erholt sich in Monte Carlo. Dort geht Thyssen auf das Angebot des Journalisten Emery Reves ein, Memoiren mit Enthüllungen über das Nazi-Regime zu veröffentlichen. Im April 1940 unterschreibt der Exilant einen Autorenvertrag und gibt bei einer Reihe von Gesprächen mit Reves in drei Wochen seine Geschichte zu Protokoll. Der Journalist schreibt als Ghostwriter mit Hilfe der stenografierten Aussagen ein Buch, Thyssen korrigiert die meisten Manuskriptseiten. Die deutschen Truppen in Frankreich und der Waffenstillstand mit den Franzosen machen für die Eheleute einen Aufbruch nach Argentinien plötzlich dringend. Doch die französischen Behörden verweigern die Weiterreise. Die Thyssens sitzen fest. Ende 1940 verhaften die Franzosen die beiden und liefern sie auf Anordnung Hitlers nach Deutschland aus. Fritz Thyssen ist nun in der Hand seiner Gegner, ihm droht genau das Schicksal, dem er entkommen wollte.

Die Gestapo steckt das Flüchtlingsehepaar am 2. Januar 1941 in die Irrenanstalt in Neubabelsberg bei Potsdam. Die Nazi-Machthaber hoffen auf diesem Weg, die Thyssens als geisteskrank darstellen und als »geheilt« entlassen zu können, wenn sie Einsicht zeigen. Göring spricht am 2. Februar 1941 persönlich mit Fritz Thyssen und macht ihm das Angebot, er könne als freier Mann auf Schloss Landsberg zurückkehren und erhalte sein Vermögen zurück. Einzige Bedingung: Thyssen müsse ein Gnadengesuch an Hitler stellen. Der Gefangene lehnt ab. So ein Kniefall bedeute den Verrat an seiner Überzeugung. Damit wird der Bruch mit dem Nazi-Regime endgültig. Erschwerend kommt hinzu, dass der Journalist Reves das Buch mittlerweile in London und New York unter dem Titel »Thyssen: I paid Hitler« herausbringt. Zeitungen in aller Welt veröffentlichen Passagen. Anderthalb Jahre bleibt das Ehepaar in der Anstalt. Seinen 70. Geburtstag im November 1943 verbringt Thyssen hinter den Gittern der Nervenklinik. Einige Wochen später öffnen sich für das Paar die Türen des Irrenhauses – aber nicht in die Freiheit. Die beiden werden in das Konzentrationslager Sachsenhausen gebracht. Über ein Jahr leiden sie wie Zehntausende andere Gefangene. Am 11. Februar 1945 – Deutschland liegt in Agonie, das Ende des Kriegs ist nah – werden die Thyssens ins Konzentrationslager Buchenwald verlegt. Schon am 3. April ordnen die Nazis die Überstellung der Häftlinge in das Regensburger Gefängnis an, von dort aus kommen sie ins Konzentrationslager Dachau. Letzte Station ist Niederndorf bei Toblach im Pustertal. Dort sollen Fritz und Amelie Thyssen hingerichtet werden. Die heranrückenden Amerikaner retten ihnen das Leben. Wieder in Freiheit, verbringt das Ehepaar einen Erholungsurlaub auf Capri. Doch die Unabhängigkeit dauert nicht lange. Die Amerikaner verhaften Fritz Thyssen, seine Frau wird nach München entlassen. Thyssen wird verhört und soll als Kriegsverbrecher angeklagt werden – oder zumindest als Zeuge aussagen. Im Oktober 1947 überstellen ihn die Besatzer an die Landesregierung von Hessen, dort wird ein Spruchkammerverfahren in Königstein gegen ihn eröffnet. Das Urteil im Oktober 1948 lautet: Fritz Thyssen gilt als »minderbelastet«, als Strafe werden 15 Prozent seines Vermögens eingezogen. Erst jetzt ist Thyssen, nach fast achtjähriger Odyssee durch Gefängnisse und Konzentrationslager, wirklich in Freiheit.

Er reist mit seiner Frau, Tochter Anita und deren Söhnen endlich nach Argentinien. Sein unbeschwerter Lebensabend dauert nicht lange: Am 8. Februar 1951 stirbt Fritz Thyssen im Alter von 77 Jahren an einem Herzschlag.

Seine letzte Ruhe findet er aber nicht in Argentinien. Zwei Jahre später, an seinem Todestag, wird Fritz Thyssen in der Familiengruft auf Schloss Landsberg beigesetzt. Selbst im Tode hat er seinen Vater August über sich: Der ruht in einem Sarkophag oberhalb des Sohnes.

Hjalmar Schacht

Der Technokrat

Unruhe im Schwurgerichtssaal 600 des Nürnberger Justizgebäudes. Stenotypistinnen klappern auf ihren Maschinen, Boten rennen hin und her, die Zuschauer rutschen nervös auf ihren Stühlen herum. Der Kalender zeigt den 30. April 1946. Getrennt von einer hölzernen Balustrade sitzen in der ersten Reihe die prominentesten Nazis vor Gericht: Links Hermann Göring, daneben Rudolf Heß, Joachim von Ribbentrop, Wilhelm Keitel, Ernst Kaltenbrunner, Alfred Rosenberg, Hans Frank, Wilhelm Frick, Julius Streicher, Walther Funk. Und ganz rechts, mit starrem Gesicht, im zerknitterten, schlecht sitzenden grauen Anzug, mit rahmenloser Brille und Schnauzbart, das Haar mit Brillantine korrekt nach hinten gekämmt: Hjalmar Schacht, ehemaliger Reichsbankpräsident, ehemaliger Reichswirtschaftsminister und Generalbevollmächtigter für die Kriegswirtschaft. Direkt vor ihm steht ein Bewacher mit weißem Pistolenhalfter und weißem Stahlhelm, die Hände hinter dem Rücken verschränkt. Die Anklage gegen Schacht lautet auf Verbrechen gegen den Frieden durch Planung, Vorbereitung, Beginn und Führung eines Angriffskriegs. Es droht die Todesstrafe. Der Angeklagte hat sich wie alle Mitgenossen für »nicht schuldig« erklärt.

Der amerikanische Chefankläger Robert H. Jackson brandmarkt Schacht als Verantwortlichen für die Mobilmachung der Wirtschaft für den Zweiten Weltkrieg. Ironisch meint der Staatsanwalt, dass sich der Angeklagte, »wenn man ihn dringend bäte, sich selbst das Zeugnis ausstellen würde, dass er der intelligenteste, ehrenwerteste und unschuldigste Mann auf der Anklagebank sei«[1]. Und weiter:»Wenn wir ihn fragen, warum er Mitglied einer verbrecherischen Regierung blieb, erzählt er uns, dass er das Programm dadurch zu mäßigen hoffte, dass er dabeiblieb. Wie ein Brahmane unter den Unberührbaren konnte er es nicht ertragen, mit den Nazis gesellschaftlich zu verkehren, aber er konnte es sich nie leisten, sich politisch von ihnen zu trennen«, deutet Jackson mit dem Finger auf den Angeklagten,»Schacht kämpfte stets um seine Stellung in einem Regime, das zu verachten er jetzt vorgibt. Als er mit den Nazis bei dem Niedergang des Regimes brach, tat er dies aus taktischen und keineswegs grundsätzlichen Erwägungen.«

Schacht tritt in den Zeugenstand. Der weit gereiste Banker spricht als Einziger der Angeklagten auf Englisch, zeigt sich von den Fragen oft genervt und antwortet mit aufbrausendem Ton. Eine Untersuchung des Gefängnispsychologen hat bei ihm einen Intelligenzquotienten von 143 festgestellt – der höchste Wert aller Inhaftierten. Schacht beschwert sich über die Aufseher mit ihrer»grotesken bürokratischen Engherzigkeit, die noch die Behandlung übertraf, die ich in Hitlers Konzentrationslagern erfahren hatte«[2]. Seine jahrelange Bindung an den NS-Diktator deutet Schacht auf seine Weise um:»Ich bin in das Kabinett Hitler hineingegangen, nicht mit begeisterter Zustimmung, sondern aus der Notwendigkeit heraus, dass für das deutsche Volk weitergearbeitet werden müsse.«[3] Das goldene Parteiabzeichen der NSDAP trug er nur, um»große Bequemlichkeiten bei Eisenbahnfahrten, Besorgung von Automobilen, Beschaffung von Hotelzimmern und dergleichen« zu ergattern. Und die wiederholten Fragen des sowjetischen Richters bürstet Schacht unwirsch ab mit dem Hinweis:»Das ist ja hier schon zehnmal vorgekommen.«

Selbst vor dem Kriegsverbrechertribunal in Nürnberg drängen die auffälligen Charaktereigenschaften des Hitler-Vasallen Schacht nach vorn: seine Fehleinschätzungen der Lage, seine Besserwisserei, gepaart mit Arroganz, Geltungsdrang und krankhaftem Ehrgeiz. Der Journalist Friedrich Stampfer schreibt 1948:»In blütenweißer Unschuld, gleich einer Lilie, strahlt nur Hjalmar Schacht. In dieser von Dummköpfen, Jammerlappen und Schurken bevölkerten Welt gibt es nur einen Gerechten, Tapferen und Weisen. Alle haben alles schlecht, nur einer hat alles gut gemacht.«[4] Sich wie ein Fähnchen im Wind zu drehen stört den hageren, hoch gewachsenen Mann überhaupt nicht, der sich in der Öffentlichkeit nie anders zeigt als in dunklen Geschäftsanzügen. Im Gegenteil, Schacht erhebt ein solches Vorgehen sogar zu seiner lebenslangen Strategie, wie er selbst sein Motto niederschreibt – aus Gewohnheit wie so oft in Gedichtform:

»Opportunismus ist die Kraft,
Den Augenblick beim Schopf zu fassen,

154

Hab ich was Rechtes damit geschafft,
Will ich mich ruhig schelten lassen,
Mein Charakter sei nicht dauerhaft.«[5]
Dazu gehört, seine frühen Beziehungen zu Hitler und seine Funktion als einer der wichtigsten Steigbügelhalter für die Machtergreifung der NSDAP herunterzuspielen oder ganz zu leugnen. Dabei ist Schacht schon vor 1933 »einer ihrer hilfreichsten Parteigänger«[6]: Der Geld-Aristokrat tritt offen für eine Regierung Hitler ein und wirbt für dessen Ziele. Er zapft erfolgreich die Wirtschaftselite um Spendengelder an, öffnet Hitler die Türen der Vorstandsetagen. Joseph Goebbels lobt, der Bankier vertrete »absolut unseren Standpunkt. Er ist einer der wenigen, die ganz konsequent zum Führer stehen«.[7] Schacht wirft sein Prestige in die Waagschale, um die Nazis im Ausland hoffähig zu machen – und kreditwürdig. Und der deutschen Bevölkerung suggeriert er: Wenn ich als berühmter Bankier für Hitler bin, kann die Wahl der Nazis nicht falsch sein. Nur später mag sich Schacht nicht mehr zu seinen Taten bekennen.

Hermann Josef Abs, früherer Chef der Deutschen Bank, sieht Schacht »begabt mit einem selektiven Gedächtnis. Der erinnerte sich nur an das, was ihm und seiner Vorstellung entsprach.«[8] Der Staatssekretär a. D. Hans Schäffer skizziert die Persönlichkeit mit all ihren Facetten: »Dem starken Einfluss, den er auf andere Menschen auszuüben verstand, der Ungeniertheit, Dinge zu sagen, die kein anderer zu sagen wagte, stand auf der anderen Seite eine Plötzlichkeit der Entschließung, ein Wechseln von freudiger Zuversicht zu schwärzestem Pessimismus und eine Sprunghaftigkeit gegenüber.«[9] Davon können Wegbegleiter Schachts ein Lied singen. Ulrich von Hassel urteilt über ihn, »immer wieder durch seinen maßlosen persönlichen Ehrgeiz, verbunden mit charakterlicher Unzuverlässigkeit, beeinträchtigt«[10] zu sein. Der Bankier Max Warburg, ein Kollege Schachts, erinnert sich mit Kopfschütteln an die frühere Zusammenarbeit: »Dass er auch hin und wieder Unrecht haben könnte, schien ihm a priori ausgeschlossen, und immer war es die Regierung, die Unrecht hatte.»Schacht litt an grenzenloser Überschätzung der eigenen Person. Die Tragweite seiner eigenen Handlungen überschätzte er«[11], so Warburg. Eine Eigenschaft, die Hitlers Bankier mit dem braunen Diktator teilt.

Schacht selbst schreibt seinen windungsreichen Lebensweg seiner »Erbmasse« zu: »Man ist nicht so, wie man sich selbst macht – man schleppt unsichtbar das Vermächtnis einer langen Ahnenkette mit sich.«[12] Gerade bei diesem Menschen liegt in dieser Aussage eine tiefere Wahrheit. Er wird am 22. Januar 1877 im Ort Tingleff geboren, nördlich der heutigen deutsch-dänischen Grenze gelegen, zur Nordsee es 32 Kilometer, zur Ostsee 11 Kilometer. Schon der Name klingt sonderbar: Der Vater Wilhelm Schacht tauft das Baby auf die Namen Hjalmar Horace Greeley; Hjalmar auf Wunsch der dänischen

Großeltern, damit der Kleine wenigstens einen vernünftigen Vornamen erhält. Horace Greeley entspringt der Begeisterung des Vaters für den gleichnamigen Präsidentschaftskandidaten in den Vereinigten Staaten. Die Wahl entbehrt nicht einer gewissen Ironie: Horace Greeley wechselte in den USA die politische Seite, um seiner Karriere den nötigen Schub zu verleihen – so wie Hjalmar Schacht Jahrzehnte danach die Fronten wechselt. Fast wäre auch der junge Hjalmar als US-Bürger auf die Welt gekommen – nur die Launen der Eltern verhindern das.

Vater William Schacht, eins von sieben Geschwistern, will ursprünglich Lehrer werden, ergreift aber die Chance, nach Amerika auszuwandern, um dort sein Glück zu versuchen. Der Studiosus, stattlich, aber ohne Vermögen, verliebt sich in Constanze Justine Sophie Freiin von Eggers, verspricht ihr, sie nachzuholen und zu heiraten. Bei den Eltern Constanzes löst die geplante Hochzeit Bestürzung aus – die Ehe der blaublütigen Tochter mit dem bürgerlichen Habenichts gilt als Sakrileg. Vergebens versuchen sie Constanze die Liaison auszureden. Als William Schacht in New York einen Job bei einer deutschen Bierbrauerei findet, reist Constanze nach. Die beiden geben sich im Januar 1872 in der Episkopalkirche, Ecke Madison und Fifth Avenue, das Jawort. William ist 26 Jahre alt, seine Braut 21. Im Dezember 1872 nimmt Schacht die amerikanische Staatsbürgerschaft an.

Für die Schwiegereltern ein schwer verdaulicher Schock. Zeitlebens sehen sie auf William Schacht herab, pflegen kaum Kontakt mit ihm. Sohn Hjalmar leidet unter der Ablehnung. Für ihn wird dieser »Makel« der Abstammung später fast zur Manie: Er versucht zu beweisen, dass er mit den Edelleuten gleichziehen kann, sein unbändiger Wille, nach oben zu gelangen, beflügelt seine Karriere. Durch die mütterlichen Gene fühlt er sich eigentlich trotz seines bürgerlichen Namens als Adeliger, als ein von Eggers. Stolz wird Hjalmar zeit seines Lebens Anekdoten aus der Ahnengalerie der Eggers erzählen, einer Linie, die bis ins Mittelalter reicht.

Hjalmars Eltern nützen die edlen Vorfahren in der Neuen Welt wenig. Vater William schlägt sich mehr schlecht als recht durch. Er arbeitet für eine Schreibmaschinenfabrik, versucht ein eigenes Geschäft zu eröffnen – ohne Erfolg. Sohn Eddy wird geboren. Die Sorgen nehmen zu. Constanze, von Heimweh geplagt, wird wieder schwanger, ihr Gesundheitszustand verschlechtert sich. Die beiden beschließen, das Abenteuer Amerika zu beenden. Im Herbst 1876 kehren sie nach Deutschland zurück – diesmal in der Hoffnung auf ein besseres Leben in der alten Heimat. Denn William Schacht ist pleite, was Hjalmar zu vertuschen versucht: »Er war in Amerika nicht gescheitert«[13], biegt er sich später die Wirklichkeit zurecht.

Auch nach der Geburt Hjalmars geht es der nunmehr vierköpfigen Familie Schacht nicht wesentlich besser. Vater William hangelt sich von Job zu Job, von Arbeitgeber zu Arbeitgeber. Der Bankrott wird zur ständigen Gefahr, einem Trauma, dem Hjalmar mit seinem Ehrgeiz zu entrinnen sucht. William probiert zuerst eine Stelle als Lehrer einer Privatschule, dann als Redakteur der »Heider Zeitung«. Doch das Gehalt als Journalist reicht nicht, deshalb verdingt er sich zusätzlich als Buchhalter in der Tuchhandlung des Verlegers. Seine Frau Constanze schafft mit einem Kramerladen ein wenig zusätzliches Geld heran. Plötzlich winkt der Aufstieg: William erhält die Position des Betriebsführers einer Seifensiederei in Husum. Nach einem Jahr muss die Firma Konkurs anmelden, die Familie steht wieder mit leeren Händen da, sie zieht nach Hamburg um, »ohne einen Pfennig Geld«, wie der Filius notiert und mit Bitterkeit hinzufügt: »Viel Schuld lag im Wesen meines Vaters. Er war in jungen Jahren ein Mensch ohne Sitzfleisch, ein Wanderer, dem kein Gras unter den Sohlen wuchs.«[14] Die Schachts erwarten den Aufschwung; doch in der Hansestadt wird alles noch schlimmer.

Die Familie wohnt in Hamburg im Hinterhaus einer Mietskaserne in der Eimsbütteler Chaussee, Hjalmar prügelt sich mit den Nachbarskindern. Ein Bruder, Oluf, ist unterwegs. Vater William gelingt es nach vielen vergeblichen Anläufen, eine Arbeit als Buchhalter beim Kaffeeimporteur Schmidt-Pauli zu finden. Obwohl der Lohn kaum für den Lebensunterhalt reicht, schickt er seinen ältesten Sohn Eddy auf Hamburgs Prominenten-Gymnasium, das Johanneum, kratzt mit Mühe die Summe für das Schulgeld zusammen. Da geht die Firma Schmidt-Pauli plötzlich pleite, William muss sich neue Arbeit suchen, über Monate vergebens. Endlich findet der Vater eine Anstellung, die er bis zu seiner Pension behält – bei der US-Versicherung Equitable Life Insurance. Die größte Finanznot scheint vorbei.

Die Schachts ziehen in eine größere Wohnung ins Vorderhaus, es reicht nun für regelmäßig geheizte Zimmer, für Teppiche, einige Bücher und Öldrucke an der Wand, auch wenn Hjalmar beklagt, »es gibt immer noch kein Dienstmädchen im Hause Schacht«[15]. Mit neun Jahren darf der Junior ebenfalls aufs Johanneum wechseln, »eine in ganz Deutschland berühmte Gelehrtenschule«, wie er stolz vermerkt. Die Freude wird schnell durch die erkennbaren sozialen Unterschiede auf der Schule eingetrübt, das armselig gekleidete Vorstadtkind kontrastiert zu den schnieken Patrizier-Söhnen aus Uhlenhorst. »Ich litt unter der Tatsache, dass wir nicht standesgemäß wohnten«, berichtet Hjalmar, »obwohl ich zu den besseren Schülern gehörte, änderte das nichts daran, dass ich links liegen gelassen wurde.« Das wird dem Junior schmerzlich bewusst, als er sich die ersten langen Hosen wünscht, so wie sie alle seine Klassenkameraden tragen. Der Vater kauft ihm eine »rauhaarige, filzige, dichte und formlose« Hose aus englischem Stoff, die bei den Schülern Gelächter auslöst, »ein schwerer Schock für mich«, so Hjalmar, das »kränkte mein Selbstgefühl für lange Zeit«. Der Junge kapselt sich immer mehr von seinen

Mitschülern ab, sieht neidisch auf die Vorteile der oberen Gesellschaftsschichten: »Die Söhne der ›besseren‹ Kreise waren Mitglieder der vornehmen Ruder- und Segelclubs auf der Außenalster, jenseits der Lombardbrücke. Sie besaßen eigene Boote, nahmen Tanzunterricht, trugen frühzeitig einen Frack und reisten im Sommer mit ihren Eltern nach der Schweiz, nach Italien oder nach Norwegen. Die anderen Schüler hatten an dieser wunderbaren Welt keinen Anteil.« Selbst zu seinem Abitur muss sich der Schüler den Examensfrack von einem Kameraden leihen. In seinem Berufsleben setzt Hjalmar Schacht alles daran, dieses Manko auszugleichen, sich selbst ein erhebliches Vermögen aufzubauen und zu denen da oben zu gehören. Er macht vornehme Kleidung, Mantel mit Pelz, Frack, Stehkragen, englische Schuhe und Zigarre zu seinem Markenzeichen.

Hjalmars Eltern ziehen noch vor seinem Abitur nach Berlin, deshalb quartiert sich der Schüler bei einer befreundeten Arztfamilie ein. Dort erlebt er seine erste – platonische – Liebe mit der Tochter des Hauses. Er schreibt ihr seitenlange Verse. Umsonst: »Das schnöde Mädchen nahm mich nicht ernst und lachte über meine Gedichte.« Schlimmer noch, als Hjalmar einmal auf der Toilette im Hof sitzt, sperrt das Fräulein ihn ein. Diese Kränkung ist für den Jüngling zu viel – sofort zieht er aus. Nach dem Abitur folgt er 1895 seinem Bruder Eddy auf die Universität Kiel, um ebenfalls ein Medizinstudium zu beginnen. Schon beim Verlassen des Gymnasiums in Hamburg scheinen sich bei Hjalmar Charakterzüge wie Ehrgeiz und Besserwisserei herausgebildet zu haben; die Lehrer schreiben ihm ins Abgangszeugnis: »Hält sich zu Höherem berufen.«[16] Der Studiosus weiß nicht, welchen Beruf er später ergreifen soll, zeigt sich unentschlossen bei der Fächerwahl – in viereinhalb Jahren immatrikuliert er sich an fünf verschiedenen Universitäten, neben Kiel in Berlin, Paris, München und Leipzig. Auch seine Studiengänge weichen krass voneinander ab: Medizin, Germanistik, Literaturgeschichte, Journalismus, Rhetorik, Französisch, Soziologie und Volkswirtschaft. Schließlich bleibt er die letzten Semester bei der Nationalökonomie und schließt seine Universitätslaufbahn mit einer Doktorarbeit ab, Titel »Der theoretische Gehalt des englischen Merkantilismus«.

Diese Stationen klingen wie aus dem Leben eines Taugenichts. Tatsächlich versucht Hjalmar Schacht aus seinem Studium auszubrechen und eine praktische Arbeit anzunehmen: Der 19-Jährige heuert als Volontär beim »Kleinen Journal« in Berlin an, die Stelle hat ihm sein Vater vermittelt. Als Arbeitsprobe legt der studierte Lehrling dem Lokalchef ein eigenes Gedicht vor, das im »Wiener Dichterheim« abgedruckt wurde. Schacht verschweigt, dass er für die Veröffentlichung fünf Mark zahlen musste – das »Wiener Dichterheim« gründet nämlich sein Geschäft auf die Eitelkeit von Möchtegern-Autoren. Der junge Poet verschickt die Ausgabe des »Dichterheims« auch an all seine

Freunde und Verwandten. Schachts erster Artikel im »Kleinen Journal« verläuft wenig erfolgreich. Er soll eine Zwölf-Zeilen-Meldung über einen Brückenbau schreiben, der Redakteur lobt: »Für einen Anfänger gar nicht übel. Ganz nette kleine Meldung.« Doch am Ende »stand nicht ein einziges Wort von mir darin«, bemerkt Schacht frustriert. Sein Gastspiel sollte nur einige Monate dauern.

Seine erste Stelle nach dem Studium findet Schacht auf Grund einer Zeitungsanzeige. Er bewirbt sich bei der »Zentralstelle für die Vorbereitung von Handelsverträgen«, einem Zusammenschluss von Exporteuren und Bankiers. Schacht geht mit anderen Aspiranten zu einem abendlichen Vorstellungsgespräch und wird genommen mit 100 Mark Monatsgehalt und einer überraschenden Begründung des Geschäftsführers: »Sie sind der einzige Teilnehmer, der zu diesem Abend im Smoking erschienen ist. Ich liebe es, wenn meine Herren etwas auf sich halten und nach außen repräsentieren.«[17] Schacht schreibt Aufsätze und Artikel, tritt als Redner auf, arbeitet sich zum Chefpropagandist für die Öffentlichkeit hoch. Er ist bereit für seinen nächsten Karrieresprung. Zu dem sollte er bald ansetzen: Der junge Mann nimmt einen lukrativen Posten als Pressesprecher bei der Dresdner Bank an, für 8800 Mark jährlich – mehr als ein Prokurist verdient. Damit ist der weitere Aufstieg gesichert, ein Leben in Wohlstand zeichnet sich ab.

Der Erste Weltkrieg wirft Schacht aus seiner gewohnten Arbeitsbahn: Da er wegen seiner Sehschwäche für den Einsatz an der Front untauglich ist, kommandiert ihn die Armee von der Dresdner Bank nach Belgien zu einer Bankabteilung der deutschen Militärregierung. Der Zivilist hilft Gelder einzutreiben, die Belgien an die Besatzer zahlen muss. Eine Notwährung wird von den Deutschen ins Leben gerufen, gedeckt durch eine Anleihe. Als die deutsche Militärintendantur die Zahlungsmittel ausgibt, fädelt Schacht ein anrüchiges Geschäft ein: Er weist der Dresdner Bank einen Posten dieser belgischen Geldscheine zu, die unter ihrem echten Wert notieren – für Schachts Arbeitgeber beim Weiterverkauf ein sicherer Profit. Als der Armee-Vorgesetzte von der Transaktion erfährt, wirft er Schacht vor, die Vertrauensstellung für unerlaubte Manipulationen ausgenutzt zu haben. Schacht wird gefeuert. Genau diese Art von Mauscheleien, die jetzt Schacht den Posten kosten, sind es, die später Hitler besonders schätzt: Der Bankier sei »ein unerhört intelligenter Mensch im Bescheißen«, sagt der Diktator, »wegen seiner Großartigkeit im Beschwindeln anderer Leute« sei er unentbehrlich, seine »Taschenspielerkunststücke« hätten gezeigt, »dass ein intelligenter Arier auch auf diesem Gebiet dem Juden überlegen sein« könne.[18]

Der Zivilist kehrt 1916 zur Dresdner Bank zurück; dort wartet das nächste Unheil: Nachdem die Brüsseler Affäre in Bankkreisen einigen Staub aufwirbelt, will das vornehme Geldinstitut nichts mehr mit seinem Angestellten zu tun haben, ihm wird nahe gelegt zu gehen. Schacht beschönigt diesen zweiten Rauswurf später mit der Behauptung, er habe gekündigt, weil er keine Möglichkeit sah, in den Vorstand der Dresdner Bank aufzurücken. Nächste Station ist die kleine National-Bank, die nach der Fusion mit der Darmstädter Bank in Danat-Bank umfirmiert. Dort arbeitet Schacht neben den Mitgeschäftsführer und erfolgreichen Börsenspekulanten Jakob Goldschmidt. Schon bald zeigt sich, dass Goldschmidt das größere Wohlwollen des Aufsichtsrats hat, die besseren Geschäfte an Land zieht, sich gekonnter als der Kollege in Szene setzt. Die Reibereien zwischen den beiden nehmen zu, sie streiten lautstark in den Büros – zum Vergnügen der Mitarbeiter. Schacht merkt, dass an einen Posten als Nummer eins der Danat-Bank nicht zu denken ist. Er steckt wieder in der Sackgasse.

Dazu gesellt sich ein weiteres Problem: Frauen. Das fängt schon an, als er sich zu Beginn seiner Bankkarriere einem bislang vernachlässigten Thema widmet: Heirat. Die passende Kandidatin kennt er längst: seine Jugendfreundin Luise Sowa. Bereits als 19-jähriger Student spielt er mit dem zwei Jahre älteren Fräulein in Berlin Tennis. Luise, dunkelhaarig, zierlich und lebhaft, ist die Tochter eines Polizeikommissars und wohnt in der Nachbarschaft von Schachts Eltern. Die beiden nutzen einsame Spaziergänge am Schlachtensee zum Kennenlernen. Schon nach einem Jahr schmiedet das Liebespaar Heiratspläne. Doch Schacht denkt nicht daran, sein Eheversprechen so schnell einzulösen – lieber studiert er für ein halbes Jahr in Paris und lässt seine Angebetete in Berlin. Nach seiner Rückkehr in die Heimat ist ganz Schluss, er lässt Luise sitzen und feilt an seinem beruflichen Weiterkommen. Erst nach fünf Jahren Trennung, im Herbst 1902, nimmt Schacht seinen Kontakt zu Luise wieder auf. Bereits im Januar 1903 stecken sie sich gegenseitig die Eheringe an den Finger, sechs Jahre nach der Verlobung. Schacht ist 26 Jahre alt. Der Impuls, zu heiraten, scheint den Banker ganz plötzlich durchzuckt zu haben, wahrscheinlich spielt die Überlegung eine Rolle, dass eine Frau an der Seite die Karrierechancen bei der Dresdner Bank mehr erhöht als die Rolle eines allein Stehenden – was in jener Zeit strenger gesellschaftlicher Konventionen eine rationale Entscheidung ist. Die Ehe jedenfalls steht von Anfang an unter keinem guten Stern.

Für das gemeinsame Leben bringt der Gatte nämlich wenig Zeit auf. Er verlässt frühmorgens die Berliner Wohnung, fährt mit dem Bus in die Bank, kehrt spätabends zurück. Nach einem kurzen Abendessen setzt sich Schacht an seinen Schreibtisch und arbeitet bis tief in die Nacht an Artikeln und Buchbeiträgen. Die Frau geht allein zu Bett. Je mehr der Bankier auf der Karriereleiter nach oben klettert, desto mehr stürzt er sich in seinen Job: Besprechungen außer Haus, längere Trips ins Ausland, Treffen mit Freunden seiner

Freimaurerloge, vieles ist wichtiger als Luise. »Ich glaube nicht, dass ich ein leichter Ehemann gewesen bin«, räumt Schacht später ein, »ein bürgerliches Leben zu führen lag nicht in meiner Natur. Damals war ich ständig auf dem Sprung, etwas Neues zu unternehmen, ständig mit eigenen Ideen beschäftigt.«[19] Daran ändert auch die Geburt der beiden Kinder Inge und Jens Hjalmar nichts.

Es zeigt sich schnell, die beiden unterschiedlichen Persönlichkeiten verstehen sich nicht besonders. Die Liebe, sofern sie je den Brennstoff für die Beziehung lieferte, kühlt rasch ab. Hjalmar Schacht macht es seiner Frau nicht leicht: Sein herrisches, aufbrausendes Wesen, seine Rechthaberei und der Drang zu Belehrungen enden nicht nach dem Verlassen des Büros. Schachts Charakter ist für viele seiner Untergebenen kaum zu ertragen – und Gattin Luise tut sich ebenfalls schwer, besonders mit der Verschlossenheit des Ehemanns: »Liebesworte sind selten, Gefühle werden mehr verborgen als gezeigt«, beschreibt Schacht sich selbst, »man hat mich immer in der Öffentlichkeit als harten, gefühllosen Menschen bezeichnet. Ich bedaure diesen Eindruck, kann ihn aber nicht ändern.«[20]

Schacht mäkelt an seiner Frau herum: »Luise hatte von ihrem Vater jene preußische Beamtenenge geerbt, die mitunter zur Pedanterie werden kann.« Von Jahr zu Jahr entfremden sich die beiden mehr. Dazu mag beitragen, dass es der Bankier nach Berichten von Zeitgenossen mit dem Eheschwur nicht so genau nimmt und sich auf seinen Dienstreisen gern mit anderen Damen vergnügt. Das Auseinanderdriften der Partner wird für Außenstehende bald unübersehbar: Bereits bei seinem Aufenthalt in Brüssel während des Ersten Weltkriegs lässt Schacht die Familie in Berlin zurück. Im Jahr 1923 trennen sie sich das erste Mal für längere Zeit: Der Ehemann schickt seine Frau und die Kinder in die Schweiz nach Lausanne, Sohn Jens geht dort auf die Schule, Tochter Inge schreibt sich an der örtlichen Universität ein.

Der innere Abstand zwischen dem Gatten und Luise vergrößert sich noch zusätzlich durch Schachts politische Ambitionen. Eigentlich ist das Bankgeschäft kein primär politisches Geschäft. Aber Schacht findet Geschmack an seinen eigenen wirtschaftspolitischen Aufsätzen, an der Public-Relations-Arbeit für die Öffentlichkeit. Er selbst datiert seine Berufung für die Politik auf das Jahr 1888 zurück, als er als elfjähriger Zaungast der Zeremonie zur Einweihung des Hamburger Freihafens durch den jungen Kaiser Wilhelm II. zuschaut – ein halbes Jahr bevor ein gewisser Adolf Schicklgruber alias Hitler in Braunau am Inn geboren wird. Der Kaiser tritt nach den Ansprachen vor, herausgeputzt in seiner Gala-Uniform, lässt sich einen Hammer reichen und schlägt dreimal auf den symbolischen letzten Stein des Brückenturms. Danach steigt er würdigen Schrittes in seine vierspännige Karosse und verschwindet wieder. »Seit diesem Tag sah ich die Welt mit anderen Augen. Es ist ein großer Unterschied, ob man von einem Kaiser hört oder ob man ihn leibhaftig vor sich sieht«, sagt Schacht, »Macht ist so lange ein leeres Wort, bis man einem Schauspiel der Macht beigewohnt hat. Der Sinn des Wortes Politik ging mir auf.«[21]

Diese Faszination lässt den Mann sein Leben lang nicht mehr los und führt ihn direkt in die Arme Adolf Hitlers. Bis es so weit ist, sollten sich Schachts Überzeugungen um 180 Grad drehen, denn sein erster direkter Auftritt in der politischen Arena führt ihn in die linksliberale Richtung. Zusammen mit einigen nationalliberalen Politikern und mit Theodor Wolff, dem Chefredakteur des »Berliner Tageblatt«, gründete er im November 1918 die Deutsche Demokratische Partei (DDP). Schon im Gründungsaufruf erteilt die neue Gruppe den Monarchisten und Rechtsradikalen eine Absage und bezeichnet sich selbst als demokratisch und republikanisch. Die DDP legt einen erfolgreichen Start hin: Bereits zwei Monate später, im Januar 1919, erzielt die Partei bei der Wahl zur Nationalversammlung 74 Sitze.

Schon beim 1. Parteitag der Deutschen Demokratischen Partei im Juli 1919 in Berlin tut sich Schacht durch radikale Forderungen hervor: Die Teilenteignung der Kriegsgewinnler, eine Vermögensabgabe der Besitzenden und die hohe Besteuerung großer Einkommen hält er für eine »absolute Notwendigkeit«[22]. Das sind linke Thesen, wie sie auch von der SPD stammen könnten. Tatsächlich sind die Sozialdemokraten und die DDP die beiden einzigen Parteien, die die Weimarer Republik vorbehaltlos unterstützen – bis Schacht später als Totengräber bei der Beseitigung ebendieser Republik durch die Nationalsozialisten mithilft.

Schacht fördert die DDP durch Vorträge und Reden, er arbeitet im Hauptvorstand der Partei – bis 1923. Dieses Jahr bringt für ihn einschneidende Veränderungen und sollte seinen Lebensweg neu ausrichten. Seine Aufstiegsmöglichkeiten in der Danat-Bank hat sein rühriger Kollege Goldschmidt gestoppt, der intern als die klare Nummer eins gilt. Deshalb sucht Schacht nach einer anderen beruflichen Chance und nutzt seine Freundschaft zum Reichskanzler Gustav Stresemann. Den kennt er noch aus seiner Zeit als Assistent beim Handelsvertragsverein. Stresemann arbeitete damals als Syndikus des Verbands sächsischer Industrieller, die Organisation ließ sich bei Außenhandelsfragen vom Handelsvertragsverein repräsentieren. Über die Jahre hielten die beiden Kontakt.

Als Stresemann an der Spitze der Regierung steht, sieht Schacht die Tür für einen Berufswechsel geöffnet. Anbiedernd schreibt er dem Kanzler im August 1923 und empfiehlt sich für den Staatsdienst. Doch im Oktober 1923 scheitert das erste Kabinett Stresemann. Bei der Neubildung der Regierung plant Stresemann seinen Bankiersfreund als Reichsfinanzminister ein. Aber die Deutschnationale Volkspartei legt ihr Veto ein; ihr steht Schacht politisch zu

links. Schacht gibt jedoch nicht auf und kämpft im Hintergrund für eine An-stellung, gemäß seinem Leitspruch:
»Gegen Gewalt und arge List
Kein Edelkräutlein gewachsen ist.
Willst Du ihnen nicht unterliegen,
Musst sie mit gleichen Waffen bekriegen.«[23]
Die Methode hat Erfolg. Stresemann gelingt es, den Bankier für den einfluss-reichen Posten des Reichswährungskommissars durchzubringen. Am 13. November kann Schacht sein Amt antreten; wenige Tage zuvor hat Adolf Hit-ler in München bei seinem Putschversuch gegen die Regierung versagt und wartet nun im Gefängnis in Landsberg auf seinen Gerichtstermin. Schacht informiert seine Frau Luise in der Schweiz erst im Nachhinein über seine neue Aufgabe. Der Reichswährungskommissar ist ein Posten, den die Regie-rung extra geschaffen hat um die Inflation zu besiegen. Seit 1920 leidet Deutschland unter einem sich beschleunigenden Preisanstieg: Nach dem Krieg war eine Goldmark zwei Papiermark wert. Im November 1923 kostet eine Goldmark eine Billion Papiermark. Die Geldentwertung lässt viele Ar-beiter, Angestellte und Menschen aus dem Mittelstand verarmen, die keinen Rückhalt in Substanzvermögen wie Häusern oder Grundstücken haben. Das politische Klima ist vergiftet. Die Regierung entwirft einen Plan, die Inflation zu stoppen: Statt der alten Papiermark wird als neue Übergangswährung die Rentenmark eingeführt, die durch den Grundbesitz des Staates gedeckt ist. Und Hjalmar Schacht ist der Mann, der das Umsetzen der Pläne überwachen soll – was insofern paradox ist, da sich der Bankier ursprünglich gegen diese Form der Rentenmark gewendet hat. Er pochte auf eine Absicherung des Gel-des durch Gold. Doch schließlich ist ihm der Job wichtiger. Am 15. November 1923 werden die Druckerpressen gestoppt, es beginnt die Zeit der Renten-mark, die innerhalb weniger Monate zum völligen Stillstand der Inflation führt. Auch wenn andere die Blaupause für die Bekämpfung der Geldentwer-tung geliefert haben, Schacht lässt sich später als »Retter der Mark« feiern.

Sein Amt ist auf der Hierarchiestufe eines Referenten im Finanzministerium angesiedelt und dem Minister direkt unterstellt. Der Reichswährungskom-missar hat das Recht, an Kabinettssitzungen mit beratender Stimme teilzu-nehmen. Schacht sitzt also auf der begehrten Stelle im öffentlichen Dienst. Die Arbeit scheint einfacher als gedacht, seine Sekretärin Clara Steffeck ant-wortet auf Journalistenfragen: »Was er getan hat? Auf seinem Stuhl gesessen und Zigarren geraucht hat er in dem dunklen Zimmer des Finanzministeri-ums, in dem es nach alten Putzlappen roch. Briefe gelesen? Nein, Briefe hat er nicht gelesen. Briefe geschrieben? Nein, Briefe geschrieben hat er nicht. Tele-foniert hat er viel nach allen Richtungen und nach allen deutschen und inter-nationalen Stellen, die mit Geld und Devisen zu tun hatten. Dazu hat er geraucht.«[24] Am 20. November 1923, eine Woche nach seinem Dienstantritt, stirbt plötzlich Rudolf von Havenstein, der bisherige Präsident der Reichsbank. An diesem Tag wird der amtliche Devisenkurs für den Dollar auf 4,2 Billionen Mark oder 4,2 Renten- oder Goldmark festgesetzt – das Signal an die Märkte, dass die Inflation beseitigt ist. Der Reichswährungskommissar sieht sofort die Gelegenheit seines Lebens: als Nachfolger Havensteins an die Spitze der Reichsbank zu treten. Dieses mächtige Amt wäre die Krönung eines jeden Bankierlebens. Der Chef der obersten Währungsbehörde wird nämlich vom Reichspräsidenten auf Lebenszeit ernannt. Einmal auf dem Posten, kann dem Reichsbankpräsidenten nichts und niemand mehr etwas anhaben, da er nicht an Weisungen der Regierung gebunden ist. Er kann also ein bisschen lieber Gott spielen. Zudem hält dieses Amt kaum noch zu steigerndes Prestige für seinen Inhaber bereit: In der Bevölkerung gilt der Reichsbankpräsident als Garant für die Stabilität der Mark und damit für den wirtschaftlichen Wiederaufschwung, den sich alle nach dem verlorenen Weltkrieg herbeiwünschen. Im Ausland ist der Oberaufseher wichtiger Ansprechpartner für Minister und Diplomaten.

Schacht drängt Stresemann, ihn zum Reichsbankpräsidenten zu ernennen. Doch sein Freund kann ihm vorerst nicht helfen: Der Kanzler stürzt am 23. November über ein Misstrauensvotum der SPD. Der neue Regierungschef, Zentrumspolitiker Wilhelm Marx, verfügt über keine klaren Mehrheiten im Parlament. Als Schachts Ambitionen bekannt werden, regt sich massiver Widerstand. Marx und weite Teile der Regierungsparteien favorisieren als Kandidaten für den Reichsbankpräsidenten den rechtslastigen Karl Helfferich. Der gilt als fachlich hervorragend: Der Professor schrieb »Das Geld«, ein währungspolitisches Standardwerk, arbeitete vor dem Krieg als Direktor bei der Deutschen Bank und war jahrelang in der Politik tätig.

Schachts Gegner führen seine Brüsseler Affäre mit den Devisenschiebereien ins Feld. Sie zeige eine mangelnde persönliche Integrität des Kandidaten; nur moralisch einwandfreie Personen könnten am Präsidentenschreibtisch Platz nehmen. Der Kölner Bankier Alfred von Oppenheim erklärt im Dezember 1923 im Zentralausschuss der Reichsbank, er halte sich für legitimiert, »namens des besetzten Gebietes, und zwar nicht allein namens der Banken, sondern auch namens der Industrie und des Handels ganz offen zu erklären, dass Herr Schacht im besetzten Gebiet nicht das Ansehen genieße, welches ein Reichsbankpräsident ihrer Ansicht nach haben müsse«[25].

Zur Schacht-Abwehrfront gesellen sich auch die leitenden Männer der Reichsbank: In einem Gutachten vom 4. Dezember schlägt das Direktorium einstimmig Helfferich als neuen Chef vor; der Zentralausschuss der Reichsbank, der großteils aus Bankiers besteht, schließt sich dem Votum des Direktoriums für Helfferich ebenfalls an. Damit scheint Schacht aus dem Rennen.

Für den 13. Dezember 1923 ist die Entscheidung im Reichsrat angesetzt, der Ländervertretung, die das Vorschlagsrecht für den Reichsbankpräsidenten hat – eine Pro-forma-Veranstaltung. Doch da verlangt der Vertreter vom sozialdemokratisch regierten Preußen eine Vertagung: Denn Stresemann habe über einen Mittelsmann vertraulich mitgeteilt, Helfferich sei aus außenpolitischen Gründen untragbar. Preußen schlägt deshalb Schacht als Kandidaten vor. Dieser Torpedo des Bankierfreundes Stresemann trifft: Die Abstimmung wird verschoben, ein weiteres Gutachten der Reichsbank angefordert.

Die gewünschte Expertise trifft am 17. Dezember ein, sie fällt vernichtend aus: »Nach reiflicher Prüfung sind wir einstimmig zu der Auffassung gelangt, dass der Währungskommissar Herr Dr. Schacht sich für den Posten des Reichsbankpräsidenten in keiner Weise eignet.«[26] Das Direktorium hält die Person Schachts für zu wenig integer und deshalb für Bevölkerung, Bankenwelt und die Beamten der Reichsbank untragbar. Auch habe der Währungskommissar bisher nichts mit dem Betrieb einer Notenbank zu tun gehabt und sich in seiner Funktion fälschlicherweise als Vater der Rentenmark dargestellt. Deshalb plädiert das Direktorium am Ende des Gutachtens einstimmig nochmals für Helfferich. Der Zentralausschuss der Reichsbank lehnt Schacht ebenfalls mit 23 zu 3 Stimmen ab. Wieder ist Schacht gescheitert. Die preußische SPD-Regierung setzt sich aber weiterhin für ihren Kandidaten ein, sie erzwingt eine Stellungnahme der Regierung. Die zeigt sich mürbe und empfiehlt nun Schacht statt ihres Favoriten Helfferich für den Posten. Damit ist die Entscheidung gefallen: Am 22. Dezember 1923 ernennt der sozialdemokratische Reichspräsident Friedrich Ebert den 46-jährigen Hjalmar Schacht zum Reichsbankpräsidenten auf Lebenszeit – der linksliberale Kandidat der SPD ist gegen den vereinten Widerstand der Bankenwelt, der Großindustrie und des rechten Lagers auf den Schild gehoben.

Schacht genießt in den folgenden Jahren seine Rolle. Er versteht es, sich auf der öffentlichen Bühne zu präsentieren, seinen Namen in die Zeitungen zu bringen. Damit könnte er als prominenter Kopf bis zu seiner Pensionierung ein erbauliches Leben in Wohlstand führen – seit 1926 residiert er privat auf seinem Landgut Gühlen, 70 Kilometer nördlich von Berlin. Nichts kann diese Karriere eintrüben. Oder doch?

Im Februar 1929 reist Schacht als Leiter der deutschen Delegation nach Paris, um die Reparationsleistungen und Kriegsschulden neu zu verhandeln. Nach dem Vorsitzenden, dem Amerikaner Owen Young, wird das Vorhaben unter dem Namen Young-Plan bekannt. Der Reichsbankpräsident höchstpersönlich hat diese Initiative mit angeschoben. Doch der Poker um Geld und Kredite, um Außenpolitik und den Platz Deutschlands in der Welt verläuft nicht so, wie es Schacht mit seiner arroganten und fordernden Verhandlungstaktik erwartet. Es zeichnet sich ab, dass auch künftig erhebliche Zahlungen fällig sein werden. Schacht wird unruhig: Er befürchtet, wie einst die Unterzeichner des Friedensvertrags von Versailles als Verantwortlicher an den Pranger gestellt zu werden. Die Hugenberg-Presse und Hitlers NSDAP feuern in der Heimat bereits aus allen Rohren gegen den angeblichen Landesverrat. Deshalb dreht sich Schacht – wieder einmal – und leitet seinen Wechsel vom Befürworter zum Gegner des Young-Plans ein. Er versucht die Reichsregierung als Schuldigen hinzustellen: Er lanciert Kommentare in der Presse, veröffentlicht ein Statement mit Maximalforderungen, etwa der Rückgabe der deutschen Kolonien, legt es auf ein Scheitern der Konferenz an. Im Dezember 1929 – die Weltwirtschaftskrise wirft in Folge des Börsencrashs an der Wall Street ihre Schatten voraus – eskaliert der schwelende Konflikt: Schacht kritisiert öffentlich die angeblich falsche Politik der Regierung beim Young-Plan, versucht sich selbst von aller Schuld reinzuwaschen. Die Nationalsozialisten applaudieren begeistert – einen besseren Kronzeugen für ihre Kampagne gegen den Young-Plan als den seriösen Reichsbankpräsidenten hätten sie sich gar nicht wünschen können. Die »Vossische Zeitung« stellt am 21. Dezember 1929 zu Recht fest: »Schacht als Pate einer Aktion, bei der für Hugenbergs Geld Hitler der Großgewinner ist!«[27]

Damit ist Schacht im rechten Lager angekommen, ein Prozess, der mit seinem Austritt aus der Deutschen Demokratischen Partei 1926 begann. Er bekennt, mit seinen Aktionen »dem alten System den offenen Kampf anzusagen«. Im Januar 1930 versucht er, sich und seine Bedeutung wohl überschätzend, Verhandlungen über die Annahme der Reparationsleistungen zu boykottieren – »this is the hour of my life«, glaubt er. Damit hat Schacht auch Recht, nur anders, als er denkt: Seine Versuche, gegen die Außenpolitik der Regierung zu agitieren, laufen ins Leere, noch im Januar legt ihm der Finanzminister den Rücktritt nahe. Erst am 7. März 1930 vollzieht Schacht den bitteren Schritt – der Traum vom Job seines Lebens ist ausgeträumt.

Für den Reichsbankpräsidenten a. D. ist klar, dass mit seinem Affront gegen die Regierung an eine Karriere unter linken oder liberalen Vorzeichen nicht mehr zu denken ist. Es bleibt nur eine Richtung: die Rechtsradikalen. Hans Luther, Finanzminister und Vorgesetzter des ehemaligen Reichswährungskommissars und Nachfolger im Amt des Reichbankpräsidenten, bescheinigt Schacht »eine angeborene Witterung für einen kommenden politischen Wetterumschlag und seine Bereitwilligkeit, Derartiges für sich nutzbar zu machen«.[28] Mit seinem Gespür für Populismus konzentriert sich Schacht auf die Nationalsozialisten, die einzige Kraft, die seiner Meinung nach das Zeug zu einer Übernahme der Macht hat. Er ist damit einer der wenigen Prominenten der Wirtschaft, die schon früh, lange vor den ersten Wahlerfolgen der NSDAP, auf den Führer Hitler setzen.

Bereits im November 1929 äußert sich Schacht das erste Mal öffentlich posi-

tiv über die Nazis: »Das Sympathische an den Hitlerianern sei ihr anspruchs-
loses nationales Gefühl«, so der Reichsbankchef, »es gäbe in ihrem Kreis viel
Idealismus.« Anfang 1930 ist für jedermann erkennbar, wie sein Bäumchen-
wechsel-dich-Spiel ausgeht. Bella Fromm, Gesellschaftskolumnistin der
»Vossischen Zeitung«, schreibt am 12. Februar 1930:
»Silberhochzeit im Hause eines Großbankiers: übertrieben protzig. Viele
Berühmtheiten waren dadurch zum Erscheinen veranlasst worden, dass man
ihnen versprochen hatte, andere Berühmtheiten wären ebenfalls zugegen.
Reichsbankpräsident Schacht mit Gattin anwesend. Sie schmückt ihren Bu-
sen, oder besser gesagt, lässt ihn noch mehr hervortreten durch ein kostbares
Hakenkreuz in Rubinen und Diamanten, vorausgesetzt, dass ihr dies in politischer oder gesellschaftlicher Hinsicht opportun erscheint. Obgleich Schacht
seine gegenwärtige hohe Stellung Gönnern wie Professor George Bernhard,
dem Chefredakteur der Vossischen Zeitung, Bankier Jakob Goldschmidt und
anderen Nichtariern zu verdanken hat, verschmäht er es nicht, das Hakenkreuz zu seinem Zeichen zu machen, wenn er glaubt, dass es seinen Zwecken
dienen kann. Heute Abend sagte er zu mir: ›Warum den Nationalsozialisten
nicht eine Chance geben? Sie erscheinen 'mir ziemlich schneidig.‹«[29]
Im September 1930 bricht Schacht zu einer Amerika-Reise auf, bei der er sich
in Vorträgen und vor der Presse über 40-mal öffentlich zur politischen Lage
äußert und dabei bereits eifrig unterschwellige Werbung für die Nazis betreibt. Hitler hat den idealen Protagonisten aus dem Lager der Wirtschaftler
für seine Bewegung gefunden: Schacht ist national wie international eine
Berühmtheit, anerkannter Sachverständiger für Wirtschafts- und Währungs-
fragen, der sich mit seinen Meinungen als unabhängig denkender Kopf profiliert, scheinbar nur dem Gemeinwohl verpflichtet. Da Schacht zu jener Zeit
keiner Partei angehört, klingen seine Kommentare als »Unparteiischer« besonders glaubwürdig. Gerade auf die deutsche Wählerschicht der Unpoliti-
schen, die das Gezänk der Parteien verabscheut und mit Politik nichts zu tun
haben will, wirkt ein solches Aushängeschild der Nationalsozialisten wie ein
Magnet. Wenn eine solch integre, selbstständige Autorität für Hitler votiert,
da müssen die Nazis doch in Ordnung sein – oder?
Schacht liest auf seiner Reise Hitlers »Mein Kampf«. Er hält in den Vereinigten Staaten mit seiner Meinung nicht hinter dem Berg: Der Erfolg Hitlers bei
den Wahlen am 14. September 1930 für den Reichstag »war eine Protestwahl
gegen den Versailler Vertrag und nicht gegen die Juden, die ihm diesen Wahlsieg bescherten«[30]. Eine nette Verharmlosung der tatsächlichen Situation, genauso wie seine sonstige Einschätzung der Lage: »Die Verhältnisse in
Deutschland sind überhaupt nicht Besorgnis erregend«, so Schacht, »wenn
das deutsche Volk erst hungert, wird es noch viel mehr Hitlers geben.« Verrä-
terisch auch der Wortgebrauch in seinen Vorträgen, die fast identisch sind

mit den Thesen Gottfried Feders, des dominierenden NS-Wirtschaftstheoretikers, zur »Brechung der Zinsknechtschaft«: »Die Schuldenabhängigkeit, in der Deutschland sich befindet, ist begleitet von einer Zinsknechtschaft, die jedes wirtschaftlich und sittlich erträgliche Maß überschreitet«[31], erklärt Schacht.

Seine Annäherung an die Nazis nimmt im Dezember 1930 handfeste Züge an: Bei einem Abendessen seines Freundes Emil Georg von Stauß, Vorstand der Deutschen Bank und Hitler-Bewunderer, trifft er auf Hermann Göring. Die drei plaudern angeregt über die Wirtschaftslage, über das Problem steigender Arbeitslosenzahlen und die lahme deutsche Außenpolitik. Geschmeichelt nimmt der Bankier eine Einladung Görings zum Abendessen an. Als die »Deutsche Allgemeine Zeitung« in ihrer Weihnachtsumfrage 1930 die Frage stellt: »Was halten Sie von einer Regierungsbeteiligung Hitlers?«, antwortet Schacht, es sei »nicht möglich«, gegen die »starke extreme Rechte zu regieren«[32].

Bei dem Treffen in Görings Wohnung am 5. Januar 1931 in Berlin-Wilmersdorf finden sich neben Schacht Karin Göring, Fritz Thyssen und Joseph Goebbels ein. Der Besucher notiert über die Wohnung: »gut bürgerlich, aber nicht übertrieben ausgestattet, behaglich und mit gutem Geschmack eingerichtet«[33]. Hitler hat sein Kommen angesagt – für Schacht die Gelegenheit zum näheren Kennenlernen. Der Gastgeber serviert eine gelbe Erbsensuppe mit Speck. Karin Göring, herzleidend, liegt nach dem Mahl auf einem Diwan und hört still den Gesprächen am Tisch zu. Die erste Begegnung mit dem NS-Diktator schildert Schacht so:

»Hitler erschien nach dem Essen. Er trug eine dunkle Hose und die traditionelle braungelbe Uniformjacke der Partei. Sein Auftreten war weder prätentiös noch gesucht – im Gegenteil, es war natürlich und bescheiden. Er ließ sich in keiner Weise anmerken, dass er bereits Führer der zweitgrößten deutschen Partei im Reichstag war. Unser Gespräch wandte sich sehr rasch den politischen und wirtschaftlichen Problemen zu. Bei diesem ersten Zusammentreffen lernte ich, was wir später alle erfuhren, dass ein Gespräch mit Hitler nur zu 5 Prozent aus dem bestand, was seine Partner sagten. 95 Prozent der Unterhaltung bestritt Hitler allein. Die Geschicklichkeit seines Vortrages sprang in die Augen. Er sprach gemäßigt und war sichtlich bemüht alles zu vermeiden, was uns als Vertreter einer traditionellen Welt schockieren könnte.«

Schacht ist sofort fasziniert von der Person Hitlers: »Was mir Eindruck machte, war die absolute Überzeugung dieses Mannes von der Richtigkeit seiner Auffassungen und die Entschlossenheit, diesen Auffassungen praktische Geltung zu verschaffen.« Der Konvertit wendet sich die folgenden Wochen an befreundete Unternehmer, Manager, Politiker und den Reichskanzler, um die

168

Elite für eine Regierungskoalition mit den Nationalsozialisten zu gewinnen. Eine offizielle Nazi-Biografie beschreibt später seine Leistungen so: »Durch Rat und Tat und durch den Einsatz seiner Persönlichkeit bei den Kreisen und Menschen, auf die er Einfluss hat, wird Schacht von nun an ein bewusster Helfer der nationalsozialistischen Bewegung und einer, der an ihrem schließlichen Siege einen wertvollen Anteil hat.«[34] Auffällig ist dabei, dass Schacht trotz seiner Begeisterung für die Nazis lange nicht in die NSDAP eintritt. Das hat profane Gründe: Er fragt bei Hitler an, ob eine Parteimitgliedschaft gewünscht sei; der NSDAP-Vorsitzende ist dagegen – er sieht in einem parteiungebunden Sachverständigen den größeren Gewinn für seine Bewegung. Erst beim Verleihen des goldenen Parteiabzeichens 1937 für »alte Kämpfer« lässt er sich aufnehmen, er erhält die Parteinummer 3805230 – Tatsachen, die er später im Kriegsverbrecherprozess bestreitet. Er spendet jährlich 1000 Mark für die Partei, kein großer Betrag für den bekannten Geizhals. Gewaltig sind dagegen seine späteren Erfolge beim Abgreifen großer Geldsummen bei anderen Unternehmern, um Hitlers Aufstieg zu ermöglichen.

Wahrscheinlich hätte Schacht abermals die Fronten gewechselt, wenn er sich dadurch bessere Chancen ausgerechnet hätte, wieder Präsident der Reichsbank zu werden. Er tippt in Gesprächen mit Kanzler Heinrich Brüning das Thema an; Schacht gesteht später, er erwartete ein entsprechendes Angebot.[35] Doch der Kanzler denkt nicht daran, dem Wendehals wieder zu seinem alten Job zu verhelfen. Brüning zeigt sich im Rückblick überzeugt, »dass Herr Schacht in den Jahren 1931 und '32 Herrn Hitler sofort hätte fallen lassen, wenn ihm das Reichsbankpräsidium angeboten worden wäre«[36].

Mangels Alternativen klammert sich Schacht umso inniger an seinen Hoffnungsträger Hitler. Der ehemalige Bankpräsident wird in den Jahren bis zur Machtübernahme der wichtigste Wirtschaftsberater des NS-Diktators – er liefert Informationen aus den Kreisen der Unternehmer und Manager, gibt Hinweise für den Wahlkampf und das Parteiprogramm, formuliert programmatische Aufsätze, organisiert vertrauliche Zirkel, bringt zahlungskräftige Unternehmer mit dem NSDAP-Chef zusammen. Ist Schacht bisher mehr im Hintergrund aktiv, so betritt er am 11. Oktober 1931 das erste Mal mit Hitler gemeinsam die öffentliche Bühne.

Anlass ist eine Kundgebung rechter Organisationen im Kurort Bad Harzburg, mit Vorbeimärschen paramilitärischer Organisationen, mit kaiserlichen Fahnen und einer Flut rechter Parolen. Das Treffen ist eine Kampfansage an die bestehende Regierung und an die Demokratie überhaupt, später bekannt unter dem Namen Harzburger Front. Es sprechen die üblichen Rechtsradikalen: Alfred Hugenberg und Adolf Hitler. Die wirkliche Sensation für die Medien ist aber das Auftreten Schachts an der Seite des NSDAP-Vorsitzenden. Der prominente Bankier hält das Hauptreferat zur Wirtschaftslage. Darin attackiert er die Regierung Brüning ungewöhnlich scharf, wirft ihr Unfähigkeit und Unmoral vor, schürt Ressentiments mit der Behauptung, Deutschlands Schulden seien höher als angenommen, das Land stehe vor dem Bankrott. Seine Krisenpropaganda schließt mit dem Appell, »dass der nationale Erziehungsprozess, der in diesen letzten Jahren dank entschlossener Führer einen so gewaltigen Aufschwung genommen hat, zum Siege geführt werden muss«, und mit dem Ausruf, ganz in der Diktion Hitlers: »Darum wünsche ich mit heißem Herzen, dass dieser nationale Sturmwind, der durch Deutschland fegt, nicht ermatten möge!«[37] Die Öffentlichkeit reagiert über Schachts Ausfälle entsetzt. Die Presse spricht von »Entgleisung« und »Kriegserklärung«, kommunistische Reichstagsabgeordnete fordern eine Anklage wegen Hochverrats, wenn auch vergebens.

Die Ratschläge Schachts an die Adresse der NSDAP zeigen Wirkung: Hitler erkennt, er braucht bessere Kontakte zu den deutschen Wirtschaftsführern, will er seine Partei für die ökonomische Elite Deutschlands passend machen – und vermehrt Spendengelder einsammeln. Dazu wünscht sich der Nazi-Führer einen Beraterkreis aus allen Bereichen der Wirtschaft. Er beauftragt im Dezember 1931 Wilhelm Keppler, eine Gruppe von Persönlichkeiten zu organisieren – einzige Bedingung: Hjalmar Schacht muss mit von der Partie sein. Dieses Gremium wird als Keppler-Kreis bekannt, später wegen des neuen Patrons unter dem Namen Freundeskreis Himmler. Keppler ist seit 1927 NSDAP-Mitglied und Direktor der Odinwerke im badischen Eberbach, einer Fabrik mit Beteiligung der amerikanischen Eastman-Kodak, die Fotogelatine herstellt.

Er rekrutiert im Laufe des ersten Halbjahrs 1932 rund ein Dutzend Männer aus Industrie und Finanzwelt. Die Treffen sind informell, der Teilnehmerkreis ändert sich ständig. Das Beratergremium erhofft sich Einfluss auf die nationalsozialistische Wirtschaftspolitik zu nehmen und Hitler von fatalen sozialistischen Verstaatlichungstheorien abzubringen. Schacht liegen Kepplers Aktivitäten im Magen: Er ist eifersüchtig, weil Hitler den weithin unbekannten Fabrikdirektor auserwählt hat und nicht den berühmten Ex-Reichsbankpräsidenten. Deshalb organisiert Schacht seine eigene Beratungsstelle als Konkurrenzveranstaltung. Er wendet sich im März 1932 an Paul Reusch, Generaldirektor der Gutehoffnungshütte, und bittet um Unterstützung für seine geplante »Arbeitsstelle Schacht«. Man könne die Nationalsozialisten nicht mehr umgehen, sondern müsse mit ihnen vermehrt zusammenarbeiten. Schachts Vorschlag: »Ich möchte zunächst etwa zwei Jahre einen finanz- und wirtschaftspolitisch außerordentlich versierten und von mir erprobten Herrn einspannen, um durch ihn die Verbindung mit den wirtschaftspolitischen Organisationen Hitlers aufzunehmen und die Probleme mit den Herren so durchzuarbeiten und zu formen, dass sich daraus ein wirtschaftspolitisches

Programm für die Nationalsozialistische Partei ergeben kann, welches Industrie und Handel mitmachen können.«[38] Dabei geht es auch ums Geld: »Ich rechne die Kosten überaus niedrig mit 12 000 Mark Jahreshonorar für den zu engagierenden Herrn und etwa 3000 Mark Unkosten jährlich. Das wären 15 000 Mark pro Jahr, die wohl auf 2 Jahre sichergestellt werden müssten. Ich selbst bin bereit, mich mit einem Zehntel an den Finanzierungskosten zu beteiligen.« Reusch reagiert begeistert, zusammen mit anderen Industriellen bringt er die gewünschte Summe auf, für den Job wird Karl Krämer engagiert, Mitarbeiter des Hamburger Weltwirtschaftsinstituts. Diese »Arbeitsstelle Schacht« arbeitet parallel zum Keppler-Kreis. Das kritisiert Keppler: »Sein Gremium ist keineswegs ideal; er hat offensichtlich weniger auf die Köpfe als auf den Namen und den Geldbeutel Rücksicht genommen«, so der Nazi-Berater, »offensichtlich beabsichtigt Herr Dr. Schacht in der begonnenen Weise selbstständig weiter zu arbeiten, und er nannte als Glieder seines Kreises die Herren Vögler, Flick, Reusch, Springorum, von Stauß und von Wilmowsky sowie einen Herrn der Braunkohlen-Industrie, offenbar Herr Silverberg.«[39] Da hat Schacht innerhalb kurzer Zeit die erste Garde der deutschen Industriellen für sein Vorhaben gewonnen – ein Spiegel für die Tatsache, dass sich die Creme der deutschen Wirtschaft der NSDAP annähert. Dennoch erzielen Schachts Extratouren in der Nazi-Zentrale nicht den erhofften Beifall: Als Hitler den ehemaligen Reichsbankpräsidenten ermahnt mehr mitzuarbeiten, streicht Schacht die Segel und degradiert sein Verbindungsbüro zu einem Anhängsel des Keppler-Kreises.

Hitler lädt die Unternehmer und Manager des Beraterkreises Mitte Mai 1932 zu einer vertraulichen Besprechung in seine Berliner Residenz, das Hotel »Kaiserhof«. Der NSDAP-Chef dankt für die Unterstützung, erklärt, bald die Regierung in Deutschland zu übernehmen. Deshalb brauche er den Rückhalt von Männern der Wirtschaft: »Ich bin Politiker und kein Wirtschaftler. Ich verlasse mich auf Ihr besseres Wissen und Ihre große Erfahrung.« Er werde nach einer Machtübernahme keine Gewerkschaften mehr dulden, möglichst auch keine politischen Parteien. Die Anwesenden sind begeistert von der Vorzugsbehandlung des Nazi-Führers, der sie in die Zukunft blicken lässt. Schacht richtet nach der Rede kurze lobhudlige Dankesworte an Hitler.

In Absprache mit dem NSDAP-Chef greift der Reichsbankchef a. D. zur Feder und schreibt die »Grundsätze deutscher Wirtschaftspolitik«[40] nieder, die in einer Auflage von 30 000 Stück vor den Reichstagswahlen im Juli 1932 verteilt werden. Es verblüfft, wie umfassend der intelligente Formulierer Schacht in seinem Pamphlet die dumpfe Begriffswelt der Nazis übernimmt, »erst die Nation, dann die Wirtschaft« fordert, ganz im Sinne von Hitlers Ideen vom Vorrang des Volkskörpers gegenüber der Ökonomie. Schacht sieht den Erfolg des Kapitalismus »nur durch Erziehung zur religiösen und nationalen Gesinnung, die das Wohl des Ganzen über den Nutzen des Einzelnen stellt«. Zur Ankurbelung der Wirtschaft sollten neue Länder erschlossen werden, Konkurrenz der Nachbarn müsse begegnet werden »auf dem Wege einer starken Wehrhaftigkeit und eines entschlossenen Wehrwillens«. Der Autor schreibt: »Aber nicht nur in Deutschland, auch in der übrigen Welt hat man begriffen, dass es nationale Lebensrechte gibt, die unveräußerlich sind. Der Sieg dieser Lebensrechte des deutschen Volkes ist nicht mehr aufzuhalten.«

Damit hat sich Schacht als wichtigster Einflüsterer Hitlers in Wirtschaftsfragen etabliert. In den folgenden Monaten intensiviert der Nazi-Förderer seine Bemühungen, Einfluss auf die braune Bewegung zu nehmen. Ihm gelingt es, den NSDAP-Vorsitzenden dazu zu bringen, eine missliebige Wirtschaftsbroschüre einstampfen zu lassen. Schacht trifft sich regelmäßig mit Hitler, schickt devote Briefe, in denen er nicht mit Ratschlägen geizt: »Vielleicht darf ich als Wirtschaftler eines sagen: Bringen Sie möglichst kein detailliertes Wirtschaftsprogramm. Es gibt kein solches, worüber sich 14 Millionen einigen könnten. Wirtschaftspolitik ist keine parteibildende Kraft, sondern sammelt bestenfalls Interessenten.«[41] Das Schreiben schließt mit den Worten: »Sie können auf mich zählen als Ihren zuverlässigen Helfer. Mit einem kräftigen Heil.«

Das ist nicht nur als Floskel zu sehen, sondern Schacht entfaltet weitere Aktionen, seinen künftigen Arbeitgeber in die Regierung zu hieven. Regelmäßig bearbeitet er seine Freunde in Banken und Industrie. Wie sehr sein Name zieht, zeigen seine Gesprächstermine bei Reichskanzler Franz von Papen, dem Nachfolger Brünings, die Schacht ohne Probleme erhält. Nach den Wahlerfolgen der NSDAP wird der frühere Reichsbankpräsident massiv und fordert den Rücktritt des Kanzlers zu Gunsten des NS-Diktators: »Hitler, das ist ein sehr intelligenter Mann«, sagt Schacht zu Papen, »geben Sie ihm Ihre Stellung. Hitler, das ist der einzige Mann, der Deutschland retten kann.«[42] Kurz nach der Wahl vom 6. November 1932, bei der die NSDAP Stimmen verliert, fahren Schacht und Heinrich Himmler nochmals zu Papen, um die weitere Taktik zu besprechen. Denn ein Wahlsieg Hitlers aus eigener Kraft, der ihn in die Reichskanzlei spült, scheint angesichts der Ergebnisse immer unwahrscheinlicher. Dennoch macht Schacht seinem Idol Mut: »Es unterliegt für mich gar keinem Zweifel, dass die Entwicklung der Dinge nur das eine Ende haben kann, und das ist Ihre Kanzlerschaft. Es scheint, als ob unser Versuch, eine Reihe von Unterschriften aus der Wirtschaft dafür zu bekommen, doch nicht ganz umsonst ist.«[43]

Die angesprochene Unterschriftenaktion ist der konsequenteste Versuch Schachts, die Barrieren für eine Kanzlerschaft Hitlers beiseite zu räumen. Vor allem eine Person stemmt sich unerbittlich gegen den »böhmischen Gefreiten«: Reichspräsident Paul von Hindenburg. Diese Vorbehalte gilt es aufzulösen. Und was wirkt besser als eine Bitte der Wirtschaft an das Staatsober-haupt, den NS-Chef endlich zu befördern? Am 19. November 1932 schicken die Geldmanager und Industriellen eine Eingabe an Hindenburg. Schacht unterschreibt den Brief an erster Stelle. Daneben unterzeichnen weitere 18 Personen, darunter Kurt Freiherr von Schröder, Eberhard Graf von Kalckreuth, Emil Helfferich und Fritz Thyssen folgendes Schriftstück:

»... Der Ausgang der Reichstagswahl vom 6. November d. J. hat gezeigt, dass das derzeitige Kabinett, dessen aufrechten Willen niemand im deutschen Volke bezweifelt, für den von ihm eingeschlagenen Weg keine ausreichende Stütze im deutschen Volke gefunden hat. Gegen das bisherige parlamentari-sche Parteiregime sind nicht nur die Deutschnationale Volkspartei und die ihr nahe stehenden kleineren Gruppen, sondern auch die Nationalsozialisti-sche Deutsche Arbeiterpartei grundsätzlich eingestellt und haben damit das Ziel Eurer Exzellenz bejaht. Die Übertragung der verantwortlichen Leitung eines mit den besten sachlichen und persönlichen Kräften ausgestatteten Prä-sidialkabinetts an den Führer der größten nationalen Gruppe wird die Schlacken und Fehler, die jeder Massenbewegung notgedrungen anhaften, ausmerzen und Millionen Menschen, die heute abseits stehen, zu bejahender Kraft mitreißen ...«[44]

Das Dokument fordert nicht nur die Regierungsverantwortung für Hitler, es reflektiert zugleich die antidemokratische Haltung der Unterzeichner, die mit Parlamentarismus nichts mehr im Sinn haben. Es bleibt unklar, wie stark die-se Bittschrift wenige Wochen später dazu beigetragen hat, dass Hindenburg Hitler tatsächlich die Kanzlerschaft anträgt. Am 30. Januar 1933 ist es jeden-falls so weit: Hitler ist Reichskanzler. Schacht ist am Ziel. Er hat auf die richti-ge Person gesetzt. Neue, prestigeträchtige Ämter sind ihm sicher.

Hitler löst gleich nach der Machtübernahme den Reichstag auf und ruft Neu-wahlen aus. Der Zweck: die Diktatur der NDSAP zu sichern. Der letzte Wahl-kampf beginnt, die bislang aufwändigste und teuerste Materialschlacht. Da-mit die Nazi-Herrschaft nicht noch im letzten Moment an Geldmangel für die Propaganda scheitert, landet Schacht den größten Coup: seine Freunde aus der Wirtschaft zu Gunsten des Nazi-Wahlkampfs anzuzapfen.

Am 20. Februar 1933 lädt Hermann Göring prominente Industrielle zu sei-nem Berliner Amtssitz. Am späten Nachmittag treffen mehrere Dutzend Wirtschaftsmagnaten ein – ein Who's who der deutschen Elite, darunter Krupp von Bohlen und Halbach, Albert Vögler, Fritz Springorum, Ernst Ten-gelmann, Ernst Brandi, Karl Büren, Georg von Schnitzler, Hugo Stinnes jr., Fritz von Opel, Ludwig von Winterfeld, Günther Quandt und August Diehn. Hjalmar Schacht ist bereits anwesend. Damit sind alle wichtigen Branchen vereint, vom Bergbau über Stahl und Auto bis hin zu IG Farben und Siemens. Göring erscheint mit einer Viertelstunde Verspätung – ein unerhörter Vorgang für die versammelten Industriellen. Noch eine Weile später tritt Hitler auf, schüttelt jedem persönlich die Hand und setzt zu einer anderthalbstündigen Rede an. Der Reichskanzler erteilt Wirtschaftsexperimenten eine Absage, hebt die Vorteile von Privateigentum und Erbrecht hervor. Er warnt vor der kommunistischen Gefahr, die er mit den Neuwahlen ausrotten möchte. Das sei ein Kampf auf Leben und Tod. Nach dem Ende des Monologs formuliert Krupp spontan den »aufrichtigen Dank« aller Beteiligten – das zeigt, wie schnell der Unternehmer vor den neuen Machthabern in die Knie geht. Vier Wochen vorher hatte er sich noch negativ gegenüber dem Nazi-Führer geäußert. Hitler verschwindet wieder, Göring spricht stattdessen. Der Reichstagspräsident erklärt den Gästen, die Finanzmittel der NSDAP, der SS und der SA seien erschöpft. Man brauche Hilfe. Andere müssten nun finanzielle Opfer bringen. Das sei umso leichter mit der Einsicht, »dass die Wahl am 5. März die letzte innerhalb 10 Jahren, voraussichtlich aber in 100 Jahren« sei. Nun tritt auch Göring ab.

Danach der große Auftritt Hjalmar Schachts. Es ist ein Schmierentheater, abgesprochen mit den NS-Herrschern. Schacht erklärt den verdutzten Anwesenden, die Schicksalsstunde der Wirtschaft sei gekommen. Er wolle keine großen Worte machen:»Und nun, meine Herren, an die Kasse!«, ruft der Hitler-Paladin gut gelaunt in die Runde. Seine Forderung hat es in sich: Die Wirtschaftler sollen auf der Stelle eine Zusage über drei Millionen Mark Wahlkampfspende geben. Sogar die Aufteilung der Summe hat Schacht praktischerweise schon vorbereitet:

1 000 000 Mark westliche Kohle- und Eisenindustrie
1 000 000 Mark chemische Industrie und Kalibergbau
1 000 000 Mark Braunkohle, Maschinenbau und Elektrotechnik

Die Vertreter der Kohle- und Eisenunternehmen sagen sofort ihre Million zu, sie teilen sich die Summe im Verhältnis 60 zu 40. Der Kalibergbau gibt 500 000 Mark, die Chemie soll die andere Hälfte übernehmen. Für die dritte Gruppe präzisiert Schacht den Umlageschlüssel:
Braunkohle 500 000 Mark
Automobilindustrie 100 000 Mark
Maschinenbau 100 000 Mark
Elektrotechnik 300 000 Mark, davon Siemens 100 000 Mark[45]
Schacht präsentiert sich als künftige Anlaufstelle. Er übernimmt die Verwaltung der Gelder, zahlt ausnahmsweise selbst. Zu diesem Zweck richtet er ein Konto beim Bankhaus Delbrück, Schickler & Co. ein unter dem Namen »Nationale Treuhand, Dr. Hjalmar Schacht«. Das Konto weist folgende Einzahlungen auf:
»Februar:

23. Verein für Bergbauliche Interessen, Essen	200 000 Mark
24. Karl Hermann	150 000 Mark
Automobil-Ausstellung, Berlin	100 000 Mark
25. Dir. A. Steinke	200 000 Mark
DEMAG AG, Duisburg	50 000 Mark
27. Telefunken, Gesellschaft für drahtlose	
Telegrafie, Berlin	35 000 Mark
Osram GmbH	40 000 Mark
28. IG Farben, Frankfurt/M.	400 000 Mark
März:	
1. Ihre Einzahlung (Schacht)	125 000 Mark
3. Dir. Karl Lange, Maschinenindustrie	50 000 Mark
Verein für Bergbauliche Interessen, Essen	100 000 Mark
Karl Hermann, Berlin	150 000 Mark
AEG, Berlin	60 000 Mark
7. Gen.-Dir. F. Springorum, Dortmund	36 000 Mark
Accumulatorenfabrik AG, Berlin	25 000 Mark
13. Verein für Bergbauliche Interessen, Essen	300 000 Mark«[46]

Die Millionenbeträge ebnen den Weg in die NS-Diktatur. Goebbels notiert am 20. Februar 1933 begeistert: »Wir treiben für die Wahl eine ganz große Summe auf, die uns mit einem Schlage aller Geldsorgen enthebt. Ich alarmiere gleich den ganzen Parteiapparat und eine Stunde später rattern schon die Rotationsmaschinen. Jetzt werden wir auf Hochtouren aufdrehen. Wenn keine außergewöhnliche Panne mehr unterläuft, dann haben wir auf der ganzen Linie gewonnen.«[47]

Am 17. März 1933 erhält der Geldmanager die lang ersehnte Belohnung: Hitler ernennt ihn zum Reichsbankpräsidenten. Die zweite Karriere unter dem Hakenkreuz beginnt.

Schnell arrangiert sich Schacht im Dritten Reich mit dem verbrecherischen Regime. Begeistert nimmt er Anfang August 1934 das zusätzliche Amt eines Reichswirtschaftsministers entgegen – vier Wochen nachdem Hitler beim so genannten Röhm-Putsch seine Widersacher ermorden ließ. Ein einflussreicher Posten, erlaubt doch ein eigens erlassenes »Gesetz über wirtschaftliche Maßnahmen« fast unbeschränkte Vollmacht, auch wenn bestehende Gesetze damit gebrochen werden. Im Mai 1935 erhält der Nazi-Minister überdies den Titel eines »Generalbevollmächtigten für die Kriegswirtschaft«, Anerkennung für die bereits vorher geleistete Arbeit für die Wiederaufrüstung.

Die sollte direkt in den Zweiten Weltkrieg münden – und die finanzielle Grundlage dafür schafft Hitlers Bankier. Ohne seine kunstvollen Finanzmanöver wäre der radikale Aufbau der deutschen Militärmaschinerie nicht denkbar gewesen. Jenseits von Skrupeln ordnet Schacht diesem Ziel alles andere unter, einschließlich seiner jahrelang gepredigten Überzeugung, ein Staat müsse solide wirtschaften und dürfe keine Schulden machen. Der offizielle Reichswehretat beträgt 700 bis 800 Millionen Mark im Jahr, Schacht gelingt es, über acht Jahre verteilt, diese Summe auf den astronomischen Betrag von 35 Milliarden Mark zu steigern. Dazu bedient er sich des Instruments der Mefo-Wechsel, die auf die Scheinfirma Metallurgische Forschungsgesellschaft mbH (Mefo) gezogen und von der Reichsbank garantiert werden.

Doch dann überspannt Schacht den Bogen. Offenkundig seine Bedeutung und sein Prestige bei Hitler überschätzend, versucht er weitere Zuständigkeiten an sich zu ziehen – vergeblich. Stattdessen übernimmt Hermann Göring immer mehr Aufgaben. Schacht gerät ins Hintertreffen, sieht seine Aufstiegschancen folgerichtig als beendet. Im August 1937 bittet er Hitler um seine Entlassung, der Ende November stattgegeben wird. Schacht bleibt jedoch bis Januar 1939 Reichsbankpräsident und bis Januar 1943 Reichsminister ohne Zuständigkeit im Kabinett – den Bruch mit dem Regime mag er noch lange nicht vollziehen. Im Gegenteil, noch 1938 singt der Reichsbankchef das Loblied auf den Diktator: »Ich halte es für ausgeschlossen, dass auch nur ein Einziger bei uns seine Zukunft finden wird, der nicht mit vollem Herzen zu Adolf Hitler steht. Wer das nicht tut, der soll sich von selbst aus unserem Kreis entfernen. Die Reichsbank wird immer nur nationalsozialistisch sein oder ich werde nicht mehr ihr Leiter sein. Unserem Führer ein dreifaches Sieg Heil!«[48] Andererseits pflegt Schacht nicht den gewalttätigen Antisemitismus der Nazis. In einer Denkschrift 1935 fordert er: »Man stemple die Juden in jedem gewünschten Maße zu Einwohnern minderen Rechts durch entsprechende Gesetze, aber für die Rechte, die man ihnen lassen will, gewähre man ihnen staatlichen Schutz gegen Fanatiker und Ungebildete«[49] – quasi eine legalistisch untermauerte Diskriminierung.

Als sich das Ende des Dritten Reichs abzeichnet, weiß Schacht, dass es wieder mal Zeit ist, rechtzeitig die Seiten zu wechseln. Bislang äußerte er Kritik an dem Regime allenfalls hinter vorgehaltener Hand. Er versucht einen Job bei der amerikanischen Regierung zu ergattern und auszuwandern. Der Erfolg bleibt aus. Er knüpft Kontakte zu Widerstandskreisen, ohne sich selbst aktiv im Kampf gegen die Nazis engagieren zu wollen. Die Regimegegner andererseits sind misstrauisch gegenüber dem prominenten Helfer: Innerhalb der Verschwörer vom 20. Juli 1944 gilt Schacht als »gefürchteter Ehrgeizling«, so die damaligen Polizeiprotokolle, »Schacht wurde abgelehnt. Die Ablehnung gründete sich vor allem auf seinen maßlosen Ehrgeiz, denn es komme ihm darauf an, auf jeden Fall eine Rolle zu spielen. Goerdeler sagt: Ihn trieb der Ehrgeiz zu jeder Handlung, die die jeweilige politische Lage erforderte.«[50] Das hindert Schacht nicht daran, sich später als langjährigen Widerstandskämp-

Adolf Hitler und Hjalmar Schacht, Reichsbankpräsident und Leiter des Reichswirtschaftsministeriums, bei der Grundsteinlegung der neuen Reichsbank

fer und Opfer des Nationalsozialismus darzustellen. Drei Tage nach dem Attentat auf Hitler im Juli 1944 wird der 67-jährige Ex-Nazi-Minister verhaftet und in die Konzentrationslager Ravensbrück, Flossenbürg und Dachau eingeliefert, mit gewissen Privilegien als »Ehrenhäftling«. Die Amerikaner befreien ihn und nehmen ihn zugleich wieder als Kriegsverbrecher in Haft.

Da sitzt er nun auf der Anklagebank im Nürnberger Gerichtssaal und erwartet seinen Richterspruch. Die meisten seiner Mitangeklagten sind bereits zum Tode durch den Strang verurteilt. Sein Urteil lautet: Freispruch – aus Mangel an Beweisen. Nur der russische Richter hat für die Todesstrafe plädiert. Ein freier Mann ist Schacht deshalb noch lange nicht. Die deutsche Justiz lässt ihn erneut verhaften. In einen Spruchkammerverfahren in Stuttgart wird er als »Hauptschuldiger« zu acht Jahren Arbeitslager und Beschlagnahme seines Vermögens verurteilt. Dagegen wehrt sich Schacht in weiteren Gerichtsverfahren. Nach fünf Prozessen werden im September 1950 die Akten endgültig geschlossen: Schacht bleibt ohne Strafe, gilt nun als »entlastet«.

Wieder in Freiheit, verdingt sich der reingewaschene Nazi-Aufrüstungsminister als Finanzberater in Indonesien, im Iran und in Ägypten, verfasst Bücher über Geldfragen und gründet die Privatbank Schacht & Co. Am 3. Juni 1970 stirbt er in München im Alter von 93 Jahren an den Folgen eines Hüftgelenkbruchs. Selbstzweifel über sein Tun und seinen fatalen Drang zur Macht haben Hitlers Bankier bis zu seinem Tod nicht geplagt – so beschreibt er seine Philosophie in einem Gedicht:

»Nur das Niedrige erwehrt sich.
Hohes fällt in Kampf und Strauß.
Das Kaninchenvolk vermehrt sich,
Und die Löwen sterben aus.
Und gehen auch die Löwen ein,
Ich möchte kein Kaninchen sein.«

Anmerkungen

VORWORT

1 Adolf Hitler: Mein Kampf, München 1935, S. 241
2 Hitler, ebd., S. 389
3 Hitler im Mitteilungsblatt Nr. 4 über die »Finanzielle Lage der Bewegung«, vom 8. 10. 1921, in: Georg Franz-Willing: Die Hitlerbewegung, Hamburg 1962, S. 179
4 Aktenvermerk des Staatsministeriums des Äußeren, ca. 15. 11. 1923, in: Ernst Deuerlein (Hrsg.): Der Hitler-Putsch, Stuttgart 1962, S. 388
5 Ian Kershaw, Hitler – 1889–1936, Stuttgart 1998, S. 376
6 Werner Maser, Der Sturm auf die Republik – Frühgeschichte der NSDAP, Düsseldorf 1994, S. 236
7 James und Suzanne Pool: Hitlers Wegbereiter zur Macht, München 1979, S. 21
8 Franz-Willing, ebd., S. 183
9 Ernst Hanfstaengl: Zwischen Weißem und Braunem Haus, München 1970, S. 65
10 Pool, ebd., S. 65
11 Pool, ebd., S. 231
12 Pool, ebd., S. 299
13 Goebbels' Tagebucheinträge, in: Alan Bullock: Hitler, Augsburg 2000, S. 223
14 Bullock, ebd., S. 223
15 Aussage Brünings vom 24. 8. 1948, in: Louis Lochner: Die Mächtigen und der Tyrann, Darmstadt 1955, S. 143 f.
16 Joachim Fest: Hitler, Frankfurt 1995, S. 497
17 Henry A. Turner: Die Großunternehmer und der Aufstieg Hitlers, Berlin 1985, S. 149
18 Kurt Gossweiler: Kapital, Reichswehr und NSDAP 1919–1924, Berlin 1982, S. 326 f.
19 Kurt Pätzold/Manfred Weißbecker: Geschichte der NSDAP 1920–1945, Köln 1981, S. 161
20 Bullock, ebd., S. 223
21 Denkschrift Hitlers vom 22. 10. 1922, in: Albrecht Tyrell: Führer befiel ... Selbstzeugnisse aus der »Kampfzeit« der NSDAP, Düsseldorf 1969, S. 47 ff. (wie folgende Ausführungen)
22 Tyrell, ebd., S. 54
23 Justizrat Popp als Liquidator des NSDAP-Vermögens an Generalstaatskommissar Kahr vom 6. 2. 1924, in: Deuerlein, ebd., S. 627 ff.
24 Maser, ebd., S. 396
25 »Der Nationalsozialist« vom 26. 6. 1921, in: Franz-Willing, ebd., S. 183
26 Pool, ebd., S. 335
27 Pool, ebd., S. 336
28 Wilhelm Hillebrand: Herunter mit der Maske – Erlebnisse hinter den Kulissen der NSDAP, Selbstverlag, Berlin ca. 1929, S. 7
29 Hillebrand, ebd., S. 27 f.

30 Otto Wagener, Henry Turner (Hrsg.): Hitler aus nächster Nähe, Frankfurt 1978, S. 239 f.

31 Wagener, ebd., S. 240

32 Oron James Hale: Adolf Hitler: Taxpayer, in: American Historical Review, Juli 1955, S. 830

33 Schreiben Hitlers vom 19. 5. 1925, in: Hale, ebd., S. 831

34 Brief Hitlers, in: Wulf Schwarzwäller: Hitlers Geld, Wien 1998, S. 131 f.

35 Hale, ebd., S. 839

DIETRICH ECKART: DER POET

1 Polizeiliches Vernehmungsprotokoll Eckarts von 1923, in: Fritz Maier-Hartmann: Dokumente der Zeitgeschichte, München 1942, S. 125

2 Otto Dietrich: Zwölf Jahre mit Hitler, Köln o. J., S. 178

3 Ernst Hanfstaengl: Zwischen Weißem und Braunem Haus, München 1970, S. 49

4 Turner, ebd., S. 77

5 Polizeiprotokoll vom 27. 5. 1924, in: Maser, ebd., S. 408

6 Maser, ebd., S. 409

7 Hanfstaengl, ebd., S. 50

8 Dietrich, ebd., S. 178

9 Hitler, ebd., S. 781

10 Anton Joachimsthaler (Hrsg.): Christa Schröder: Er war mein Chef – Aus dem Nachlass der Sekretärin von Adolf Hitler, München 1985, S. 65

11 Artikel Hitlers im »Illustrierten Beobachter« 1929, in: Lothar Machtan: Hitlers Geheimnis, Berlin 2001, S. 139

12 so Konrad Heiden: Adolf Hitler – eine Biographie, Zürich 1936, S. 373; Georg Franz-Willing: Die Hitlerbewegung, Hamburg 1962, S. 127; Karl Dietrich Bracher: Die deutsche Diktatur, Köln 1969, S. 96

13 Alfred Rosenberg: Dietrich Eckart, München 1935, S. 13/14

14 in: Albert Reich: Dietrich Eckart – ein deutscher Dichter, München 1934, S. 26

15 Hans-Günter Richardi: Hitler und seine Hintermänner, München 1991, S. 332

16 Reich, ebd., S. 42

17 Werner Jochmann (Hrsg.): Adolf Hitler – Monologe im Führerhauptquartier, München 2000, S. 160

18 Margarete Plewnia: Auf dem Weg zu Hitler, Bremen 1970, S. 16

19 Plewnia, ebd., S. 20

20 Paul Wilhelm Becker: Der Dramatiker Dietrich Eckart, Dissertation, Krefeld 1969, S. 29

21 Plewnia, ebd., S. 20

22 Plewnia, ebd., S. 21

23 Plewnia, ebd., S. 21

24 Reich, ebd., S. 106; Rosenberg, ebd., S. 16; Paul Hermann Wiedeburg: Dietrich Eckart, Dissertation, Hamburg 1939, S. 33/34

25 Rosenberg, ebd., S. 18

26 Wiedeburg, ebd., S. 35
27 Rosenberg, ebd., S. 16
28 Rosenberg, ebd., S. 16/17
29 Baldur von Schirach: Ich glaubte an Hitler, Hamburg 1967, S. 24
30 in: Ernst Deuerlein (Hrsg.): Der Hitler-Putsch, Stuttgart 1962, S. 440
31 Reich, ebd., S. 52/53
32 Claus Bärsch: Die politische Religion des Nationalsozialismus, München 1998, S. 55
33 Raimund Lembert: Dietrich Eckart, München 1934, S. 31 ff.
34 Lembert, ebd., S. 33/34
35 Wiedeburg, ebd., S. 196
36 Richardi, ebd., S. 126
37 Richardi, ebd., S. 128
38 Anton Joachimsthaler: Hitlers Weg begann in München, München 2000, S. 278
39 Jochmann, ebd., S. 208
40 Polizeiprotokoll 1923 in: Maier-Hartmann, ebd., S. 125
41 Konrad Heiden: Geschichte des Nationalsozialismus, Berlin 1932, S. 57
42 Wiedeburg, ebd., S. 194
43 Richard Euringer: Dietrich Eckart, Hamburg 1935, S. 32
44 Flugblatt Juli 1921, in: Franz-Willing, S. 117
45 Joachimsthaler, ebd., S. 296
46 zit. nach Heinrich Hoffmann: Hitler was my friend, London 1955, S. 42
47 Wulf Schwarzwäller: Hitlers Geld, Wien 1998, S. 174
48 ebd., S. 63
49 zit. nach Anton Joachimsthaler: Hitlers Weg begann in München, München 2000, S. 301
50 Euringer, ebd., S. 31
51 Rosenberg, ebd., S. 236
52 Detlev Rose: Die Thule-Gesellschaft, Tübingen 1994, S. 105
53 Joachimsthaler, ebd., S. 280
54 Albrecht Tyrell: Führer befiehl ... Selbstzeugnisse aus der »Kampfzeit« der NSDAP, Düsseldorf 1969, S. 28
55 Jochmann, ebd., S. 309
56 Franz-Willing, ebd., S. 184
57 Franz-Willing, ebd., S. 184
58 Jochmann, ebd., S. 160
59 Franz-Willing, ebd., S. 184/185
60 Gossweiler, Kurt: Kapital, Reichswehr und NSDAP 1919–1924, Berlin 1982, S. 345
61 Gossweiler, ebd., S. 345, u. Turner, ebd., S. 71
62 Polizeiliches Vernehmungsprotokoll 1924, in: Gossweiler, ebd., S. 352
63 Raffael Scheck: Swiss Funding for the Early Nazi Movement, in: The Journal of Modern Histroy, März – Dezember 1999, S. 806/807
64 James u. Suzanne Pool: Hitlers Wegbereiter der Macht, München 1979, S. 82
65 ebd., S. 108/109
66 Pool, ebd., S. 115
67 Jochmann, ebd., S. 204

68 Reich, ebd., S. 121
69 Rosenberg, ebd., S. 65
70 Deuerlein, ebd., S. 438 ff.
71 Plewnia, ebd., S. 93

MAX ERWIN VON SCHEUBNER-RICHTER: DER ZARENFREUND

1 Max Hildebert Boehm: Baltische Einflüsse auf die Anfänge des Nationalsozialismus, in: Jahrbuch des baltischen Deutschtums 1967, Hamburg 1966, S. 61
2 Walter Laqueur: Deutschland und Russland, Berlin 1965, S. 76
3 Werner Maser: Der Sturm auf die Republik, Düsseldorf 1994, S. 351
4 Maser, ebd., S. 406
5 Otto von Kursell: Erinnerungen an Dr. Max v. Scheubner-Richter, München 1966, S. 17
6 Ernst Hanfstaengl: Zwischen Weißem und Braunem Haus, München 1970, S. 121
7 Hanfstaengl, ebd., S. 121
8 Alexander Schmidt: Geschichte des Baltikums, München 1999, S. 133
9 Kursell, ebd., S. 2
10 Paul Leverkuehn: Posten auf ewiger Wache, Essen 1938, S. 42
11 ebd., S. 43
12 ebd., S. 190
13 ebd., S. 163
14 ebd., S. 165
15 ebd., S. 185
16 ebd., S. 186
17 Laqueur, ebd., S. 80
18 Karsten Brüggemann: Max Erwin von Scheubner-Richter – Der Führer des Führers, S. 128, in: Michael Garleff (Hrsg.): Deutschbalten, Weimarer Republik und Deutsches Reich, Köln 2001
19 Leverkuehn, ebd., S. 192 f.
20 Boehm, ebd., S. 57
21 Johannes Baur: Die russische Kolonie in München 1900–1945, Wiesbaden 1998, S. 262
22 ebd., S. 105/106
23 ebd., S. 143
24 ebd., S. 143
25 ebd., S. 226
26 ebd., S. 224
27 Bruno Thoss: Der Ludendorff-Kreis 1919–1923, München 1978, S. 422
28 Baur, ebd., S. 259
29 Laqueur, ebd., S. 77
30 Michael Kellog; Hitler's »Russian« Connection, Aufsatz o. J., o. O., S. 32
31 Kurt Gossweiler: Kapital, Reichswehr und NSDAP 1919–1924, Berlin 1982, S. 437
32 Gossweiler, ebd., S. 439

33 Ian Kershaw: Hitler 1889–1936, Stuttgart 1998, S. 248

34 Pool, ebd., S. 75 und Aussage Fritz Thyssens in Gossweiler, ebd., S. 350

35 Gerald D. Feldman: Hugo Stinnes, München 1998, S. 888

36 Gossweiler, ebd., S. 471, S. 473/474 u. S. 477/478

37 Anton Joachimsthaler: Hitlers Weg begann in München, München 2000, S. 319

38 Joachimsthaler, ebd., S. 317

39 Harold J. Gordon: Hitlerputsch 1923, München 1978, S. 193/194

40 Gossweiler, ebd., S. 448

41 Kershaw, ebd., S. 256

42 Gossweiler, ebd., S. 507 u. Hanns-Hubert Hofmann: Der Hitler-Putsch, München 1961, S. 161 ff.

43 Hofmann, ebd., S. 163

44 Laqueur, ebd., S. 82

45 Gordon, ebd., S. 367

KURT LÜDECKE: DER PLAYBOY

1 Kurt Ludecke: I knew Hitler, London 1938, S. 22/23

2 Maser, ebd., S. 402/403

3 Ludecke, ebd., S. 28

4 ebd., S. 29

5 Akten der Berliner Staatsanwaltschaft, in: Lothar Machtan: Hitlers Geheimnis, Bremen 2001, S. 302

6 Brief Hanfstaengls an Julius Streicher, in: Machtan, ebd., S. 301

7 Machtan, ebd., S. 333

8 Polizeiliche Vernehmung Eckarts 1923, in: Machtan, ebd., S. 304

9 Akte Polizeidirektion München, in: Ernst Deuerlein (Hrsg.): Der Hitler-Putsch, Stuttgart 1962, S. 545

10 Machtan, ebd., S. 303

11 Adolf Hitler: Mein Kampf, München 1935, S. 688

12 Ludecke, ebd., S. 133

13 ebd., S. 137

14 Faksimile-Abbildung in: ebd., S. 129

15 ebd., S. 140

16 Maser, ebd., S. 400

17 ebd., S. 401

18 Schriftliche Mitteilung der Münchner Staatsanwaltschaft von 1964, in: Maser, ebd., S. 402

19 James u. Suzanne Pool: Hitlers Wegbereiter zur Macht, München 1979, S. 260 ff.

20 ebd., S. 262

21 ebd., S. 262

22 Saturday Evening Post v. 31. 7. 1941, in: Pool, ebd., S. 443

23 Botschaftsbericht aus Rom vom 22. 9. 1923 in: Deuerlein, ebd., S. 544

24 Deuerlein, ebd., S. 452

25 Vernehmungsprotokoll Amanns, in: Georg Franz-Willing: Die Hitlerbewegung, Hamburg 1962, S. 190

26 Protokoll Amanns, in: Machtan, ebd., S. 304

27 Ludecke, ebd., S. 115

28 ebd., S. 117

29 Münchener Zeitung v. 29. 3. 1923 in: Machtan, ebd., S. 306

30 Vernehmungsprotokoll Hitlers, in: Machtan, ebd., S. 305

31 Werner Jochmann (Hrsg.): Adolf Hitler – Monologe im Führerhauptquartier, München 2000, S. 117

32 Polizeiakte in: Deuerlein, ebd., S. 546 (wie folgende Angaben)

33 Ludecke, ebd., S. 106/107

34 ebd., S. 173/174

35 Polizeibericht vom 15. 1. 1924 in: Deuerlein, ebd., S. 566 ff. (wie folgende Angaben)

36 ebd., S. 568/569 (wie folgende Angaben)

37 Faksimile in: Ludecke, ebd., S. 177

38 Faksimile in: Ludecke, ebd., S. 176

39 Ludecke, ebd., S. 182 ff. (wie folgende Angaben)

40 ebd., S. 183 ff. (wie folgende Angaben)

41 Pool, ebd., S. 114/115

42 Ludecke, ebd., S. 217/218

43 ebd., S. 256

44 ebd., S. 266

45 ebd., S. 286

46 Machtan, ebd., S. 315

47 Ludecke, ebd., S. 551 ff. (wie folgende Angaben)

48 ebd., 553

49 Machtan, ebd., S. 321

50 Ludecke, ebd., S. 582 ff.

51 Faksimile des Schreibens in: Ludecke, ebd., S. 706

52 Machtan, ebd., S. 324 ff.

53 Bericht für den Reichsführer Herrn Adolf Hitler und die Reichsleitung der NSDAP vom 15. 12. 1934, in: Machtan, ebd., S. 335

54 Faksimile des Briefes in: Ludecke, ebd., S. 705

55 Brief Dieckhoffs vom 1. 11. 1938, Brief Thomsen vom 1. 1. 1939, in: Machtan, S. 338

56 Deutsche Botschaft an Auswärtiges Amt vom 1. 1. 1939, in: Machtan, ebd., S. 338/339

EMIL KIRDORF: DER STRIPPENZIEHER

1 Gelsenkirchener Bergwerks-AG (Hrsg.): Emil Kirdorf zum Gedächtnis, Broschüre, Essen 1938, S. 24/25

2 Henry Ashby Turner jr.: Faschismus und Kapitalismus in Deutschland, Göttingen 1972, S. 86

3 Emil Kirdorf: Erinnerungen 1847–1930, Privatdruck, Düsseldorf o. J., ca. 1930, S. 217

4 ebd., S. 7

5 Walter Bacmeister: Emil Kirdorf, Essen 1936, S. 80/81

6 Vögler, in: Kirdorf zum Gedächtnis, ebd., S. 14

7 Bacmeister, ebd., S. 121

8 »Lustige Blätter«, in: Bacmeister, ebd., S. 132

9 Bacmeister, ebd., S. 131/132

10 Brief an Schmoller, in: F. A. Freundt: Kapital und Arbeit, Neudruck Festschrift Berlin 1927, S. 84

11 ebd., S. 123

12 Brief an von Schinckel, in: Kirdorf, Erinnerungen, ebd., S. 211/212

13 Kirdorf, Erinnerungen, ebd., S. 9 ff.

14 Bacmeister, ebd., S. 137

15 Brief an Ludendorff, in: Turner, ebd., S. 63

16 Henry Picker: Hitlers Tischgespräche im Führerhauptquartier, Wiesbaden 1983, S. 457/458

17 Felix Pinner: Deutsche Wirtschaftsführer, Berlin 1924, S. 72

18 Bacmeister, ebd., S. 135

19 Protokoll vom 21. September 1917, in: Gerald Feldman, Hugo Stinnes, München 1998, S. 505/506

20 Kirdorf, Erinnerungen, ebd., S. 180

21 Turner, ebd., S. 67

22 Kirdorf, Erinnerungen, ebd., S. 181

23 ebd., S. 181

24 Aussage von Hitlers Sekretärin Christa Schroeder, in: Erich Schaake/Roland Bäurle: Hitlers Frauen, München 2000, S. 56 und Aussage Goebbels', in: Ian Kershaw: Hitler 1889–1936, Stuttgart 1998, S. 846

25 Kershaw, ebd., S. 383

26 Kirdorf, Erinnerungen, ebd., S. 182/183

27 Text in: Turner, ebd., S. 47 ff. (wie folgende Ausführungen)

28 Kirdorfs Artikel in der Rheinisch-Westfälischen Zeitung, in: Eberhard Czichon: Wer verhalf Hitler zur Macht? Köln 1967, S. 17

29 Kirdorf, Erinnerungen, ebd., S. 182

30 Schriftliche Aussage Tengelmanns, in: Turner, ebd., S. 84

31 Turner, ebd., S. 162

32 Kirdorf, Erinnerungen, ebd., S. 194 ff. (wie folgende Ausführungen)

33 Klaus-Peter Hoepke: Alfred Hugenberg als Vermittler zwischen großindustriellen Interessen und Deutschnationaler Volkspartei, in: Hans Mommsen u. a. (Hrsg): Industrielles System und politische Entwicklung in der Weimarer Republik, Band 2, Düsseldorf 1977, S. 906 ff. (wie folgende Ausführungen)

34 ebd., S. 912

35 George Hallgarten: Hitler, Reichswehr und Industrie, Frankfurt 1955, S. 99

36 Fritz Thyssen: I paid Hitler, London 1941, S. 134

37 Kirdorf, Erinnerungen, ebd., S. 208 ff. (wie folgende Ausführungen)

38 ebd., S. 206/207 (wie folgende Ausführungen)

39 Brief Salm-Horstmar an Class, in: Dirk Stegmann: Zum Verhältnis von Großindus-

trie und Nationalsozialismus 1930–1933, in: Archiv für Sozialgeschichte, XIII. Band 1973, S. 423

40 Brief an Heinrich von Gleichen, in: Stegmann, ebd., S. 410

41 August Heinrichsbauer: Schwerindustrie und Politik, Essen 1948, S. 39 ff.

42 ebd., S. 40

43 ebd., S. 53/54

44 Otto Strasser: Flight from Terror, in: James u. Suzanne Pool: Hitlers Wegbereiter zur Macht, München 1979, S. 134

45 Brief Brandis vom 4. Juli 1934, in: Thomas Trumpp: Zur Finanzierung der NSDAP durch die deutsche Großindustrie, in: Geschichte in Wissenschaft und Unterricht, 32. Jg. 1981, S. 235

FRITZ THYSSEN: DER GROSSUNTERNEHMER

1 Wilhelm Treue/Helmut Uebbing: Die Feuer verlöschen nie, Düsseldorf 1969, S. 106

2 Brief, in: ebd., S. 172

3 Louis Lochner: Die Mächtigen und der Tyrann, Darmstadt 1955, S. 95

4 Konrad Heiden: Geburt des dritten Reiches, Zürich 1934, S. 171/172

5 Stephan Wegener: Die Familie Thyssen, in: Horst Wessel (Hrsg.): Thyssen & Co. Mülheim a. d. Ruhr, Stuttgart 1991, S. 31

6 ebd., S. 33 ff.

7 Tagebucheintrag, Dezember 1909, in: Gerald Feldman: Hugo Stinnes, München 1998, S. 280

8 Wegener, ebd., S. 37 ff. (wie folgende Ausführungen)

9 ebd., S. 39

10 Cläre Stinnes Tagebucheintrag vom 2. 7. 1905, in: Feldman, ebd., S. 68

11 Cläre Stinnes Tagebucheintrag, in: ebd., S. 68/69

12 Treue, ebd., S. 104

13 Brief Heinrichs vom 24. 9. 1925, in: Wegener, ebd., S. 46

14 Lutz Hatzfeld: Thyssen & Co., Mülheim – Werks- und Firmengeschichte, in: Wessel, ebd., S. 161

15 Louis Lochner: Die Mächtigen und der Tyrann, Darmstadt 1955, S. 94

16 Fritz Thyssen: I paid Hitler, London 1941, S. 111 (wie folgende Ausführungen)

17 ebd., S. 111

18 ebd., S. 114

19 vgl. Kapitel Scheubner-Richter

20 James und Suzanne Pool: Hitlers Wegbereiter zur Macht, München 1979, S. 152 f

21 Henry Turner: Faschismus und Kapitalismus in Deutschland, Göttingen 1972, S. 110

22 Pool, ebd., S. 153

23 Thyssen, ebd., S. 119

24 Joachim Fest: Hitler, Frankfurt 1995, S. 372

25 Thyssen, ebd., S. 124

26 Pool, ebd., S. 153/154

27 ebd., S. 154

28 Aussage Thyssen 1948 und Aussagen Angestellte, in: Turner, ebd., S. 111 (wie folgende Ausführungen)

29 Gründungsaufruf 6. 1. 1928 in: Ulrike Hörster-Philipps: Wer war Hitler wirklich? Großkapital und Faschismus 1918–1945, Köln 1978, S. 67/68

30 Paul Oestreich: Walther Funk, München 1940, S. 83 f.

31 Aussage vom 28. 6. 1945, in: August Heinrichsbauer: Schwerindustrie und Politik, Essen 1948, S. 43

32 Brief vom 11. 12. 1931, in: Eberhard Czichon: Wer verhalf Hitler zur Macht? Köln 1967, S. 62

33 Lochner, ebd., S. 116 f. u. Turner, ebd., S. 101 f.

34 Henry Turner: Die Großunternehmer und der Aufstieg Hitlers, Berlin 1985, S. 184

35 Turner, Kapitalismus, ebd., S. 114 ff. (wie folgende Ausführungen)

36 ebd., S. 125 f.

37 ebd., S. 141 f. (wie folgende Ausführungen)

38 ebd., S. 147

39 Baumann, ebd., S. 149 f.

40 Brief an Krupp vom 20. 1. 1932, in: Thomas Trumpp: Zur Finanzierung der NSDAP durch die deutsche Großindustrie, in: Geschichte in Wissenschaft und Unterricht, 32. Jg. 1981, S. 230

41 Otto Dietrich: Mit Hitler an die Macht, München 1934, S. 48 f. (wie folgende Ausführungen)

42 Thyssen, ebd., S. 132

43 Eher Verlag (Hrsg.): Vortrag Adolf Hitlers vor westdeutschen Wirtschaftlern im Industrieklub zu Düsseldorf am 27. Januar 1932, München 1932, S. 5 ff. (wie folgende Ausführungen)

44 Thyssen, ebd., S. 142

45 Aussage Schröders, in: Hörster-Philipps, ebd., S. 150

46 Brief vom 11. 11. 1932, in: Czichon, ebd., S. 67

47 Turner, Großunternehmer, ebd., S. 398 ff. (wie folgende Ausführungen)

48 Thyssen, ebd., S. 133

49 Brief vom 17. 11. 1938, in: Treue, ebd., S. 109

50 Telegramm vom 31. 8. 1939, in: ebd., S. 109

51 Baumann, ebd., S. 149

52 Treue, ebd., S. 109

53 ebd., S. 110

54 Goebbels' Tagebucheintrag 1940, in: Baumann, ebd., S. 149

HJALMAR SCHACHT: DER TECHNOKRAT

1 Plädoyer Jackson, in: John Weitz: Hitlers Bankier Hjalmar Schacht, München 1998, S. 406 (wie folgende Ausführungen)

2 ebd., S. 401

3 Hjalmar Schacht: 76 Jahre meines Lebens, Bad Wörishofen 1953, S. 595

4 Telegraf vom 28. 10 1948, in: Helmut Müller: Die Zentralbank – eine Nebenregie-

rung, Opladen 1973, S. 16

5 Hjalmar Schacht: Kleine Bekenntnisse aus 80 Jahren, Privatdruck, München 1957, S. 116

6 Henry Turner: Die Großunternehmer und der Aufstieg Hitlers, Berlin 1985, S. 175

7 Goebbels' Tagebucheintrag, in: Albert Fischer: Hjalmar Schacht und Deutschlands »Judenfrage«, Köln 1995, S. 77

8 Abs-Interview in der »Welt« vom 23. 9. 1991, in: Fischer, ebd., S. 48

9 Müller, ebd., S. 15

10 Fischer, ebd., S. 49

11 ebd., S. 46

12 Schacht, 76 Jahre, ebd., S. 28

13 ebd., S. 24

14 ebd., S. 41

15 ebd., S. 47

16 Fischer, ebd., S. 46

17 Weitz, ebd., S. 46 f.

18 Henry Picker: Hitlers Tischgespräche, Wiesbaden 1983, S. 233

19 Schacht, 76 Jahre, S. 152

20 ebd., S. 27 f.

21 ebd., S. 61 f.

22 Diskussionsbeitrag Schachts in: Bericht über die Verhandlungen des 1. Parteitages der DDP, in: Müller, ebd., S. 32

23 Heinz Pentzlin: Hjalmar Schacht, Berlin 1980, S. 87

24 Weitz, ebd., S. 103

25 Müller, ebd., S. 33

26 Gutachten des Reichsbankdirektoriums vom 17. 12. 1923, in: Müller, ebd., S. 35

27 Vossische Zeitung vom 21. 12. 1929, in: Fischer, ebd., S. 64

28 Fischer, ebd., S. 67 (wie folgende Ausführungen)

29 Vossische Zeitung, in: Weitz, ebd., S. 147

30 Weitz, ebd., S. 153 ff. (wie folgende Ausführungen)

31 Hjalmar Schacht: Das Ende der Reparationen, Oldenburg 1931, S. 244

32 Schacht in: Deutsche Allgemeine Zeitung, in: Ulrike Hörster-Philips: »Wer war Hitler wirklich?« Köln 1978, S. 103

33 Schacht, 76 Jahre, ebd., S. 351 f. (wie folgende Ausführungen)

34 Franz Reuter: Schacht, Stuttgart 1937, S. 125

35 Schacht, 76 Jahre, ebd., S. 382

36 Aussage Brünings vom 13. 8. 1948, in: Fischer, ebd., S. 72

37 Rede Schachts, in: Hörster-Philips, ebd., S. 89

38 Brief Schachts an Reusch vom 18. 3. 1932, in: Dirk Stegmann: Zum Verhältnis von Großindustrie und Nationalsozialismus 1930–1933, in: Archiv für Sozialgeschichte, XIII. Band 1973, S. 450 f.

39 Briefe Kepplers an Emil Helfferich vom 20. 5. 1932 und an Baron Kurt von Schröder vom 1. 6. 1932, in: Emil Helfferich: 1932–1946, Tatsachen, Jever 1969, S. 10 f.

40 Hjalmar Schacht: Grundsätze deutscher Wirtschaftspolitik, Oldenburg 1932 (siehe folgende Ausführungen)

41 Brief Schachts an Hitler vom 29. 8. 1932, in: Müller, ebd., S. 110 f.

42 von Papen, in: Fischer, ebd., S. 76

43 Brief Schachts an Hitler vom 12. 11. 1932, in: Eberhard Czichon: Wer verhalf Hitler zur Macht? Köln 1972, S. 64

44 Eingabe an Hindenburg vom 19. 11. 1932, in: Czichon, ebd., S. 69 f.

45 Vergl. Sitzungsprotokoll Martin Blank vom 21. 2. 1933 und Schreiben Springorum an Paul Reusch vom 21. 2. 1933, in: Stegmann, ebd., S. 177 ff.

46 Kontoauszüge Treuhand, in: Czichon, ebd., S. 82 f.

47 Goebbels' Tagebucheintrag, in: Czichon, ebd., S. 83

48 Rede Schacht vom 28. 3. 1938, in: Franz Karl Maier: Ist Schacht ein Verbrecher? Reutlingen 1947, S. 62

49 Schachts Memorandum vom 3. 5. 1935 an Hitler, in: Hörster-Philipps, ebd., S. 194 f.

50 Schreiben des Chefs der Sicherheitspolizei an Bormann vom 2. 11. 1944, in: Fischer, ebd., S. 48 f.

Chronologie

1918

Januar

Rudolf Freiherr von Sebottendorff gründet die Thule-Gesellschaft, eine rechtsnationale Vereinigung.

7./8. November

Revolution in München, Kurt Eisner (USPD) bildet provisorische Regierung.

9. November

Kaiser Wilhelm II. dankt ab. In Berlin wird die Deutsche Republik ausgerufen.

11. November

Waffenstillstand tritt in Kraft.

1919

Jahreswechsel

Gründung der KPD

5. Januar

Der Schlosser Anton Drexler und der Journalist Karl Harrer gründen in München die Deutsche Arbeiterpartei (DAP).

15. Januar

Karl Liebknecht und Rosa Luxemburg werden in Berlin ermordet.

6. Februar

Nationalversammlung tritt in Weimar zusammen.

11. Februar

Wahl Friedrich Eberts (SPD) zum Reichspräsidenten.

21. Februar

Eisner wird ermordet.

7. April

Räterepublik wird in München ausgerufen.

1./2. Mai

Reichswehr und Freicorps-Truppen schlagen die Räterepublik in München blutig nieder.

Juni

Hitler nimmt im Auftrag der Reichswehr an Propagandaschulungen teil und arbeitet anschließend als politischer Agitator in der Armee.

28. Juni

Friedensvertrag von Versailles wird unterzeichnet.

11. August

Weimarer Reichsverfassung tritt in Kraft.

12. September

Hitler besucht im Auftrag der Reichswehr-Dienststelle eine Versammlung der DAP. Wenige Tage später tritt er der Partei bei, Mitgliedsnummer 555.

1920

1. Januar

Eröffnung der ersten Geschäftsstelle der DAP in München im »Fürstenfelder Hof«.

24. Februar

Versammlung der Deutschen Arbeiterpartei im Hofbräuhaus, Hitler verkündet das 25 Punkte umfassende Parteiprogramm, Umbenennung in Nationalsozialistische Deutsche Arbeiterpartei.

13. bis 17. März

Kapp-Putsch in Berlin, Flucht der Reichsregierung, Ausrufung des Generalstreiks.

31. März

Hitler wird aus der Reichswehr entlassen.

1921

21. Januar

1. Generalmitgliederversammlung der NSDAP.

21. bis 29. Januar

Pariser Konferenz setzt deutsche Reparationszahlungen auf über 200 Milliarden Goldmark fest.

27. April

Reparationszahlungen werden auf 132 Milliarden Goldmark reduziert.

Juli

Führungskrise der NSDAP, Hitler tritt aus der Partei aus, um seine Forderungen nach einer Reorganisation durchzubringen.

29. Juli

Eine außerordentliche Mitgliederversammlung wählt Hitler zum Parteivorsitzenden mit diktatorischen Vollmachten.

26. August

Rechtsradikale ermorden den ehemaligen Finanzminister Matthias Erzberger.

1922

Januar

Inflation beginnt, 1 Dollar sind 200 deutsche Papiermark.

29. Mai

Vortrag Hitlers vor Wirtschaftsführern im Nationalen Club in Berlin.

24. Juni

Rechtsradikale ermorden den Außenminister Walter Rathenau. Hitler muss wegen Sprengung einer gegnerischen Parteiveranstaltung für einen Monat ins Gefängnis.

18. Juli

Der Reichstag beschließt das Republikschutzgesetz.

14. Oktober

»Deutscher Tag« in Coburg mit Auftritt der NSDAP.

28. Oktober

Benito Mussolinis »Marsch auf Rom«, Beginn der faschistischen Machtergreifung in Italien.

Dezember
1 Dollar kostet 100 00 Papiermark.

1923
11. Januar
Französische Truppen besetzen das Ruhrgebiet. Beginn des passiven Widerstandes.
27. bis 29. Januar
Erster Reichsparteitag der NSDAP in München.
März
Der ehemalige Flieger-Hauptmann Hermann Göring wird Kommandant der SA.
1./2. September
»Deutscher Tag« rechtsgerichteter Verbände mit 100 000 Teilnehmern in München.
26. September
Die bayerische Regierung verhängt den Ausnahmezustand und ernennt Gustav von Kahr als Generalstaatskommissar mit weit reichenden Vollmachten.
27. September
Die Reichsregierung erklärt in ganz Deutschland den Ausnahmezustand, der passive Widerstand im Ruhrgebiet wird abgebrochen.
Oktober
Hyperinflation erreicht ihren Höhepunkt.
8./9. November
Hitler-Putsch in München. Am 9. November Marsch von Hitler, General Erich Ludendorff und rechten paramilitärischen Gruppen durch München zur Feldherrnhalle. Feuergefecht mit der Polizei, 18 Tote. In der Folge werden NSDAP, SA und Völkischer Beobachter verboten, Hitler verhaftet.
15. November
Währungsumstellung bringt Ende der Inflation: Eine Billion Mark gleich eine Rentenmark.

1924
21. Januar
Tod Lenins.
26 . Februar
Beginn des Hochverratsprozesses gegen Hitler und seine Mitangeklagten.
1. April
Urteil gegen Hitler lautet auf fünf Jahren Festungshaft. Freispruch für Ludendorff.
18. Juni
Hitler legt die Führung der Partei nieder.
20. Dezember
Vorzeitige Entlassung Hitlers aus der Landsberger Festungshaft. Der NS-Führer hat dort »Mein Kampf« geschrieben.

1925
27. Februar
Hitler gibt die Neugründung der NSDAP bekannt. Ernennung von Franz Xaver Schwarz zum Reichsschatzmeister.

9. März
Die bayerische Regierung verhängt ein Redeverbot gegen Hitler.
26. April
Generalfeldmarschall Paul Hindenburg wird zum Reichspräsidenten gewählt.
24. Juni
Eröffnung der neuen Geschäftsstelle der NSDAP in der Schellingstraße 50 in München.
25. September
Preußen erlässt Redeverbot gegen Hitler.
9. November
Gründung der SS (Schutzstaffel).

1926
3./4. Juli
Zweiter Reichsparteitag der NSDAP in Weimar.
8. September
Aufnahme Deutschlands in den Völkerbund.
9. November
Joseph Goebbels wird Gauleiter in Berlin.

1927
5. März
Die bayerische Regierung hebt das Redeverbot gegen Hitler auf.
5. Mai
Verbot der NSDAP in Berlin und Köln.
19./21. August
Dritter Reichsparteitag der NSDAP in Nürnberg

1928
2. Januar
Hitler ernennt Goebbels zum Reichspropagandaleiter.
31. März
NSDAP-Verbot in Berlin und Köln wird aufgehoben.
20. Mai
Reichstagswahl bringt der Nazi-Bewegung 810 000 Stimmen und 12 Mandate.
28. September
Preußen hebt Redevebot gegen Hitler auf.

1929
6. Januar
Hitler ernennt Heinrich Himmler zum Reichsführer der SS.
23. Juni
Die NSDAP erringt in Coburg erstmals in einer Gemeindewahl die Mehrheit.
1./4. August

Vierter Reichsparteitag der NSDAP in Nürnberg.
Ende Oktober
Börsencrash in New York, Beginn der Weltwirtschaftskrise.
22. Dezember
Volksentscheid gegen den Young-Plan.

1930
23. Januar
Wilhelm Frick wird erster nationalsozialistischer Minister in Thüringen.
30. Mai
Ernennung von Brüning zum Reichskanzler.
2./5. Juni
Uniformverbot gegen SA und NSDAP.
14. September
Reichstagswahl: NSDAP erzielt 6,4 Millionen Stimmen und 107 Mandate.

1931
Februar
Rund 5 Millionen Arbeitslose.
13. Juli
Zusammenbruch der Danat-Bank, Bankenkrise.
11. Oktober
Treffen nationaler Oppositionspolitiker in Bad Harzburg (»Harzburger Front«).

1932
Februar
Die Arbeitslosigkeit erreicht mit 6,13 Millionen den Höchststand.
13. März
1. Wahlgang zur Reichspräsidentenwahl. Hitler erhält 30,1 Prozent der Stimmen.
10. April
2. Wahlgang: Wiederwahl Hindenburgs als Reichspräsident. Hitler erhält 36,8 Prozent der Stimmen.
13. April
SA wird in ganz Deutschland verboten.
30. Mai
Rücktritt des Kabinetts Brüning.
14. Juni
Reichskanzler von Papen hebt das Uniform-, SA- und Demonstrationsverbot gegen die NSDAP auf.
31. Juli
Bei der Reichstagswahl erhält die NSDAP 13,8 Millionen Stimmen, sie ist damit die stärkste Partei.
6. November
Bei den Reichstagswahlen bleibt NSDAP trotz Verluste stärkste Partei mit 196 Mandaten.
17. November

Rücktritt des Kabinetts von Papen
Dezember
Ernennung von General Kurt von Schleicher zum Reichskanzler
8. Dezember
Gregor Strasser legt sämtliche Ämter nieder.

1933
4. Januar
Treffen Hitler und Papen im Haus des Bankiers Schröder in Köln.
28. Januar
Rücktritt des Kabinetts Schleicher.
30. Januar
Hitler wird zum Reichskanzler ernannt.

Literaturliste

Bacmeister, Walter: Emil Kirdorf – Der Mann – sein Werk, Essen o. J.;

Bärsch, Claus-Ekkehard: Die politische Religion des Nationalsozialismus, München 1998;

Barkai, Avraham: Die Wirtschaftsauffassung der NSDAP, in: Politik und Zeitgeschichte, Bd. 9, März 1975;

Bartsch, Elisabet/Kammer, Hilde: Lexikon Nationalsozialismus, Reinbek 1999;

Baur, Johannes: Die russische Kolonie in München 1900–1945, Bd. 65 Osteuropa-Institut, Wiesbaden 1998;

Bechstein: Das Bechstein-Bilderbuch, Berlin 1927;

Bechstein: Eine Chronik des Hauses Bechstein – Festschrift zum 125-jährigen Jubiläum im Jahre 1978, Berlin 1978;

Becker, Josef (Hrsg.): 1933 – Fünfzig Jahre danach, München 1983;

Becker, Paul Wilhelm: Der Dramatiker Dietrich Eckart – Ein Beitrag zur Dramatik des Dritten Reiches, Dissertation, Köln 1969;

Benz, Wolfgang u.a. (Hrsg.): Enzyklopädie des Nationalsozialismus, München 2001;

Beutl, Bernd: Die nationalsozialistische Presse der Ersten Republik (1918–1933), in: Medien & Zeit, 1996–97, S. 22 ff.;

Bock, Helmut (Hrsg.): Sturz ins Dritte Reich – Historische Miniaturen und Portraits 1933–35, Leipzig 1985;

Boehm, Max Hildeberg: Baltische Einflüsse auf die Anfänge des Nationalsozialismus, in: Jahrbuch des baltischen Deutschtums 1967, Hamburg 1966, S. 56 ff.;

Bronder, Dietrich: Bevor Hitler kam – Eine historische Studie, Hannover 1964;

Broszat, Martin u.a.: Anatomie des SS-Staates – Band 2, München 1982;

Broszat, Martin/Frei, Norbert (Hrsg.): Das Dritte Reich im Überblick, München 1989;

Brough, James: Die Ford Dynastie – Ein Industrie-Imperium – Drei Generationen, München 1987;

Bry, Carl Christian: Der Hitler-Putsch, Nördlingen 1987;

Bullock, Alan: Hitler – Biografie 1889–1945, Augsburg 2000;

Cartarius, Ulrich (Hrsg.): Deutschland im Ersten Weltkrieg, München 1982;

Czichon, Eberhard: Die Bank und die Macht – Hermann Josef Abs, die Deutsche Bank und die Politik, Köln 1995;

Czichon, Eberhard: Wer verhalf Hitler zur Macht? Köln 1972;

Deming, Brian/Iliff, Ted: Hitler and Munich, Berchtesgaden 1988;

Deuerlein, Ernst (Hrsg.): Der Aufstieg der NSDAP in Augenzeugenberichten, München 1978;

Deuerlein, Ernst (Hrsg.): Der Hitler-Putsch, Stuttgart 1962;

Deutsches Industrieinstitut (Hrsg.): Die Legende von Hitler und der Industrie, hektografiertes Manuskript, o. Ort u. Jahr;

Dietrich, Otto: Mit Hitler an die Macht, München 1934;

Dietrich, Otto: Zwölf Jahre mit Hitler, Köln o. J.;

Dresler, Adolf: Geschichte des »Völkischen Beobachters« und des Zentralverlages der NSDAP, München 1937;

Eckart, Dietrich: Der Bolschewismus von Moses bis Lenin – Zwiegespräche zwischen Adolf Hitler und mir, München 1925;

Ellscheid, Robert: Fritz Thyssen, in: Rheinrohr, Werkszeitschrift der Rheinischen Röhrenwerke, 2/1953 u. 3,4,5/1954;

Elste, Alfred/Hänisch, Dirk: Auf dem Weg zur Macht – Beiträge zur Geschichte der NSDAP in Kärnten von 1918 bis 1938, Wien 1997;

Engelmann, Bernt: Krupp, München 1978;

Euringer, Richard: Dietrich Eckart – Leben eines deutschen Dichters, Hamburg 1935;

Feder, Ernst: Heute sprach ich mit … Tagebücher eines Berliner Publizisten, Stuttgart 1971;

Feldman Gerald D.: Hugo Stinnes – Biografie eines Industriellen 1870–1924, München 1998;

Feldman, Gerald D./Büsch, Otto (Hrsg.): Historische Prozesse der deutschen Inflation 1914 bis 1924, Berlin 1978;

Fenske, Hans: Deutsche Verfassungsgeschichte, Berlin 1984;

Fest, Joachim: Hitler, Berlin 1995;

Fischer, Albert: Hjalmar Schacht und Deutschlands »Judenfrage«, Köln 1995;

Flechtner, Hans-Joachim: Carl Duisberg – Eine Biografie, Düsseldorf 1981;

Flood, Charles Bracelen: Hitler – the path to power, London 1989;

Fraenkel, Ernst: Der Doppelstaat, Frankfurt 1984;

Frank, Hans: Im Angesicht des Galgens, Neuhaus 1955;

Franz, Georg: München – Die Geburtsstätte und Mittelpunkt der NSDAP, hektografiertes Manuskript, o. O, o. J.;

Franz-Willing, Georg: Die Hitlerbewegung – Der Ursprung 1919–1922, Hamburg 1962;

Freund, F. A.: Kapital und Arbeit, Neudruck der Festschrift der Gelsenkirchener Bergwerks AG, Berlin o. J.;

Freund, F. A.: Emil Kirdorf, Essen 1921;

Franz-Willing, Georg: Putsch und Verbotszeit der Hitlerbewegung, Preußisch Oldendorf 1977;

Friz, Diana Maria: Alfred Krupp und Berthold Beitz – Der Erbe und sein Statthalter, Zürich 1988;

Gall, Lothar/Pohl, Manfred (Hrsg.): Unternehmen im Nationalsozialismus, Schriftenreihe zur Zeitschrift für Unternehmensgeschichte, Bd. 1, München 1998;

Galm, Ulla: August Borsig, Berlin 1987;

Garleff, Michael (Hrsg.): Deutschbalten, Weimarer Republik und Drittes Reich, Bd. 1, Köln 2001;

Gelsenkirchener Bergwerks-AG (Hrsg.): Emil Kirdorf zum Gedächnis, Programmheft, Essen 1938;

Gilbhard, Hermann: Die Thule-Gesellschaft – Vom okkulten Mummenschanz zum Hakenkreuz, München 1994;

Görlitz, Walter: Geldgeber der Macht, Frankfurt 1978;

Goodrick-Clarke, Nicholas: Die okkulten Wurzeln des Nationalsozialismus, Stuttgart 1997;

Gordon, Harold J.: Die Reichswehr und die Weimarer Republik, Frankfurt 1959;

Gordon, Harold, J.: Hitlerputsch 1923 – Machtkampf in Bayern 1923–1924, München 1978;

Gossweiler, Kurt: Kapital, Reichswehr und NSDAP 1919–1924, Berlin 1982;

Greiner, Josef: Das Ende des Hitler-Mythos, Zürich 1947;

Grübler, Michael: Die Spitzenverbände der Wirtschaft und das erste Kabinett Brüning, Düsseldorf 1982;

Haffner, Sebastian: Anmerkungen zu Hitler, München 1998;

Haffner, Sebastian: 1918/19 – Eine deutsche Revolution, Reinbek 1981;

Hale, Oron J.: Adolf Hitler: Taxpayer, in: American Hist. Review Nr. 4, Juli 1955, S. 830 ff.;

Hale, Oron J.: Presse in der Zwangsjacke, Düsseldorf 1965;

Hallgarten, George W. F.: Hitler, Reichswehr und Industrie, Frankfurt 1955;

Hampel, Johannes: Der Nationalsozialismus – Machtergreifung und Machtsicherung, Bd. 1, München 1985;

Hanfstaengl, Ernst: Hitler – The Missing Years, London 1957;

Hanfstaengl, Ernst: Unheard Witness, Philadelphia 1957;

Hanfstaengl, Ernst: 15 Jahre mit Hitler – Zwischen Weißem und Braunem Haus, München 1980;

Heiber, Helmut: Die Republik von Weimar, München 1966;

Heiden, Konrad: Adolf Hitler – Eine Biografie, Zürich 1936;

Heiden, Konrad: Geburt des Dritten Reiches – Geschichte des Nationalsozialsimus bis Herbst 1933, Zürich 1934;

Heine, Jens Ulrich: Verstand & Schicksal – Die Männer der I.G. Farbenindustrie AG, Weinheim 1990;

Heinrichsbauer, August: Schwerindustrie und Politik, Essen 1948;

Helfferich, Emil: 1932–1946 Tatsachen, Jever 1969;

Hentschel, Volker: Weimars letzte Monate – Hitler und der Untergang der Republik, Düsseldorf 1978;

Hillebrand, Wilhelm: Herunter mit der Maske – Erlebnisse hinter den Kulissen der NSDAP, Berlin o. J.;

Hitler, Adolf: Mein Kampf, München 1935;

Hitler, Adolf: Vortrag Adolf Hitlers vor westdeutschen Wirtschaftlern, München 1932;

Hofer, Walter (Hrsg.): Der Nationalsozialismus – Dokumente 1933–1945, Frankfurt 1957;

Hofmann, Hanns Hubert: Der Hitlerputsch – Krisenjahre deutscher Geschichte 1920–1924, München 1961;

Hoffmann, Heinrich: Hitler was my friend, London 1955;

Hörster-Philipps, Ulrike: Im Schatten des großen Geldes – Flick-Konzern und Politik, Köln 1985;

Hörster-Philipps, Ulrike: Wer war Hitler wirklich? Großkapital und Faschismus, Köln 1978;

Holdermann, Karl: Im Banne der Chemie – Carl Bosch – Leben und Werk, Düsseldorf 1953;

Horn, Wolfgang: Führerideologie und Parteiorganisation in der NSDAP (1919–1933), Düsseldorf 1972;

Joachimsthaler, Anton: Hitlers Weg begann in München 1913–1923, München 2000;

Jochmann, Werner (Hrsg.): Adolf Hitler – Monologe im Führerhauptquartier 1941 bis 1944 – Aufgezeichnet von Heinrich Heim, München 2000;

Jordan, Rudolf: Der Hitler-Putsch – Der Hitler-Prozess 1924, Bremen 1986;

Kallenbach, Hans: Mit Hitler auf der Festung Landsberg, München 1939;

Kampffmeyer, Paul: Der Nationalsozialismus und seine Gönner, Berlin 1924;

Kershaw, Ian: Der NS-Staat – Geschichtsinterpretationen und Kontroversen im Überblick, Hamburg 1999;

Kershaw, Ian: Hitler – 1889–1936, Stuttgart 1998;

Kershaw, Ian: Hitler – 1937–1945, Stuttgart 2000;

Kirdorf, Emil: Erinnerungen 1847–1930, Privatdruck, Düsseldorf o. J.;

Klass, Gert von: Albert Vögler – Einer der Großen des Ruhrreviers, Tübingen 1957;

Klass, Gert von: Aus Schutt und Asche – Krupp nach fünf Menschenaltern, Tübingen 1961;

Klass, Gert von: Die drei Ringe – Lebensgeschichte eines Industrieunternehmens, Tübingen 1953;

Klass, Gert von: Hugo Stinnes, Tübingen 1958;

Klass, Gert von: Unternehmer in Licht und Schatten – Der Weg der deutschen Arbeitgeberverbände, Wiesbaden 1962;

Knopp, Guido: Hitler – Eine Bilanz, München 1997;

Knopp, Guido: Hitlers Helfer – Täter und Vollstrecker, München 1998;

Kolb, Eberhard: Die Weimarer Republik, München 1993;

Koszyk, Kurt: Deutsche Presse 1914–1945, Teil III, Berlin 1972;

Krebs, Albert: Tendenzen und Gestalten der NSDAP – Erinnerungen an die Frühzeit der Partei, Stuttgart 1959;

Krosigk, Lutz Graf Schwerin von: Die große Zeit des Feuers – Der Weg der deutschen Industrie, Band 1, Tübingen 1957, Band 2 Tübingen 1958;

Kruck, Alfred: Geschichte des Alldeutschen Verbandes 1890–1939, Wiesbaden 1954;

Kuczynski, Jürgen/Witt M.: The Economics of Barbarism – Hitlers New Economic Order in Europe, New York 1942;

Küster, Fritz: Die Hintermänner der Nazis, Hannover 1946;

Kursell, Otto von/Fischer, Henrik (Hrsg.): Erinnerungen an Dr. Max von Scheubner-Richter, hektografiertes Manuskript, München 1969;

Laqueur, Walter: Deutschland und Russland, Berlin 1965;

Large, David Clay: Hitlers München – Aufstieg und Fall der Hauptstadt der Bewegung, München 1998;

Lembert, R.: Dietrich Eckart – Ein Künder und Kämpfer des Dritten Reiches, München 1934;

Leverkuehn, Paul: Posten auf ewiger Wache – Aus dem abenteuerreichen Leben des Max Erwin von Scheubner-Richter, Essen 1938;

Lewinsohn, Richard: Das Geld in der Politik, Berlin 1931;

Liesebach, Ingolf: Der Wandel der politischen Führungsschicht der deutschen Industrie von 1919 bis 1945; Diss., Hannover 1957;

Lochner, Louis P.: Die Mächtigen und der Tyrann – Die deutsche Industrie von Hitler bis Adenauer, Darmstadt 1955;

Ludecke, Kurt G.W.: I knew Hitler, Plymouth 1938;

Machtan, Lothar: Hitlers Geheimnis, Berlin 2001;

Maier, Franz Karl: Ist Schacht ein Verbrecher?, Reutlingen 1947;

Maier-Hartmann, Fritz: Dokumente der Zeitgeschichte, Bd. 1, München 1942;

Majskij, Ivan: Who helped Hitler?, London 1964;

Maser, Werner: Adolf Hitler – Legende – Mythos – Wirklichkeit, München 1985;

Maser, Werner: Das Regime – Alltag in Deutschland 1933–1945, München 1983;

Maser, Werner: Der Sturm auf die Republik – Frühgeschichte der NSDAP, Düsseldorf 1994;

Maser, Werner: Die Frühgeschichte der NSDAP, Frankfurt 1965;

Maser, Werner: Hitlers Briefe und Notizen – Sein Weltbild in handschriftlichen Dokumenten, Düsseldorf 1973;

Meier-Welcker, Hans: Deutsches Heerwesen im Wandel der Zeit, Frankfurt 1956;

Merson, Allan: Die Nazis und das Monopolkapital, hektografiertes Manuskript, Krefeld 1973;

Michalka, Wolfgang (Hrsg.): Die nationalsozialistische Machtergreifung, Paderborn 1984;

Mohler, Armin: Die konservative Revolution in Deutschland, Darmstadt 1972;

Mommsen, Hans: Aufstieg und Untergang der Republik von Weimar 1918–1933, München 2001;

Mommsen, Hans u. a. (Hrsg.): Industrielles System und politische Entwicklung in der Weimarer Republik, Bd. 1 u. Bd. 2, Düsseldorf 1977;

Mühlen, Norbert: Der Zauberer, Zürich 1938;

Müller, Helmut: Die Zentralbank – Eine Nebenregierung, Opladen 1973;

Museumspädagogischer Dienst (Hrsg.): Borsig – Die Fabrik, der Fabrikant, die Arbeiter, Berlin 1987;

Neebe, Reinhard: Die Verantwortung der Großindustrie für das Dritte Reich, Historische Zeitschrift, Bd. 244, 353 ff, 1987;

Neebe, Reinhard: Großindustrie, Staat und NSDAP 1930–1933, Göttingen 1981;

Oestreich, Paul: Walther Funk – Ein Leben für die Wirtschaft, München 1940;

Pachtner, Fritz: Lokomotivkönig August Borsig, München 1953;

Pätzold, Kurt/Weißbecker, Manfred: Geschichte der NSDAP 1920–1945, Köln 1981;

Pätzold, Kurt/Weißbecker, Manfred (Hrsg.): Stufen zum Galgen – Lebenswege vor den Nürnberger Urteilen, Leipzig 1996;

Pentzlin, Heinz: Hjalmar Schacht, Berlin 1980;

Petzold, Joachim: Großbürgerliche Initiativen für die Berufung Hitlers zum Reichskanzler, in: Zeitschrift für Geschichtswissenschaft, Heft 1 1983, S. 38 ff.;

Peuschel, Harald: Die Männer um Hitler, Düsseldorf 1982;

Picker, Henry (Hrsg.): Hitlers Tischgespräche im Führerhauptquartier, Wiesbaden 1983;

Pierson, Kurt: Borsig – Ein Name geht um die Welt, Berlin 1973;

Pinner, Felix: Deutsche Wirtschaftsführer, Berlin 1925;

Plewnia, Margarete: Auf dem Weg zu Hitler – Der »völkische« Publizist Dietrich Eckart, Bremen 1970;

Pool, James und Suzanne: Hitlers Wegbereiter zur Macht, München 1979;

Pridman, Geoffrey: Hitlers Rise to Power – The Nazi Movement in Bavaria 1923–1933, London 1973;

Pritzkoleit, Kurt: Männer – Mächte – Monopole – Hinter den Türen der westdeutschen Wirtschaft, Düsseldorf 1953;

Pritzkoleit, Kurt: Wem gehört Deutschland – Eine Chronik von Besitz und Macht, München 1957;

Rauschning, Hermann: Gespräche mit Hitler, Zürich 1940;

Reich, Albert: Dietrich Eckart – ein deutscher Dichter, München 1934;

Reuter, Franz: Schacht, Berlin 1937;

Richardi, Hans-Günter: Hitler und seine Hintermänner – Neue Fakten zur Frühgeschichte der NSDAP, München 1991;

Roberts, Glyn: The most powerful man in the world – The Life of Sir Henri Deterding, Reprint von 1938, New York 1976;

Röhm, Ernst: Die Geschichte eines Hochverräters, München 1933;

Rose, Detlev: Die Thule-Gesellschaft – Legende, Mythos, Wirklichkeit, Tübingen 1994;

Rosenberg, Alfred (Hrsg.): Dietrich Eckart – Ein Vermächtnis, München 1935;

Saage, Richard: Zum Verhältnis von Nationalsozialismus und Industrie, in: Politik und Zeitgeschichte, Bd. 9 März 1975;

Sayers, Michael/Kahn Albert: Die große Verschwörung, Berlin 1949;

Schaake, Erich/Bäurle, Roland: Hitlers Frauen, München 2000;

Schacht, Hjalmar: Abrechnung mit Hitler, Hamburg 1948;

Schacht, Hjalmar: 76 Jahre meines Lebens, Bad Wörishofen 1953;

Schacht, Hjalmar: Das Ende der Reparationen, Oldenburg 1931;

Schacht, Hjalmar: Die Stabilisierung der Mark, Stuttgart 1927;

Schacht, Hjalmar: Grundsätze deutscher Wirtschaftspolitik, Oldenburg 1932;

Schacht, Hjalmar: Kleine Bekenntnisse aus 80 Jahren, Privatdruck, München 1957;

Schacht, Hjalmar: Mehr Geld – Mehr Kapital – Mehr Arbeit, Heide 1949;

Schacht, Hjalmar: Nicht reden, handeln! Berlin, ca. 1930;

Schacht, Hjalmar: 1933 – Wie eine Demokratie stirbt, Düsseldorf 1968;

Schaumburg-Lippe, Friedrich Christian Prinz zu: ...Verdammte Pflicht und Schuldigkeit... – Weg und Erlebnis 1914–1933, Leoni 1966;

Scheck, Raffael: Swiss Funding for the Early Nazi Movement – Motivation, Context and Continuities, in: Journal of Modern History, März bis Dez. 1999, S. 793 ff.;

Schertz-Perey, Walter: Winifred Wagner – Ein Leben für Bayreuth, Graz 1999;

Schirach, Henriette von: Der Preis der Herrlichkeit – Erlebte Zeitgeschichte, München 1975;

Schirach, Henriette von: Frauen um Hitler, München 1983;

Schlau, Wilfried: Die Deutsch-Balten, München 1995;

Schmidt, Alexander: Geschichte des Baltikums, München 1999;

Schmidt-Pauli, Edgar von: Die Männer um Hitler, Berlin 1932;

Schoenbaum, David: Die braune Revolution – Eine Sozialgeschichte des Dritten Reiches, München 1980;

Schöner, Hellmut (Hrsg.): Hitler-Putsch im Spiegel der Presse, München 1974;

Schwarzwäller, Wulf: Hitlers Geld, Wien 1998;

Schwarzwäller, Wulf: Rudolf Heß, Wien 1974;

Schwedhelm, Karl (Hrsg.): Propheten des Nationalismus, München 1969;

Schweitzer, Arthur: Big Business in the Third Reich, Bloomington 1964;

Shirer, William L.: Aufstieg und Fall des Dritten Reiches, Köln 1961;

Sigmund, Anna Maria: Die Frauen der Nazis II, Wien 2000;

Silverman, Dan P.: Hitler's economy – Nazi Work Creation Programs 1933–1936; London 1998;

Sohn-Rethel, Alfred: Industrie und Nationalsozialismus, Berlin 1992;

Stachura, Peter: The Nazi Machtergreifung, London 1983;

Stammen, Theo: Die Weimarer Republik – Das schwere Erbe, Bd. 1, München 1987;

Stegmann, Dirk: Zum Verhältnis von Großindustrie und Nationalsozialismus 1930 bis 1933, in: Archiv für Sozialgeschichte, 13. Band 1973, S. 399 ff.;

Strasser, Otto (Hrsg. Horst Bingel): Mein Kampf – Eine politische Autobiografie, Frankfurt 1969;

Strasser, Otto: Gangsters around Hitler, London 1942;

Taylor, Henry J.: Why Hitler's economy fooled the world, Boston 1941;

Thoss, Bruno: Der Ludendorff-Kreis 1919–1923, Diss., München 1978;

Thyssen, Fritz: I paid Hitler, London 1941;

Treue, Wilhelm: Die Feuer verlöschen nie, Düsseldorf 1966;

Trumpp, Thomas: Zur Finanzierung der NSDAP durch die deutsche Großindustrie, in: Geschichte in Wissenschaft und Unterricht, 1981, S. 223 ff.;

Turner, Henry Ashby jr.: Emil Kirdorf and the Nazi Party, in: Central European History, Nr. 4, Dezember 1968, S. 324 ff;

Turner, Henry Ashby jr.: German big business and the rise of Hitler, New York 1985, deutsch: Die Großunternehmer und der Aufstieg Hitlers, Berlin 1985;

Turner, Henry Asbhy jr.: Faschismus und Kapitalismus in Deutschland, Göttingen 1972;

Turner, Henry Ashby jr. (Hrsg.): Wagener, Otto: Hitler aus nächster Nähe, Frankfurt 1978;

Tyrell, Albrecht: Führer befiehl ... – Selbstzeugnisse aus der »Kampfzeit« der NSDAP, Düsseldorf 1969;

Uebbing, Helmut: Wege und Wegmarken – 100 Jahre Thyssen, Berlin 1991;

Verlag Archiv und Kartei (Hrsg.): Presse in Fesseln – Eine Schilderung des NS-Pressetrusts, Berlin 1947;

Vieregg, Hildegard: Wächst Gras darüber? München: Hochburg des Nationalsozialismus und Zentrum des Widerstands, München 1993;

Vogelsang, Reinhard: Der Freundeskreis Himmler, Frankfurt 1972;

Voggenreiter, Ludwig: Der Hitler-Prozess, Potsdam 1934;

Vogt, Martin: Zur Finanzierung der NSDAP zwischen 1924 und 1928, in: Geschichte in Wissenschaft und Unterricht, 1970, S. 234 ff.;

Wagener, Otto: Hitler aus nächster Nähe – Aufzeichnungen eines Vertrauten 1929–1932, hrsg. v. Henry Ashby Turner jr., Frankfurt 1978;

Wagner, Gottfried: Wer nicht mit dem Wolf heult – Autobiografische Aufzeichnungen eines Wagner-Urenkels, Köln 1997;

Weitz, John: Hitlers Bankier – Hjalmar Schacht, München 1998;

Werbe-Rundschau (Hrsg.): Katalog der nationalsozialistischen Pressen, Berlin 1933;

Wessel, Horst (Hrsg.): Thyssen & Co. – Mühlheim a.d. Ruhr, Stuttgart 1991;

Weyerer, Benedikt: München 1919–1933, München 1993;

Wiedeburg, Paul Herrmann: Dietrich Eckart – Ein lebens- und geistesgeschichtlicher Beitrag zum Werden des neuen Deutschlands, Diss. Erlangen 1939;

Wilmowsky, Tilo Frhr. von: Rückblickend möchte ich sagen ... – An der Schwelle des 150-jährigen Krupp-Jubiläums, Oldenburg 1961;

Wistrich, Robert: Wer war wer im Dritten Reich, München 1983;

Zentner, Christian: Adolf Hitlers Mein Kampf – Eine kommentierte Auswahl, München 1992

Zoller, Albert: Hitler privat – Erlebnisbericht seiner Geheimsekretärin, Düsseldorf 1949;

Register

Bildnachweis